JN036107

講談社選書メチエ
782

日本人の愛したお菓子たち

明治から現代へ

吉田菊次郎

MÉTIER

日本人の愛したお菓子たち ● 目次

第Ⅲ部

現代

はじめに

如何《いか》なる職業にもその起点と拠って立つところがあり、連綿としたその歴史の先に今がある。甘い物屋たるお菓子屋またしかりである。

さて、筆者だが、父方母方ともに祖父の代よりそのお菓子屋を生業《なりわい》とし、家業としてきた家系であり、幼い頃より甘い香りに包まれて育ってきた。顧みれば、生まれたのが昭和19（1944）年という戦時中で、物心が付いたのが戦後の荒廃期ゆえ、ちょうど日本の復興期をそのまま体現してきたような人生であった。加えて海外渡航の自由化がその復興期の流れに拍車をかけ、甘き世界においても筆者を含む若いパティシエたちが、次々とまなじり決してフランスへスイスへ、あるいはドイツやオーストリアへと飛びたっていった。そしてそれまでの空白区を埋めるべく、最新情報を携えて帰国。待ちかねたようにマスコミも消費者もそれらを受け入れ、高度成長期を彩ってきた。そして〝今はこれ、次は何〟と、その矛先も常に先を見据えてかまびすしく、新しいテイストを探し求めてきた。それが流行という現象を生み、エキサイティングに甘味世界を充足していき、今に至った。そうした流れをひとくくりにしてまとめてみようと思い立ったのが、本書『日本人の愛したお菓子たち』上梓のきっかけである。

ところで、「南蛮菓子」の時代はさておき、「洋菓子」なるものが本格的に入ってきたのは、幕末・明治の世となってからである。よってせっかく故と、そのあたりにまで遡って筆を運び始めることとした。ただ、その頃は〝いつ何が好まれたか、何が流行ったか〟ではなく、〝いつ何が取り入れられたか〟の時代であり、大正時代も同様のきらい無きにしもあらず。したがって同時期の筆致は自ずと〝事始め〟的なものとなるが、その点に関してはご了承頂きたい。また昭和の前半にあっては、世界恐慌に続いての昭和恐慌、事変の名を借りた戦争状態に入り、そのまま太平洋戦争に突入と、甘味文化どころではなくなり、当然のことながらニュースソースも少なくなっていく。辛い時代である。

次いで戦後、日本の再スタートである。さて、その時流に合わせた昭和中・後期、平成、令和に至るまでの、その折々に花を咲かせるスイーツ類だが、その流行のピークがいつであったかについては、議論の分かれるところでもある。〝何々はいつ〟とはっきりしているものもあるが、その始まりも収束も判然としないものも少なくない。また地域による差異も出てこよう。よって流行年については〝大体そのあたり〟と解釈していただいていいのではないかと思う。したがってそれらについて記した情報誌、あるいは読者諸氏諸嬢のご認識といくばくかのずれが生じる場合もあろうかと思うが、その点に関してはご寛容の程をお願いしたい。またロングセラーのスイーツ類については、これこそがはっきりいつとは決めかねる故、概ねその起年を記させていただいた。つまりそこからずーっと流行り続けているという認識である。

また取り上げさせていただいたお菓子のジャンルだが、当初は華やかに映るパティスリーと称する生菓子や焼き菓子類を主に筆を進めていたが、次第にそれだけにとどまらず、アイスクリーム類、流通菓子、スナック菓子、さらには駄菓子としてくくられる、お子様方の大好きな分野、加えてお菓子の世界と被るように流行っていった一部のパン類にまで広がっていった。そして出来上がってみたら、森永・明治・グリコ等を相手に大健闘の紅梅キャラメルやカバヤ、新高ドロップ、そしてハリスやロッテのチューインガム、ママの味・ミルキー誕生、あるいはフランス菓子一辺倒に風穴を開けたティラミスやナタデココからマリトッツォ等のスイーツ各種、さらにはガリガリ君、じゃがりこ、ドンパッチ、よっちゃんイカにビッグカツ、加えて補助食品的分野のフルグラやカロリーメイト、薬の分野にかかる肝油ドロップや浅田飴等に至るまでの幅広い範囲をカバーするものに仕上がった。

ともあれこうした様々なお菓子たちが、それぞれの人生に寄り添ってきたわけだが、改めて見てみるに、その甘き道のりは、とりもなおさず私たちが歩んできた日本の文化史そのものであったともいえる。同世代を生き抜いてこられた方々はもとより、異なる世代の方々も含め、お菓子になぞらえながらその時々に思いを馳せつつ、本書によりダイジェスト版にてその来し方をお振り返り頂くことができたら幸甚である。

第1部

戦前

1　明　治——世界への仲間入り

明治維新を振り返るに、長く続いた封建社会から近代社会に脱皮するための一大革命であり、世界史上におけるフランス革命に匹敵するほどの大事件といえる。今まで見えてこなかったものが急に見えてくる。それまでなかったものも堰《せき》を切ったようになだれ込んでくる。その対応も並大抵ではなかった。

維新政府は急ぎ国際社会の仲間入りをすべく、資本主義の導入とともに市場開放策を取り、国を挙げて富国強兵を進めていった。このことは諸外国との軋轢を生み、日清、日露の両戦争という過激な形となって現れる。その結果、満州、台湾、朝鮮、中国、及び東南アジア各国へと大きく市場は開け、多くの産業が進展していった。特にお菓子史上において注目すべきは道義上の是非は問うまでもないが、台湾の領有であった。ここを起点とした製糖産業の勃興は、お菓子を作る上で大いなる事情の変化と活力を与え、発展の礎《いしずえ》となった。ただこうした無謀な覇権主義は後々に負の代償として大きな犠牲を払うことになるのだが、この頃はまだそのことに気が付かない。国を挙げて只々後れを取り戻すべく国力、文化のすべてにわたって先進国にならい、吸収し、追いつくことで精一杯だったのだ。

当初この甘き業界も新しい技術の習得、初めて出会う原材料、これまでにも増して耳慣れぬ外国語など、戸惑いの連続であったが、そこはもとより勤勉にして進取の気概に富んだ努力の国民性をもってして、次々と難関を突破していく。例えば明治以前の日本にとっては、西洋といえばポルトガルやスペイン、オランダであったわけだが、明けてみたら世界の情勢は実はイギリスでありフランスであり、新興国家のアメリカの台頭であった。ならばと変わり身早く、国全体が求める文化の矛先も急遽変更、食文化もそれに追随していった。その一端を担うお菓子の分野では、英語圏に互して美食の国フランスへと向けられていくことになる。これには明治3（1870）年、明治天皇が、〝これからの重要な宴席料理はフランス式に〟との方針を示されたことによるところが大きい。この示唆により食関連のフランスへの傾斜はより一層の拍車がかかっていった。今日フランス料理、フランス菓子と、よろず食べ物の冠頭にフランスがついて回るのも、こうしたところにその源流のひとつがあったのだ。

さてそのお菓子の世界だが、記述したごとく、南蛮菓子、和蘭菓子、西洋菓子、そして洋菓子へと変わるとともに、種類も豊かになり、ライスケーキ、スポンジケーキ、ビスキット、シッガル（シュガー）ビスキット、ウヲッフルス（ワッフル）（以上、当時の文献『萬寶珍書』の表記のまま）、などに加え、チョコレートやアイスクリームも市民生活の中に入ってくる。本格的な西洋菓子の幕開けである。

続いて明治も中期に入ると、世の中の洋風化も板につき始めてくる。食生活においても、戸惑いながら洋食に馴染み、お菓子文化もプリン（プディング）やシュークリームといったものが家庭でも手掛けられるなど、日常に溶け込み始める。加えて、ビスケット製造の機械化が試みられてくる。また鹿鳴館においては、最先端のデザート菓子が先進文化の一翼を担う象徴のひとつとして、意識され出す。なお、街中においては、和菓子舗に伍すべく洋菓子店といったものが確立されてきた時代といえる。

　またこの中期には日本郵船が外国航路を開いたことも特記に値するできごとであった。何となれば直接外国に赴き、リアルタイムで本物に接することができるようになったのだ。そしてそうしたベーカー部からも洋菓子は着実に発展を遂げていく。

　同・後期においては、ビスケットやドロップなどの量産研究が進んでいった。特にビスケットは、日清及び日露の戦時にあって、兵糧の意味においても多大な貢献を果たすところとなった。

　なお、明治の初期から中期にかけてを洋菓子店の確立期と捉えるなら、同後期は後になる大企業の勃興期であったといえよう。森永や不二家といったところが産声を上げ、甘味世界を成長させ、次の大正時代へとつなげていく。

「アイスクリーム」初お目見え——一人前がお給金の半月分　明治2年

　アイスクリームというものを、邦人として初めて口にしたのは、おそらく幕末に遭難漂流しアメリカ船に拾われたジョン・萬次郎あたりかと思うが、確証あるところでは幕末の万延元（１８６０）年、アメリカの軍艦ポーハタン号に乗った幕府の使節団と、日本の軍艦咸臨丸に乗った一行ではなかろうか。この中にはジョン・萬次郎もいたが、彼を除いては異国が初めてのものばかりゆえ、様々な珍道中が繰り広げられた由伝えられている。例えば会食時にも、履物のまま絨毯の上を案内されてまずびっくりし、水に浮かぶ氷、音の出る酒シャンパンと、いちいち驚きの連続であったという。ところで彼らはサンフランシスコに到着後、首都ワシントンに向かうためアメリカ政府の出迎え船に乗り移った。その中で新見正興《しんみまさおき》らの幕府使節団は初めてアイスクリームに接する。使節団の一人であった柳川当清という人は、当時の航海日記に次のように記している。「また珍しきものあり。氷を色々に染め、物の形を作り、是を出す。味は至って甘く、口中に入るに忽《たちま》ち解けて、誠に美味なり、之をあいすくりんといふ」。

今日の宴席ならさしずめ富士山型の3色アイスクリームなどを供するところであろうか。「色々に染め、物の形を作り」とあるところから見て、富士山ではないにしてもそのようなものを出したのだろうと推察される。またあまりのおいしさから、出席能《あた》わぬ同僚に持ち帰らんと懐紙に包み懐に入れておいたところ、中で溶けて服も身体もべとべとになってしまった、などの話がまことしやかに伝わっている。

とまれこうして日本人初（?）のアイスクリーム体験者が出たわけだが、これを日本で初めて手掛けた人もご紹介しよう。町田房蔵《まちだふさぞう》という人物である。

彼は幕臣の家に生まれ、万延元年16歳の時、勝麟太郎等とともに咸臨丸で渡米した。この時彼はマッチや石鹸、輪ゴム、氷などの製法を見学し、二度目の渡米でそれらの技術を身につけて帰国する。幕府崩壊後は武士も町人も同じで、いずれかに仕事を見つけねばならない。彼は横浜の馬車道にて氷水屋を開業し、あちらで習い覚えた「あいすくりん」とやらの製造販売を試みる。ところが一人分が当時の女工さんの半月分のお手当・金2分（現在の価格で8000円ほど）に相当したという高価さ故か、まれに外国人が求めるぐらいでさっぱり売れない。思えば散々なデビューであったようだ。

しかし世の中分からないもので、翌年の伊勢神宮の遷宮祭の折には祭り気分も手伝って、異常なほどの大人気となり、代金を収める場所にも困るほどに努力が報われた。これを機に「あいすくりん」

を手掛ける人も陸続したようだが、彼自身はそれに執着することなくさっさと手を引き、造船方面の仕事についてしまう。そのまま続けていれば相当の財を成したのではないかとも思うのだが、そうしないところが骨っぽい。幕臣の家系ゆえか、清く国家的プロジェクトにつながることでお国に貢献する道を選んでいる。その陰には、かつて太平洋横断で運命を共にした勝海舟（麟太郎）の働きかけがあったとの推測もなされている。

しかしながら、日本で最初にアイスクリームを作った男という甘き名誉は溶けて消えることなく、歴史に刻みこまれていつまでも語り継がれるところとなった。そしてこの後、彼が手掛けたアイスクリームは、長きに亘って私たちに大いなる甘き夢を見続けさせてくれることになる。

「フランス菓子」事始め――明治天皇の命を受けて　明治3年

パティスリー・フランセーズ、フレンチ・ペストリー、フランス菓子……古来お菓子を語るにおいてはなぜか冠頭にフランスの文字がついてくる。何故いつもフランスなのか。それらについて詳細を述べる紙幅を今は持ち合わせないが、早い話が王侯貴族中心の最後の時代に最大の栄華を誇ったのが、ブルボン家によるルイ王朝であったということなのだ。ゆえに日本といわず世界中の人々が美味なるものを求めるにあたって、常にフランスを奉り、今日に及んでいるという次第なのである。

ではその栄光あるフランス菓子を、わが国で一番最初に手掛けた人はだれか。確証あるところから探ってみると、村上光保《むらかみみつやす》という方が浮かんでくる。

彼は京に生まれ、御所勤めをしていた。維新の遷都とともに東京に移り、そのまま奉職を続けていたが、世の中がいくらか落ち着きを見せ始めた明治3（1870）年、明治天皇によって重要な宴席にはフランス料理を採用との決定がなされた。方針に従い34歳になった彼は、大膳職という調理面での要職にあるまま、横浜のサムエル（サミュエル？）・ペールというフランス人の元に出向を命じられた。料理人にして製菓人でもある同氏は、横浜84番館でホテルを、85番館で西洋菓子店を営んでいたが、光保氏はここで3年間、主に西洋菓子の製造法を学んだ。最も国体を重んずべき宮中が、率先して洋食や洋菓子の技術の習得に努力を払ったことは、この時代の出来事のひとつとして大いに注目に値しよう。それがまた特にフランス料理、フランス菓子であったことも、その後の日本の食文化の方向付けに大きな影響を与える要因になった旨、否定できないところである。

なお本場のフランス人製菓人より直接の手ほどきを受けた彼は、元来の努力家の性格に加えて感性も人並み外れて優れていたのだろう。後々の日本の製菓業界の指標となるほどに、レベル高く幅広い技術を身につけた。

研修を終えて大膳職に復帰した彼は、明治7（1874）年、東京麹町に、文明開化をもじる開新堂（姓を付けて村上開新堂ともいう）と名打つ西洋菓子専門店を開業した。当初は奉職しながらの兼業のため、正式には妻・茂登《もと》の名においての旗揚げであった。職を辞して製菓業に専念の後は、ますますもって一層の精進を重ねたということで、その領域はデコレーションケーキから大掛かりな洋風工芸菓子、氷細工にまで及び、名人の名をほしいままにした。

今日わが国に広く親しまれているフランス菓子は、その大元をたどると、この時代に明治天皇の命により、横浜のサムエル・ペールの下で技術のすべてを修めたこの村上光保氏に行きつくのである。そして彼が学んだそのフランス菓子は、その後の日本のスイーツ文化の中核をなし、今日に及んでいる。

「シュークリーム」――最初に手掛けたのは？　明治3年以前

日本人の大好きなお菓子のひとつにシュークリームがある。これをわが国で最初に作ったのは誰でいつ頃か。どこを探してもその記述が見当たらない。なければ推察するしかない。

幕末に来日し、横浜85番館で西洋菓子店を営んでいたサムエル・ペールというフランス人がいたことはすでに述べた。19世紀半ば過ぎにフランス人がお菓子屋を開いたとすれば、すでにあちらでは2世紀も前から一般化しているシュー菓子を当然手掛けていたとみるのが順当。明治6（1873）年に須藤時一郎という人が『萬寶珍書』なる書を記しており、「ライスケーキ」、「ライスチーズケーキ」「フラン子《ネ》ルケーキ」、「ボックホゥヰートケーキ」、「スポンジビスキット」、「シッガルビスキット」、「ヅライト（ドライド）ラスクス」、「ウヲッフルス」、「コムモンジャンブルス」（以上、原文のまま）といった西洋菓子を取り上げているが、こうしたものが作れるほどの材料があれば、この製作は造作もないことである。よって宮中からも注目されたほどのサムエル・ペールこそが、記録にはないが本邦初のシュークリームを作った人とここでは申しておきたい。それも明治になる前の幕末に。

また横浜は最新情報発信地であったゆえに、いろいろな人がそこに参集する。京橋・南伝馬町の凮月堂では早くより番頭の米津松造をそこへ情報収集に赴かせている。お菓子屋であれば当然本場物をこしらえているサムエル・ペールの店を訪ねたであろうし、もしそこでシュークリームが売られていたら必ずや買い求めて帰るであろう。それでなくても進取の精神に富んだ凮月堂のこと。さっそく研究し、まねごとなりとも手を染めるに違いない。また明治3（1870）年宮中より派遣された村上光保は、実際にペールの店に入り修業している。彼もまた誰よりも早くシュークリームの手ほどきを受けるチャンスがあったわけで、後年同氏が開新堂として独立の折、売れたか否かは分からぬが、習い覚えたそれを店頭に出しても何の不思議もない。この二人、この二軒、どちらが先かは分からぬが、ほぼ時を同じくしてシュークリームを手掛けていることは間違いないところと推察する。

しかしながら、明治初期のいずれの文献にもこのお菓子の記録が見当たらないところを見ると、当時の日本人の味覚にはあまり受け入れられなかったのか。それからだいぶたった明治22（1889）年の『和洋菓子製法独案内』にもまだない。ところが南鍋町（銀座）の米津凮月堂二代目職長を務めた門林弥太郎《かどばやしやたろう》（筆者の母方の祖父）が、同店に入店したての頃にはすでにシュークリームやエクレアを作っていたとの証言を得ている。これが明治29（1896）年。察するに明治23（1890）年から28（1895）年までの間、つまり明治20年代半ば頃になって、ようやくシュー菓子も西洋菓子としての市民権を得たものと思われる。そしてそれからは、村井弦齋著の『食道楽』（明治36（1903）年刊）にも登場するなど、一気呵成に広まっていく。

なお、呼称についてはまちまちで、シウ・アラケレームと言ったり、シュークリーム、シウ、シュー等々一致していない。この不一致は今日まで及んでいる。そしてこのシュークリームは、プリンやショートケーキとともに、日本人の最も好む洋菓子のひとつに数えられるほどに親しまれていく。

「プディング（プリン）」初見——茶碗蒸しも？　明治5年以前

今日のわが国のスイーツ界を眺めるに、これがないことなど考えられぬほどに日常の暮らしの中に入り込んでいる。これほどまでに好まれるこのお菓子の日本へのお目見えはいつ頃だったのか。思い切り想像を巡らせれば、1600年代初頭、すでにオランダ商館で作られていた可能性もないではない。しかしながら、何事につけて敵対関係にあったオランダ人が、あえてイギリス発のものを好んだかと深読みすると話は進まなくなるが。

なお、その前に、内なるものに目を向けると思わぬことに気が付く。「茶碗蒸し」の存在である。卵のたんぱく質の加熱凝固の作用による、あれも立派なジャパニーズ・プディングなのだ。これについては、次のような話が伝えられている。

元禄2（1689）年長崎に中国人（唐人）むけの宿泊施設である唐人屋敷があった。そこにおいて来客をもてなす料理の一品に供されたのが茶碗蒸しの始まりといわれている。おそらくはイギリス発の蒸し菓子・プディングの製法が中国に伝わり、それが料理に姿を変えて長崎に……。このあたりにイギリス、中国、日本という、オランダ抜きでの情報ルートも見えてくる。ついでながら申し述べると、当初のものは具材のないシンプルなものであったが、そのうちに銀杏が入れられるようになった。これについても中国からの伝来のようだ。銀杏は漢方に用いられるほどの効能があって、中国では薬膳料理にも使われており、その流れをもって茶碗蒸しの具材の定番になっていったものと思われる。

さて、茶碗蒸しの件は措くとして、お菓子としてのプディングに話を戻そう。17世紀初頭の平戸のオランダ商館説に無理があるとするなら、確かなところではいずれに？　独断をお許し頂くなら、幕末にははっきり紹介されていたのではないか。何となれば夜明け前にはすでに外国人によるいくつかのホテルが手掛けられている。例えば横浜ではイギリス人によって、慶応2（1866）年にクラブホテルが、そして翌年にはアングロサクソンホテルが作られている。イギリス人の経営とあらば、他のものはともかく、自国の代表的なデザートは当然手掛けていたと考えてもおかしくない。また同じ

アイスクリーム

シュークリーム

プディング（プリン）

頃前田留吉《まえだとめきち》なる人物がオランダ人の下で搾乳法を身につけ、慶応3（1867）年に横浜で牧場経営を始めている。さらに明治元（1868）年には中澤惣次郎が東京新橋で牧場を開き、牛乳の生産及び販売に着手した。材料面からみても環境は整ってきている。続いて明治3（1870）年には、宮中の大膳職にあった村上光保が横浜のサムエル・ペールなるフランス人の営む西洋菓子店に出向した。当時フランスでも、とうの昔にプディングは取り入れられており、このことから察するに、そこで技術を修めた村上光保は、それを手掛けた邦人第1号と推測することができる。あるいは多くの場合がそうであるように、ペールの仕事を手伝った名もない誰かが日本人としての最初の人物だったかもしれない。

なお、このお菓子が初めて確認できる文献としては、明治5（1872）年仮名垣魯文《かながきろぶん》によって著された『西洋料理通』がある。そしてここには干柿ポッデング、生姜（ヂンヂャ）ホッデング、蜜柑（ヲランヂ）ホッデング、人参或ハ薯（キャラツヲアルバテトス）ポッデング、米（ライス）ポッディング（以上、原文のまま）が記されている。干し柿とか生姜といった自分たちになじみの深い素材を、自在にプディング仕立てにしていることに驚きを禁じ得ない。どうも私たちは昔からことにつけ、生み出すことはともかく、伝えられたものにアレンジを加えることは得意だったようだ。ただ紹介されてはいるものの、一般に普及するまでにはまだ間があったようで、その後しばらく鳴りを潜める。

そして次にみられるのは、明治22（1889）年の『和洋菓子製法独案内』においてである。ここにパンバタプリンなるものの記述がある。また同書にはライスプリンやレモンプリンなどの記載もある。この頃から私たちは耳からの音でプリンと聞きとっていたようだ。しかしながら、明治36（1903）年刊の『洋食のおけいこ』なる家庭向けの教本には「プッジング」と記され、「チョコレートプッジング」、「スチームプッジング」、「ミートプッジング」等を挙げている。また同年の村井弦齋の『食道楽』では「カスタードプデン」、「米のプデン」、「ジャミ（ジャムのこと）のプデン」、「マカロニプデン」、「珈琲プデン」等々の記述がある。察するに表記については、目から耳から入るままにと、まだその都度マチマチであったが、そのうち次第に発音しやすい「プリン」に落ち着いていったものと思われる。ともあれ、言うところのプディングは、文献に登場する明治5年以前の幕末には楽しまれていたようだ。

明治7年 「リキュールボンボン」――手妻の如く

いつの時代でもその業界をリードする、いわばリーディングカンパニーというものがある。明治から大正にかけての洋菓子の勃興期においては、凮月堂一家がその任を負った。宝暦3（1753）年に大坂で商いを始めた同店の初代・小倉喜右衛門は徳川一〇代将軍家治の頃（宝暦10～天明6（1760～1786）年）大坂難波から江戸の京橋・南伝馬町に移ってきたという。出身地から大坂屋と称して菓子商を営んでいたが、文化9（1812）年、松平楽翁（定信）公より凮月堂清白の屋号をたまわる。この同店、維新後も菓子道の研究怠りなく、明治5（1872）年には五代目喜右衛門のもとに西洋菓子の製造を始め、和洋通じての大店として充実を見る。この五代目の偉いところは、老舗にしてなお新しいものを取り入れるという積極的な姿勢のほかに、番頭の米津松造に暖簾を分けて独立を許したところにある。独立を許された米津松造は、明治6（1873）年に東京日本橋区両国に開業し、本店に倣って西洋菓子の製造販売を始めた。

米津松造はアトランダムに入ってくる情報を見極め、この世界の数々を近代菓子へと脱皮させていった点で、特筆に値する傑物であったといえる。また主家である本店をよく助け、いい意味で競い合い、ある時は二人三脚で製菓技術の研鑽に励んだ。凮月堂本店の大住喜右衛門は、当時まだ番頭であった米津松造を最新ニュース溢れる横浜に遣わし、早くより西洋菓子事情を見聞させていたが、明治7（1874）年ついにリコールドボンボンなるリキュールボンボンを完成。宝露糖と名付けて売り出した。今でこそ濃度の高い糖液を、水をはじく澱粉やコーンスターチにあけた穴に注入し静置しておくと、周りに糖膜が張って中に水溶液を閉じ込める原理は広く知られているが、最初にそのことを知った時は、まるで手妻《てづま》（手品）を見るような驚きを感じたはずだ。何しろ〝お菓子作りは化学である〟に初めて触れたのだから。それにつけても、宝の露とは言いえて妙。表意文字の文化のすばらしさに改めて表敬。

明治7年

「あんぱん」考案――和魂洋才の最高傑作

常陸の国、今日の茨城県に士族として生まれ、東京府に上ってきた木村安兵衛《きむらやすべえ》の手になる名品「あんぱん」について。

維新によって職を失った彼は、はじめ授産所という、婦女子や失業者を集めて技能を習得させたり、仕事の世話をする施設に勤めた。ところがパンという新しい食べ物を知り、「これからはパンだ。これぞ新しき食糧だ」と直感。たちまちにして職を辞するや長崎のオランダ人の下で働いていた梅吉という男を雇い入れ、息子の英三郎とともに東京芝・日陰町にパン屋を開業する。時に明治2（1869）年、文明開化の〝文〟と英三郎の〝英〟の字を取って文英堂と名付けた。しかしながらその年の暮れ、開いたばかりの店は日比谷方面からの出火で焼失。思い切って銀座尾張町（現在の5丁目）

に店を移し、屋号も木村屋と改めた。

どうしたら日本人になじみの薄いパンを広めることができるのか。そこでも父子の努力は続く。そして研鑽の末、食パンに砂糖を加えた〝菓子パン〟を考案する。これを開通したばかりの鉄道の新橋駅構内で売り出したところ大評判となった。いうなればキオスク第1号である。

ところで話は変わるが、生活が豊かになった白米主食の都会人にとって、脚気は原因も治療法も分からぬ恐ろしい病であった。ところが同店のパンを食べるうちに脚気が治ったという話から、また評判が立ち、日本海軍初の遠洋航海や西南の役でも木村屋のパンは引っ張りだことなった。こうして珍奇な食べ物であったパンも次第に日本人の間に広まっていったが、これで満足する木村父子ではない。さらに日本人の口に合うパンをと、日夜研究に没頭していた英三郎は、はたと酵母を替えてみることを思いついた。西洋パンはホップ、すなわちビール酵母を使っているが、自分たち日本人には古来馴染んでいる酒種の方がいいのではないか。そんなインスピレーションのもとに酒種パンを考案。さらに和菓子に用いる小豆餡を包んで焼くことを思いつく。明治7（1874）年、日本パン史上に燦然と輝く「あんぱん」の誕生である。

南蛮ものとしてのパンを日本風に、さらに餡を包んでお菓子感覚に。この思惑は見事に当たった。空前の大ホームランである。続いて翌年には山岡鉄舟の勧めで、桜の花の塩漬けを中央に埋め込んだ「桜あんぱん」を作り、明治天皇に献上している。餡の甘みと桜の塩加減が絶妙だったのだ。こうした偉業に表敬して、山岡鉄舟は墨痕淋漓と〝木村家〟の書を贈った。この額は長く同店の家宝とされてきたが、惜しむらくは関東大震災で焼失してしまったことだ。それも三代目当主・木村儀四郎が、被災者に無料でパンを配ろうと、火の手が回るも構わずパンを焼き続け、持ち出す暇がなかったというのだ。いかにも木村屋らしい逸話である。

その後の木村屋はますます大繁盛。明治、大正を通した、パン菓子店のかなりのところが、この木村屋の系統で占められていたといわれるほどに隆盛を極めている。日本の味覚文化に大貢献をした現代の木村屋總本店は、こうした歴史の上に成り立っている。そして今日当たり前の如く口にしている「あんぱん」の歴史また……。

「近代的ビスケット」——製造に着手　明治8年

京橋の凬月堂本店の分家である両国の米津凬月堂では、早くよりビスケットの研究に勤しんでいたが、明治8（1875）年ようやく本格的なビスケットの製造に成功している。

かつて当主の米津松造は、頂き物の舶来のビスケットを、バタ臭いとして手も付けずに仏壇にあげておいたところ、長男の和吉（夭折）、次男の恒次郎《つねじろう》の幼い二人がいつの間にか食べてしまった。大人が馴染めないものでも、何の先入観もない子供たちはおいしいという。その上滋養にあふれ身体にいいとなればなおさらのことと、思いなおしてビスケットを追究する気になったという。

その後明治13（1880）年には、イギリスより蒸気エンジンによるビスケット製造機を輸入し、わが国で初めての製菓の機械化を試みた。

それからは同店のビスケットは一世を風靡するほどにもてはやされ、凬月堂一家を支える主力製品になるとともに、遍《あまね》く人々の口を楽しませ、かつ軍用ビスケットで軍部の大きな力ともなっていくことになる。

ただ、機械を入れた当初はだいぶ勝手が違って大慌てをしたようだ。つまりそれを1日動かしただ

リキュールボンボン

あんぱん

近代的ビスケット

けで1ヵ月分の品物ができてしまい、販売が追い付かず、まるで使い物にならなかったそうだ。小さな畑に大型の最新式コンバインを入れるようなものか。ところがひとたび戦争が始まるや、大車輪の活躍をすることになる。例えば日清戦争においては、凮月堂一軒で焼く軍用ビスケットの量と、東京全市の菓子屋及びパン屋で焼くものとが、ほぼ同量であったという。続く日露戦争でも同じく同店はフル稼働でまかない、軍部に納入している。

今日何気なく口にしているビスケット一枚にあっても、ここに来るまでにはいろいろなことがあったようだ。

明治11年「チョコレート」――セピアの世界の嚆矢

話の時を少し戻そう。明治4（1871）年に岩倉具視を全権大使とし、伊藤博文、大久保利通、木戸孝允、山口尚芳を副使とした一行が渡米をしたが、彼らは2年後の明治6（1873）年、パリに赴いたときにチョコレート工場を視察している。チョコレートなるものの正式な表記すら固まっていなかった時代に、一貫した機械生産を見た一行の驚きはいかばかりであったか。それにしてもチョコレートなくしては成り立たないほどの、後世のお菓子の世界での蔓延振りなどは想像もつかなかったに違いない。

ところが米津凮月堂当主・米津松造はこれにもしっかりと気を配っている。こうしたニュースが入るやいち早く研究を始め、商品化に取り掛かる。実際に販売が開始された正確な時期はつまびらかではないが、明治11（1878）年12月24日の『假名讀新聞』に「貯古齢糖」、そして翌日の『郵便報知新聞』に、粋人らしく口にゆかりのおちょこになぞらえて「猪口令糖」の文字を当て、同店製のチョコレートの広告を打っている。

正式にキリスト教が解禁になってまだ日が浅い当時、いかに西欧文化最大の行事とはいえ、またそのクリスマスがどれほどの訴求力を持っていたかは測りかねるが、あえてその日に合わせて最新西洋菓子の広告を新聞に載せるなど、なかなかできるものではない。チャレンジ精神旺盛な米津松造の面目躍如たるものが感じられる。

まさかカカオ豆の焙煎から作ることはなかったにしても、いや、そうであったかもしれぬが、おそらくこれがわが国最初のチョコレート菓子の加工及び製造販売であったかと思われる。

そしてこのチョコレート、これなくしては語れないほどに、今日のスイーツ界の主役を演じるまでになっている。

「スイートポテト」——先人の才が編み出す和風洋菓子 明治20年頃

特に冬の時季の定番となっているお菓子に、スイートポテトがある。それらしいものが作られたのは、明治20（1887）年頃といわれ、作ったのは南鍋町といわれていた東京銀座の米津凮月堂分店とされている。当初は「芋料理」と呼んでいたらしいのだが、それをお菓子らしくまとめ上げたのは、どうやら筆者の母方の祖父で、同店の現場を取り仕切っていた門林弥太郎ということのようだ。

当時は洋風の文化が一気に流れ込み、受け入れる方も大変だったことが推察される。お菓子もそうしたもののひとつだが、当時の職人さんたちもいろいろと考えたらしい。和風の素材をもって洋風の技術で何かできないものだろうか。なんてことで思いついたのが、さつまいもだったようだ。九里より（四里）うまい十三里などといわれるごとく、こんなに美味なものがある。そこでこの裏ごしにバターや卵、ほんの少々の洋酒などを加えて練ってみた。このあたりは和菓子の餡練りの要領で心得たものである。こうして出来上がったものが言われるところのスイートポテトという。当時の菓子職人、パティシエたちによる和魂洋才の一品といえよう。

ところでこれが生まれた当初は、果たしてどんなものだったのだろう。またその名称はいつ頃から？　筆者なりに推量を巡らせてみた。

当主米津恒次郎は明治18（1885）年に洋行し、帰国は明治23（1890）年ゆえ、店主不在中の出来事だ。そして帰って来た後、同店のお菓子や料理はさらに洋風に進化を遂げていく。いわばその前の段階ゆえ、まだはっきりと洋菓子らしくはなっていなかったのではないか。ではどんな形に？　今のようにタルトやタルトレットの型はなかったはずゆえ、よく和菓子や料理の詰め物に使う経木《きょうぎ》に詰めたか、あるいは焼いた芋をくりぬいて、その皮をそのまま容器として使い、中に練った芋のペーストを詰めたか。いずれにしてもそれはお菓子とも料理ともつかぬものだったと推量する。「芋料理」といわれる所以である。そしてこれが次第にお菓子らしくまとまっていき、名前もスイートポテトに……。

ではそれはいつ頃からか。おそらく大正に入るか入らないかのあたりではないか。何となれば、明治29（1896）年に同店に入店した門林弥太郎が一人前の職長（シェフ）として活躍し始めるのもその頃なので。ちょうどそんなNHKの番組（「月刊やさい通信」）を作っていた時、担当ディレクターさんから連絡が入った。「ありました、ありました。吉田さんの言う通り」と。それを裏付ける資料を見つけたというのだ。彼は連日国会図書館に通い、マイクロフィルムからその頃の新聞を探していたところ、大正3（1914）年11月21日の『報知新聞』の第7面に、ベイクド・スイートポテトの名でその作り方を著した記事を見つけたのだ。それによると、帝国劇場の楽屋で女優（おそらく松井須磨子と思われる。彼女の姉が麻布凮月堂に嫁いでおり、当時彼女はそこに身を寄せていた。よってことのほか凮月堂系のお菓子贔屓であった由）に好んで差し入れされるものとして紹介されており、芋料理の一種というのだ。また形は推測通り、芋の皮をケースに見立てて練り上げた芋のペーストを盛ったものという。そしてその上に卵黄を塗ってもう一度オーブンに入れて焼き、それにベイクド・スイートポテトの名を付している。それが今日言うところのスイートポテトへのプロセスだったようだ。

ひとつの番組とそれにかかわるプロデューサーやわれわれの執念と言おうか、情念によって、ささやかだがまたひとつの空白が埋まった。もちろんその再現に当たっては、祖父に敬意を表しつつ心して演じさせていただいた（オンエアは２０１２年９月27日と30日）。

明治21年

「フランスパン」――フランス人教師の手をもって

鹿鳴館華やかなりし明治19（１８８６）年、レイというフランス人が東京府小石川関口にある教会の、フランス語学校の教師として赴任してきた。彼は教会に収容されている孤児たちのためにパンを焼くことを思いたち、翌々年の明治21（１８８８）年にその工場が完成した。フランス人が自分の国のものを作るのだから、当然それはフランスパンということになる。

ただ、実際に母国で作られるような、バゲットと呼ばれる細長いものであったかどうかはつまびらかでない。明治22（１８８９）年の大凶作、翌23年の米価高騰に当たり、彼の作るパンは大いに喜ばれ、いっぺんに知れ渡るようになった。これが後々その道の名門と謳われるようになる関口フランスパンの始まりと伝えられている。昭和29（１９５４）年にフランスから、レイモン・カルヴェル氏が来日して、改めて細長いフランスで作られているそのままのバゲットを紹介するまでは、二つに割れて盛り上がる、表現に品を欠いて恐縮だが、まるでお尻のような形の同社のパンが日本のフランスパンだったのだ。おそらくはこの方が小さくて、日本人には食べやすいだろうとして作られた形だったのだろうと推察する。

さて、イギリス式食パンが世を席巻している中、関口のパンは、フランス人宣教師の開祖として知られる千代田区富士見町・九段の暁星学園の給食や、一部の知識人たちの間でひそやかに受け継がれ、カルヴェル氏の来日以降、今日のフランスパン隆盛までの道のりをつないできたのだ。大勢の中においてごく少数派であったささやかな炎をともし続けてきたその努力と功績は、後の世にあってなお大いに評価されるところである。

なおカルヴェル氏について述べると、彼は南フランスの出身で、製粉専門学校パン科の助手をしていた時に初めて日本を訪れ、以来教授になってなお延べ30回を超え来日している。彼はほとんど小麦粉と水だけで作る本格的なバゲットをはじめ、ブリオッシュやクロワッサンを日本に伝えてくれた、いわばフランス風のパンの宣教師である。

「本格的フランス料理及び最新欧風菓子」――食の分野の最新情報　明治23年

東京・日本橋区両国の米津凮月堂・米津松造の次男・米津恒次郎は同店の銀座分店を任されたが、彼は父の熱意に応え、松造も期待をかけて、明治17（1884）年恒次郎の洋行、アメリカ行きが決まった。一菓子屋の息子の洋行に世間は驚き、当時の『東京日日新聞』もそのことを、やや大げさに報じるほどであった。

チョコレート

フランスパン

スイートポテト

在米3年の後ヨーロッパに渡り、ロンドン及びパリに学び各地を歩くなど、洋行は都合7年に及び、明治23（1890）年に帰国した。その間日本人にして初めて本場の本格的フランス料理を修め、菓子についてはウェファース、サブレ、カルルス煎餅（今日の温泉地で売られている炭酸煎餅）、ワッフル、英国式の重厚なフルーツケーキなど、日本には紹介されていなかったものも含めた数々の最新技術を持ち帰った。次々に披露される洗練された新製品で、南鍋町（銀座）の米津凮月堂分店の評価はますます高まりを見せていく。

なおこれらの新技術のうちのいくつかは、さらに手が加えられてわが国独特のお菓子に変身していく。例えばワッフルについていえば、本来パリッと焼き上がる生地を、柔らかい口当たりを好む日本人の嗜好に合わせたスポンジ状の生地に変え、折り曲げて間にジャムを挟んでみたりしている。さらにこれは昭和2（1927）年になってからだが、元のワッフルの生地に手を加えてカルルス煎餅のように薄く焼き、クリームを塗って2枚合わせにし、フランス菓子にあるゴーフル（Gaufre）の名を与えた。いわば創作菓子にしてゴーフル凮月堂風の誕生である。あの薄く丸い形といい、口当たりの軽さといい、おそらくドイツ地方やチェコあたりで今日でも売られているカールスバーダー・オブラーテン（Karlsbader Oblaten）というクリームサンドのウェファース菓子に大いにヒントを得たものと推察する。何となれば大きさ、薄さ、形体、表面に施した模様とも凮月堂のそれとほとんど違わぬものだからである。それにつけても試行錯誤の中、改良を重ねて万人に合うべく完成させていった技量と努力は称賛に値する。

ちなみに一口にゴーフルといっても、地方によっていくつかの種類があるが、フランス語のゴーフルとドイツ語のワッフルとは同意語である。ところが創作意欲の表れと言おうか、こうしたいきさつから名称と形体は独仏取り混ぜながら導入され、その実ワッフルはスポンジ風に、ゴーフルは煎餅風にというように、それぞれが元の姿を離れ、わが国独特の銘菓としての道を歩むようになっていったのである。

「マロングラッセ」——世界に先駆けて登場　明治25年

前項の続きのようになるが、南鍋町（銀座）の米津凮月堂分店からは明治25（1892）年にマロングラッセも作られている。これは1800年代初頭にフランスにおいて天才製菓人と謳われたアントナン・カレームによって作られたといわれる名品である。それが世に出てさほどの時を経ていない明治25年に、米津恒次郎によって日本において早くも手掛けられていることに驚きを禁じ得ない。

改めてマロングラッセについて見てみよう。マロンと呼ばれるマロニエの実は、実は食用には適さない有害性があり、食用にはシャテーニュ（châtaigne）と呼ばれる栗の実を用いている。この二つ、見た目や形はそっくりだが、まったくの別物なのだ。ただ、貧しい人々は飢えを凌ぐべく、かつてはそんなものでも口にせざるを得なかったという。そうした状況下、お菓子の神様と言われたフランスの天才製菓人アントナン・カレームは、シャテーニュの実を壊さないように、徐々に糖度を上げながら煮込み、珠玉の宝石とまで称される糖菓を作り上げ、あえてマロンの名を用いてマロングラッセと名付けた。彼一流のペダンティズムにして、いい意味でのスノビズムの表れとでも言おうか。

その名の初見は彼の著書『ル・パティシエ・ロワイヤル・パリジアン（*Le pâtissier royal Parisien*）』（『パリの王室製菓人』）の第二巻（1815年）においてである。そしてその後だが、ふっつりと表舞台から姿を消している。彼の後を受けたギュスターヴ・ギャルランの『ル・パティシエ・モデルヌ

（*Le pâtissier Moderne*）』（『近代製菓概論』）（１８８９年）なども、マロングラッセについては触れていない。次に姿を見せるのは、ピエール・ラカンの『ル・メモリアル・デ・グラス（*Le mémorial des glaces*）』（『氷菓の覚書』）（１９１１年）である。それから後はどの書にも出てくるようになる。それは昔から続くマイナーなイメージを払拭するのに必要な時だったのかもしれない。

さて、そうした多難にして曲折に富んだ道のりを歩んできた珠玉の宝石・マロングラッセを、本場フランスの並み居る製菓人の誰にも先駆けて、米津恒次郎はその手法を習得し日本に紹介しているのである。その完成度については筆者の知るところではないが、仮に今日と遜色のないものであったとすれば、これは正しく世界的にみても称賛に値する快挙とは言えまいか。先駆者・米津恒次郎のわが国の製菓業界に残した功績は、それほどに大きなものだったのである。そしてそれ以降マロングラッセは、フランスにあっても日本においても、珠玉のスイーツとして長く時を刻んでいくことになる。

「アメリカの夢のスイーツ」――森永太一郎がもたらす甘味世界 明治32年

明治32（１８９９）年、アメリカにて製菓技術を修めていた佐賀県出身の森永太一郎が11年ぶりに祖国の土を踏んだ。彼は明治21（１８８８）年、英国船アラビック号に三等乗客として乗り込み、単身アメリカに渡っていったのだ。伝えられるところによると、当初は彼の地でそれまで関わっていた九谷焼の販売を志したが、一旗揚げるには至らず。さりながらそのままおめおめと帰るわけにはいかぬと考え思い至ったのが、身につく仕事で日本ではまだだれも手掛けていない西洋菓子製造であるとし、その道に身を投じたという。そしてたまたま友人が住んでいた赤坂一帯を探し回り、帰国する船中で知り合った人の厚意で東京赤坂に住まいを借り、２坪だけ屋根を建て増して工場にした。次いで

本格的フランス料理及び最新欧風菓子

マロングラッセ

アメリカの夢のスイーツ

翌年には20坪の工場を持つ店を構え、さらに3年足らずで二階建てに増築し、キャンディー等の製造に着手した。後の大森永のスタートはこうして切られた。

さてその後だが、彼は他のお菓子屋さんがたどったように、まずお店を持つ、開くではなく、そうした既存の店を回って自らの商品を扱ってもらうという、卸しの方式を取った。このあたりがすでにして合理的なあちら流である。彼は覚えてきたキャンディーやキャラメル、チョコレートクリーム、ナットケーキ、エンジェルケーキ、ジンジャーブレッドなどを作り、東京中の名だたるお菓子屋を片っ端から訪ね歩き、引き札と呼ばれる商品広告のためのチラシを配って回った。最初の頃はただの一軒からも相手にされず、回る度に門前払いで悔し涙を流したらしい。そのうちに、アメリカでは駄菓子の部類に入るバナナ・マシュマロが輸入品のためたいそう高値で売られていることを知り〝ああ、それならあちらでやったことがある〟と日本人向けに小さい型を作って売り出した。するとそのうちに、なるほどあちらのものと品も変わらず、しかもこの値でと、ようやく一、二振り向き理解を示してくれるお店も出てきた。

そうなるとまた風向きも変わってくる。取扱店の風評を聞きつけるやたちまちのうちに口伝てに伝わり、一転して日ごとに得意先も急増していったという。それもこれもマシュマロが救ってくれたわけだが、ちなみにこのお菓子、あちらではその口当たりの軽さから別にエンジェルフードとも呼ばれているものである。そうしたこともあって後年、同社のシンボルマークにエンジェルが採用されたということである。商標ひとつにも、いろいろな謂れ逸話があることが分かる。

きっかけをつかんだ彼のその後の大活躍は周知のとおりで、何をかいわんやである。それまでは西洋菓子類も発達してきたとはいえ、全体的にみればまだ大都会中心というごく限られたものだったわけだが、この森永太一郎氏の登場で状況はガラリと一変する。彼の下で作り出されるキャラメル、ゼリビンズ、ウェファース、マシュマローといった製品群は、工業化されるやまたたく間に広がり、日本国中津々浦々に甘き安らぎを乗せて届けられるようになっていったのだ。ちなみに森永では、大正7（1918）年に初めて板チョコレートが作られている。

「カステラ」——全国流布の起点 明治33年

南蛮菓子として親しまれてきた長崎カステラを、より広く世に知らしめ、メジャーなものとならしめた人がいる。中川安五郎という人だ。長崎県南高来郡の大工の子として生まれた彼は、長崎市に出てカステラの作り方を覚えた。そして明治33（1900）年、文明開化にあやかって「文明堂」を名乗り、独立を果たした。この小さな旗揚げが後の大成長に繋がろうとは、誰が予想できたことであろう。明治42（1909）年には、実弟の宮崎甚左衛門が同店に入店し、修業に入る。彼の頑張りも並ではなかったようで、後年カステラ甚左と呼ばれた伝説の人である。彼は大正5（1916）年、佐世保で同名の店を起こし、兄弟合わせた努力の結果、開業30年後には文明堂一家のみで全国のカステラ生産高の過半数を占めるまでになっている。

いずこの成功者にも言えることながら、宮崎甚左衛門についても苦労話、逸話の類、枚挙にいとまがない。商いも順調に伸び、大正11（1922）年にはついに〝今日は帝劇、明日は三越〟のキャッチフレーズに乗る小売業の覇者・三越との商品納入契約が成った。大量注文に備えて東京に出店を、とのたっての三越側の勧めで、虎の子をはたいて下谷区東黒門町に東京店を開業した。しかし運悪く翌年の関東大震災でこれを焼失し、無一文に帰したが、天災では致し方ない。再び立ち上がるが、今度は三越側からカビの生えた商品が返されひどくお叱りを受けた。どうやらお回し品だったらしく、憤然とした彼は名誉挽回せんと実演販売を申し出てこれがまた大成功を収める。ますます評価の高まったある時、あろうことか三越系の食品スーパーの二幸が、文明堂の職人をスカウトしてカステラの製造を始めるというトラブルが発生した。一徹の甚左衛門は憤り激しくこれに抗議し、あれほど情熱を傾けた三越との縁を自ら断ち、三越のある地すべてに自店を開設していった。すなわち日本橋店、銀座店、新宿店……。後に三越側も謝意を表して和解し、胸襟を開いて今日に至っている。

ただそのことあって同店の繁栄の基礎が築かれた故、考えようによっては三越は大恩人なのかもしれないが。火事、カビ、スカウト事件に見られるトラブルごとの成長。この不屈のバイタリティーこそが南蛮菓子の一輪を大輪に咲かせた要因といえようか。その後、一南蛮菓子であったカステラは和洋二つの文化を兼ね備えたスタンダードなお菓子として認識され遍く親しまれていくことになる。

「クリームパン、クリームワップル」——食のエンターテイナー誕生秘話　明治37年

明治34（1901）年、長野から相馬愛蔵という人が、妻・良《りょう》（後の黒光《こっこう》）を伴って上京し、折よく本郷の一角に中村屋と称するパン屋の売り物と巡り合い、これを求めて居抜きで開業した。この界隈は東京府内でも有数のパン屋の激戦区であった。しかしながら主を変えた中村屋は懸命の努力をし、結果、前の代で離れた客足も再び戻り、否、旧に倍して繁盛していった。こうして店としての基盤も固まってきたある頃、手狭になってきたこともあって、相馬夫妻はある決心をする。日々の戦いもさることながら、さらに大きな夢を求めんと、明治40（1907）年に、打ち込んできた本郷を離れて、東京のはずれにある新宿に転出を決意した。そしてその2年後に現在の地を入手して店舗を刷

新、ここに遍く知れ渡る新宿中村屋の礎が築かれた。

また彼は述べた如くに努力家にして、パッと新宿移転を決めるなど機を見るに敏、加えてなかなかのアイデアマンだったと見受けられる。それだけ取り組み方が真剣だったともいえるが、一面垣間見るなら、シュークリームを口にしてそのおいしさに打たれたことから、すかさずパンの中にそのクリームを取り込むことを思いついて、「クリームパン」を編み出した。また当時もてはやされていたワッフルについてもこれに準じて、ジャムの代わりにクリームを挟んだ「クリーム・ワップル」を売り出した（明治37（1904）年）（ワッフルの表記もウヲッフル、ワップルなど統一されていなかった）。ちなみにそれまでのジャム入りワッフルは凮月堂考案のものであった。これらは木村屋のあんぱん同様、信じられないほどの大評判を博して、あっという間に全国に広まっていった。

なお相馬愛蔵は新宿移転に際し、当時パン屋の最大手であった銀座・木村屋の三代目当主・木村儀四郎を訪ねて意見を伺った。木村曰く「本郷は競争が大変だ。それに街としてもすでに出来上がっている。その点新宿はいい。これからの街だ。あそこなら大丈夫。間違いなく発展する」と太鼓判を押されて決心がついたという。後、発展に発展を重ねて勢いづいた中村屋の銀座進出説が取り沙汰された時、相馬はその行く手に光をかざしてくれた木村に対して「決して銀座進出の如き不義理致し申さず」の親書を送ったと伝えられている。もちろん現在は互いに敬意を払いつつ、こだわりなく商いが行われている由、聞き及んでいる。

ところでこの相馬愛蔵という人だが、おそらくこの業界初の学士ではなかろうかと思う。いわゆるインテリというわけで、そうしたことを背景とする逸話にも、余人の及ばぬものを持っている。有名なところでは、インドの革命家ラース・ビハーリー・ボースの一件がある。ボースは母国インドにおいて、学業半ばにして退学し、1910年以降は革命運動に専念した。そして1912年デリーにおいてインド総督ハーディング卿暗殺未遂事件が起きるが、彼もそれに関与したことにより、インド国内で懸賞が掛けられ、さらにラホールの反乱の失敗から母国を逃れ、日本に亡命をする。英国の執拗な追及を潜り抜ける彼を、その事情を知る相馬は、犬養毅や頭山満といった有力な政治家の要請を進んで受け入れ、自宅に匿う。およそ政治的なことと接点の少ない製菓製パン業界にあって、特異といえばあまりに特異、よほど勇気がなければ取れない行動である。

そのことあってボースは後に相馬の娘と縁を持つようになる。中村屋の一員、家族の一員となったボースは、商いを手伝うが、そこで日本にはカレーライスと称するものはあるが、本物とは異なることを憂い、恩返しの気持ちもあったのだろう。本場物の「カリー」を手ほどきする。それはたちどころに評判を呼び、今も同店の名物となっている。

またエロシェンコ事件というものもあり、当時の新聞を大いに賑わした。エロシェンコとは、ロシア生まれの盲目詩人にして童話作家である。そして大杉栄や長谷川如是閑《はせがわにょぜかん》らとも交遊を持ち、アナーキストとして知られていた彼は、来日中に本国の革命騒ぎで送金が絶えるなどの困窮に陥る。見かねた相馬は、かつてボースを匿った部屋に彼を住まわせ、面倒を見ていた。過激派の嫌疑をかけた警察は相馬宅を取り囲み、横暴とも思える官権を発動してエロシェンコの逮捕に踏み切った。相馬はその狼藉に対して敢然と抗議し、時の警察署署長に謝意を表明させている。

はっきりとしたポリティックな意見を述べることのしにくかったこの時代に、彼は数少ない気骨あふれる、そしてリベラルにしてインターナショナルな感覚を身につけた商人であった。

その中村屋、今日柱であるパンに加えて中国の月餅、中華まんじゅう、ボース由来のインドのカリー、エロシェンコに機縁を持つロシアのボルシチ（正しくはウクライナの料理）やピロシキ、加えて和菓子、洋菓子、レストランと、間口も実にインターナショナルに、日本を代表する食のエンターテイナーを演じている。かように、カリーやボルシチ等も、各種のパンや菓子とともにこのようにして世に広く親しまれていったのだ。

明治41年

「サクマ式ドロップス」——先人たちの夢を受け継ぐ

森永が自家製洋菓子をもって発展していく時期、輸入菓子として評判を得ていたのが、イギリスのモルトン社製のフルーツドロップであった。口に広がる果汁の芳香は、西洋菓子を目指すものにとっては、たまらない一種の憧れに近いものがあったようだ。それを見よう見まねながら見事に模して、初の国産ドロップを作り上げた男がいる。東京芝口に地球堂の看板を掲げていた岸田捨次郎である。後々チョコレートで名をなす芥川製菓の初代・芥川鉄三郎も早々と、明治25（１８９２）年頃からドロップに魅せられて研究を始めていたが、これについては岸田の方がやや先んじていたらしい。その他長井長左衛門を当主とする蟹屋も前後して研究に勤しんでいた。思うにドロップは、その頃の西洋菓子の最先端にして最重要品目のひとつとして、互いの技術を計る尺度ともみられていた節がある。

さてその岸田だが、明治32（１８９９）年、ビスケット作りで名を知られていた志村吉蔵及び広瀬長吉という二人と組み、日本洋式製菓合資会社という法人組織を起こした。記録の上ではおそらくこれが、お菓子の世界における初めての会社組織と思われる。その岸田ら三人はそれぞれが得意とするものの製造に着手するが、残念ながら道程は芳しくなく、結果わずか半年で解散の憂き目を見ることになる。その後もいろいろな菓子屋の旦那衆が集まって東洋製菓なる会社を起こしてドロップ製造を試みるが、それもうまくいかない。

その頃横浜の花柳界で杵屋の芸名で幇間《たいこもち》を務めていた桐沢枡八という人がいた。彼は一念発起、明治8（1875）年に自分の名からとった新杵という屋号で横浜仲町に菓子店を開業した。お客様の気をそらさぬが身上か、すっかり人気を得て、日本橋を皮切りに長野、大磯、神田、京橋、浅草等々、またたく間に店を増やしていった。彼は明治26（1893）年アメリカにまで視察に出かけ、シカゴの博覧会でドロップ製造機を見つけてさっそく購入、研究に取り組む。翌27（1894）年、息子の清吉に任せてある日本橋の分店にこの機械を備え付け、製造に着手したという。しかしながら、こちらもうまくことが運ばなかったらしい。

ところがここに佐久間惣治郎という人が勤めており、ドロップにかける情熱をそっくり受け継ぐ。彼は明治41（1908）年、長らく務めた同店を辞して独立を果たし、神田八名川町に三港堂という名の店を開いた。ここで長年の成果を問うべく、先輩たちの成し得なかったドロップの発売に踏み切るが、苦労と努力の甲斐あってついに大成功を収める。世にいう「サクマ式ドロップス」の誕生である。この〝式〟がいい。作り手としての誇り高いプライドが見えてくる。ところで、同社は太平洋戦争により廃業となるが、終戦後の昭和22（1947）年に前社長の三男・山田隆重氏がサクマ製菓を、翌23（1948）年に創業者とも関係の深かった横倉信之助氏が佐久間製菓を再興。前者はサクマドロップスを、後者はサクマ式ドロップスを製造販売するが、後者は2023年1月20日をもって営業を中止することになる。

なお付記するなら、このドロップスの成功の流れを受けて、タイプは異なるが、後々「七色の飴味覚糖」（昭和24（1949）年）や「カンロ飴」（昭和30（1955）年）といった逸品が誕生し、その

カステラ

クリームパン、
クリームワップル

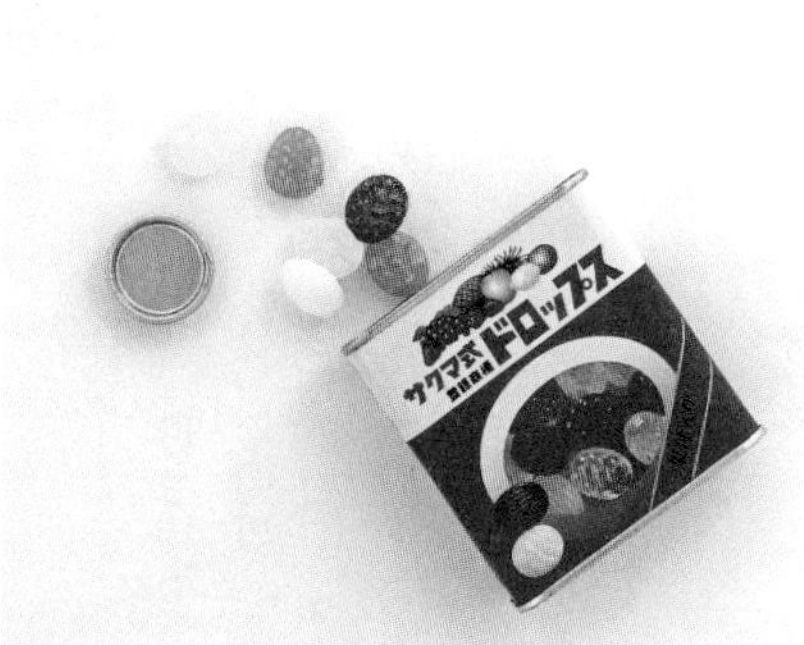

サクマ式ドロップス

後のキャンディー業界はより豊かなものになっていく。

明治43年　「洋菓子&喫茶」――不二家創業

不二家の創業は明治の末期で、創業者の岩田林右衛門という方は、明治18（1885）年愛知県の農家に生を受けた。6歳の時藤井家の養子となり、明治33（1900）年15歳の折に逆境を越えて、すべてがハイカラな横浜に出てきた。杉浦商店という鋼鉄商に入店して苦節10年、少年から青年に成長した彼は、義兄の世話で横浜の元町2丁目にささやかな西洋菓子店を開業。時に明治43（1910）年、後に日本中に甘き夢を届ける不二家の誕生である。藤井姓を日本一の富士山に引っ掛け、文字を〝ふたつとない家〟とした不二家の屋号……。いわずもがな誰にもまねのできない、今までのどこにもない日本一の店に、との願いのこもった命名である。藤井林右衛門氏描くところの夢は、初めから気宇壮大であったのだ。規模の大なるがすべてに優るとは限らぬは重々承知ながら、それにつけても質、格、社会に対する貢献度等、いずれにおいても大をなすべき人は、スタートの段階から違っているようだ。

さて、狭い店内だが、奥には喫茶室を設けてコーヒーなどを供し、店頭ではシュークリーム等の生菓子類を並べた。その頃の洋菓子店では、大半が未だ焼いたもの、日持ちのするものが中心の品揃えであった。そんな中での彼の店の洋生菓子は、お客様の目にはたいそう新鮮に映ったようだ。さらに苦労人の彼は一律三銭という、おごらず抑えた値段を付けた。ためにそれほど儲かりはしなかったようだが、着実に顧客を増やしていった。

いくらか落ち着いた大正元（1912）年9月、乏しい中を決意して渡米を思い立つ。各地を視察し、自らの手掛けている洋菓子喫茶の道は間違っていないとの確信と、その将来性に自信を深めて翌年帰国。その後の不二家の母体、ソーダ・ファウンテン（喫茶）の構想はこの時にしっかりと固まる。そしてこのあたりに、他のお菓子屋さんがなべてフランスへとなびく中、敢然とアメリカ指向を貫き、彼の地特有のお菓子の持つ楽しさ、ハピネスの追求を心がけていった同店の変わらぬ姿勢の原点が見出される。

ところで彼の帰省土産はレジスターだったというが、これを備えた明朗会計に基づく近代的な店舗経営は一躍話題となり、お店もますます繁盛した。ただし売り物の喫茶すなわちソーダ・ファウンテンをお茶場と呼んでいたのが時代がかっておもしろい。人柄がにじみ出る誠実な努力が実って大正11（1922）年に同じ横浜の伊勢佐木町に支店を設け、続いて翌12（1923）年8月5日待望の銀座出店が叶った。これにはかねてから懇意にしていた矢谷バターの店主、後の銀座アスター社長・矢谷彦七氏の尽力があったというが、持つべきは友であり、大切にすべきはそこから生まれる友情、信頼、信用である。

これ以降同店は銀座不二家として遍く知られるところとなり、さらに命名由来の如く日本一の不二家へと飛躍していくことになる。そして同店の手をもって〝洋菓子〟の持つ楽しさは、全国に広がっていくことになる。

「シベリア」――謎多き和洋折衷のヒット作　明治後期〜大正初期

「シベリア」とは明治後期から大正の初め頃に誕生したといわれているお菓子で、カステラに白または黒の羊羹を挟んで三角形にカットされたものとされている。なお、それは羊羹ではなく餡とされている記述もある。その頃から大正年間にかけては、ミルクホールと呼ばれていた喫茶店で、ミルクコーヒーとともにこれを食べるのが流行となっていたという。女学生にも人気があり、コメディアンとして名高い古川緑波《ろっぱ》などもシベリアの愛好者であった由。東京や横浜といった関東の都市部では早くからもてはやされていたようだが、その発祥の店や創作した人については分かっていない。

名前の由来についても定かではないが、一説によると、間に挟まれた羊羹をシベリアの凍土に見立てたともいわれているが確証はない。また、カステラの部分をどこまでも広がる氷原に、羊羹の部分をシベリア鉄道の線路に見立てたという説もある。あるいはシベリア出兵にちなんだものとか、日露戦争に従軍していた菓子職人によって作られた故の名称とか、様々な話が伝わってもいる。諸説のいずれも確証は得られていないが、それでもこのお菓子は、この時期厳然として存在し、当時のスイーツファンの心をつかんでいたのである。なお、今日同名のものが再現され、三角ならぬ四角い形で販売されている。

似たようなお菓子としては、愛媛松山の銘菓として遍く知られている一六本舗の「一六タルト」がある。同店の現ご当主玉置泰氏とは筆者も親しくさせていただいているが、こちらはスポンジ生地に餡を塗って巻いたロールケーキで、ちなみにこちらが作られたのは、同氏の御祖母様の時代の明治16（1883）年とのこと。東京日比谷に鹿鳴館が落成したのと同じ年である。ひょっとしてこの銘菓がヒントとなって、謎多き流行菓シベリアが生まれたのかもしれない。夢の広がる話である。

洋菓子＆喫茶

シベリア

2　大　正――大企業の確立期

明治と昭和に挟まれ期間の短かった同時代、大正ロマンといわれるほどに、総体的にはちょっと一服の感無きにしも非ずであったが、微細を穿てばそれなりに激しい面も備えていた。新しい時代とともに、洋菓子は人々の嗜好にあってその消費は増大し、これに平行して輸入品も多くなってくる。日清日露の戦いを経て、日本も曲がりなりにも世界の仲間入りを果たしたと同時に、地球も確かに狭くなってきたのであろう、大正2（1913）年にはアメリカからチューインガムが入ってきたり、キャンディー、ビスケット、チョコレートといった工業製品が、これまで以上に人々に楽しまれるようになった。

また第一次世界大戦後、日本に定住するようになったドイツ人やロシア人たちによって、それまでの概ねのフランス風や英米風に加えて、独特のドイツ風あるいはロシア風のお菓子が現れるなど、洋菓子の世界はさらににぎやかしくなり、それにつれて洋菓子店も一層の数を増やしていった。そして、後半の大正12（1923）年に関東大震災が起こり、東京や横浜といった首都圏の製菓業者も他産業同様多大な損害を受けたが、しかしそのことがかえってすべての近代化を早めることになり、たちまちにして目覚ましい復興を遂げていくことになる。

なお、この時代の製菓業界を今少し細部にわたってみてみるに、明治初期よりいち早く西洋菓子を手掛けた凮月堂一家が隆盛を極めて技術面をリードしていたことが分かる。他方森永はますます発展し、大企業としての地歩を固めていく。

後期にはこれに対抗する明治製菓が発足。江崎グリコも創業した。総じて、大企業が確立していった時代といえる。なお、一般洋菓子店にあっては、ケーキ類の仕上げはグラス・ロワイヤルという砂糖掛けが中心であったが、次第にレベルが向上し、大正10（1921）年頃よりバタークリームに置き換わっていった。今様のケーキに近づいていったわけである。

大正2年

「森永ミルクキャラメル」——甘味史上空前の特大ホームラン

躍進を続ける森永は、大正2（1913）年ベルベットという名のキャンディーやコーフドロップスという咳止め菓子等を次々と発売し、その地歩を固めていった。そして続いて「森永ミルクキャラメル」を発売。出すものすべてがヒットしていったが、特にこのミルクキャラメルに至っては、伝説的な大ヒットとなり、あめちょこと呼ばれたりして国民食とまで言われるようになっていった。ために森永製菓とまぎらわしい類似商号やあめちょこならぬチョコレート飴といった類似品も多く出回るようになる。そしてその類似品に至っては、全国で数えきれぬほどの製造元ができたという。いかにこの製品が世を席巻していったかが分かろうというものである。

そしてその勢いはとどまるところを知らず、神話に近いほどの好業績を誇るまでに成長を遂げていく。また、映画館や劇場では「えー、おせんにキャラメル」と売り子さんが客席の間を売って歩くまでになっていった。加えて子供たちの遠足などでは、その楽しみを倍加させるための必需品ともなり、その後の戦時下にあっても、多くの洋菓子の商品名が敵性語ゆえに禁止される中にあって、このキャラメルはビスケットなどとともに「疲労回復」に効果ありとして、軍需用として特別扱いにされるなどの厚遇を受けた。

古今を通じてのわが国のスイーツ史を俯瞰しても、これに匹敵するほどのものは見当たらず、今後においてもこれを凌駕するようなものは、まず出ることはないと思われるほどに、社会的にインパクトを与えた特大のホームランであったといえよう。

「チューインガム」登場──モボ・モガの象徴　大正2年

大正2（1913）年、アメリカからの「リグレー・チューインガム」が市場に現れた。新聞の半ページを割いた広告を打っての同社の進出であった。そしてその3年後の大正5（1916）年4月にはリグレー株式会社が創設された。そしてそのガム販売を目的とし、三角帽を被った外国人がアイキャッチャーとなって、8月からは盛んに広告に出てチューインガムなるものを知らしめるべく活動を始めた。

そうしたものを口にする習慣のなかった日本人には、当初は奇異に感じられたこともあったようだが、東京銀座を中心とした都会人には、これがかっこいいとして受け止められ、あっという間に広がりを見せていった。いわゆるモボ・モガといわれたモダンボーイ、モダンガールといった、新しいものにあこがれを持つ若い人たちの間でもてはやされたこのチューインガムは、流行の最先端を行く象徴的なものとなっていったのだ。

この後、この分野は同社の独占市場となって時を刻んでいく。なお、国産のチューインガムの登場は昭和3(1928)年頃の新高製菓によるもので、一般大衆化するのはさらに先となり、第二次世界大戦後の昭和23(1948)年の、ハリス及びロッテの創業まで待たねばならない(新高製菓、ハリス、ロッテについては同項参照)。

大正4年

「浅田飴」——咳声喉に……

〝せき・こえ・のどに浅田飴〟。永六輔さんのコマーシャルでお馴染みの浅田飴。これが発売されたのは大正4(1915)年。この名称については、宮内省の侍従であった漢方医の浅田宗伯氏による処方であることから、その名をとったとされている。なおこの発売元の会社の創業者の堀内伊三郎氏は、かつて浅田氏の下で学んでいたという。いろいろなつながりで成り立っているようだ。

当初のものは水あめタイプであったというが、持ち運びに不便ということから大正4年に固形のものを考案し、その11年後の大正15(1926)年に今日のような形のものが完成したとか。また昭和37(1962)年には、生活の洋風化に伴い、ニッキ味の他にクール味のものを発売し、さらには昭和61(1986)年にはトロピカルなパッションミ味も登場する。そして2003年には、時代に即してシュガーレスも開発。ちょっと舌足らずで親しみのあるコマーシャルですっかりお馴染みとなったこの浅田飴は、かように日々変化を遂げ今に至っている。

なお、こうした咳止め効果を謳ったものとしては、大正2(1913)年に森永製菓によって作られたコーフドロップスと名打ったものがあり、また昭和42(1967)年には龍角散トローチが販売されている。

大正7年
「チョコレート」普及の起点――カカオ豆よりの一貫生産

大正7（1918）年、森永製菓は同社の東京・田町工場において日本で初めて、カカオ豆より製造するチョコレートの一貫システムを完成させた。ちなみにこのことによって原料用のチョコレートは、輸入品の七割安の価格になったとのことで、高嶺の花であったチョコレートも、ぐっと庶民の口に近づけることが可能となった。ただ消費者自体がチョコレートなるものを十分認識していなかったためか、本当に売れ出すまでには、もう少し時間が必要であった。

筆者の手元にある資料でも、例えば昭和2（1927）年のチョコレートラベルのコレクションなどをみるに、板チョコレートの一枚一枚にチョコレートとは何ぞやを説くために、原料のカカオ豆から製品ができるまでの工程を写真と文で綴りつつ、栄養価の分析表まで付けて織り込み、一からの啓蒙と教育を施している。そしてキャッチフレーズに曰く、〝嗜好界の権威・滋養の源泉〟を謳っている。折につけダイエットを説き、低糖、低カロリーを打ち出して止まぬ昨今とは隔世の感がまぬがれない。

その他いろいろある中で感心させられるのは、『チョコレートの栞』と題した宣伝用の小冊子である。その見開きより「チョコレートとは？」と題し、すなわち「チョコレートはカカオ樹の種子から作ります。カカオ樹は学名テオブロマ・カカオと云ひ、これはギリシャ語にて「神々の糧なるカカオ」の意味で、古代メキシコの……」と以下カカオ豆の説明、組成と続き、古くからこれを利用していた南米アステカ人とスペイン人の出会い等々、チョコレートの今日までの足跡を述べている。いつの時代もリーディングカンパニーは大変ということが伝わってくる。

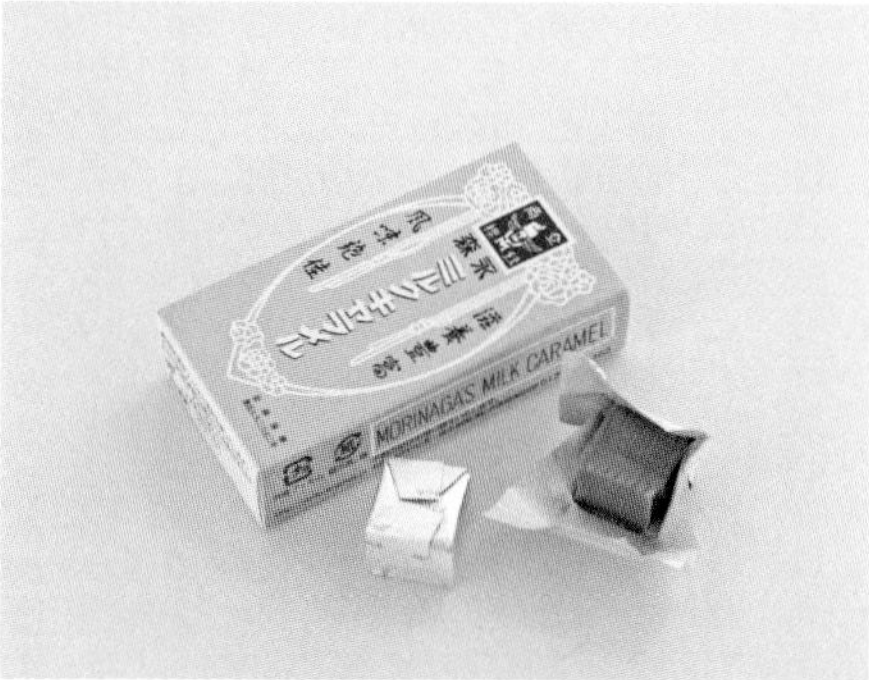
MORINAGA'S MILK CARAMEL

森永ミルクキャラメル

リグレー製
チウインガム
ダブルミント
WRIGLEY'S DOUBLEMINT CHEWING GUM
PEPPERMINT
ジウシーフルート
WRIGLEY'S JUICY FRUIT CHEWING GUM
スピヤミント
WRIGLEY'S SPEARMINT CHEWING GUM
THE FLAVOR LASTS
MINT LEAF FLAVOR
口中及齒牙ヲ清涼ニシ渴ヲ止メ呼吸ヲ爽快ニスル衞生糖菓デス食後常ニ御用ヒ下サイ一枚ノガムヲ十分乃至二十分間嚙デ居リマスト食滯ナドハ直グ快癒シマス本品ハ齒牙ヲ強健ナラシムルニ特效アリトシテ總テノ齒科醫大家ノ推奬セラルヽ所デアリマス
說明書ハ御一報次第無代ニテ御送リ致シマス
軍人官公吏諸士ノ爲メニ左ノ特種見本品トシテ割引提供致シマス
一箱五包入 金四拾錢（定價五十錢）
一箱十包入 金八十錢（定價壹圓）
但シ本品提供ハ今後二ケ月間トシ期間經過後ハ之ヲ撤回シマス
郵劵代用ハ御隨意デアリマス
振替口座東京三三三〇〇番
銀座通新橋際
リグレー株式會社
電話銀座八三九番

チューインガム

せき・こえ・のどに
浅田飴
ニッキs
NIKKI
シュガーレス
クールs
COOL

浅田飴

大正10年　「カルミン」――明治製菓の歴史を背負ったスイーツ

東京菓子株式会社発売の超ロングセラー・スイーツ。炭酸カルシウム配合のミント味のタブレット菓子で、清涼感を持つ。カルミンという商品名は、カルシウムとミントに由来し、その二つを合わせての名称である。このヒットに続いて大正14（1925）年には「ココアカルミン」、昭和3（1928）年には、「パパイヤカルミン」、昭和7（1932）年には「チェリーカルミン」が発売されている。

なおこの東京菓子は、しばし後に森永と並び称される製菓会社の「明治製菓」（現・明治）となるが、そこに至るまでの過程は以下の如くである。

日露戦争が終わって後の明治39（1906）年に、国内の需要に応じて明治製糖株式会社が設立された。このことより少し遅れて、凮月堂の米津恒次郎ほか、菓子業界の有志と実業界の有志とで、東京菓子株式会社の構想が持ち上がった。実現に向けて話し合いを重ねたが、意見思惑一致せず、菓子業界の面々が離れていった。残った実業派が中心となってこれをまとめ、大正5（1916）年に「東京菓子株式会社」が発足をみた。

一方その動きに合わせて明治製糖は、別会社として大正製菓株式会社を起こし、先の東京菓子と合流を策す。そして翌年の大正6（1917）年にめでたく合併を果たし、東京菓子の社名を生かした同社はさらに大正13（1924）年「明治製菓株式会社」と改称。ただその過程にはこれからの食卓を担うべきパン製造の壮大な計画も浮かんだとか。そして討議を重ねた結果、一転して森永に対抗する一大製菓会社としてスタートを切ることになったという。

その後の同社は、東京菓子時代から引き継いだカルミン等も含めて、キャラメル、ドロップ等々を次々に打ち出し、大正15（1926）年には先行する森永を追走するように、ミルクチョコレートの発売にこぎつける。〝チョコレイトはメ・イ・ジ〟はここに始まったわけである。ただし東京菓子株式会社としては、大正7（1918）年すでにチョコレートの発売を行っている。

ところで東京菓子、明治製菓、明治と続く歴史を背負った看板商品のひとつたるカルミンは、2015年3月末をもって惜しまれつつその販売を終了している。子供の頃からのファンの一人としては、いつの日にかバージョンアップなどして装いも新たに復活する日を夢見ているが……。

「栄養菓子グリコ」——おもちゃ付きで一粒300メートル　大正10年

佐賀より上ってきた江崎《えざき》利一《りいち》という人が、大正10（1921）年、弟の清六《せいろく》氏と協力して江崎グリコという会社を作った。先行する森永ミルクキャラメルやサクマ式ドロップスを追走せんと思案の末、滋養、栄養、体力増強を謳う時流を鑑みて、栄養素のグリコーゲンから転用したグリコの名を付けたキャラメルを発売した。箱にはご存じのごとく、両手を上げてゴールインするような健康的なランナーをデザインし、〝一粒300メートル〟のキャッチフレーズまで添えた。さらに先行する各社に立ち向かうにはプラスアルファーが必要と、おもちゃと豆文を付けるなど奇想天外な創意と工夫がなされた。これが功を奏して爆発的な人気を呼び、さしもの森永もたじたじの体であったという。子供のじゃんけんに、パーはパイナップルと6歩進み、チョキはチヨコレイトと同じく6歩、グーはグリコで3歩の遊びがあるが、それほどに流行し、一気に先行各社の仲間入りを果たしていった。

孫子の兵法に「正をもって合し、奇をもって勝つ」の一文がある。戦いはまず正攻法で立ち向かわなければならない。ただしそのままでは力対力で大は小をねじ伏せてしまう。そこに奇、すなわちアイデアを加えることにより、小が大を制するチャンスが生まれるというのだ。後発の江崎利一はまさしくこれを実践し、森永と明治の間隙を縫ってデビューを果たした。為せば成る、為さねば成らぬ何事も。やればできるの見本、お手本のような成功譚である。

大正11年

「バウムクーヘン」――ドイツ菓子職人ユーハイムが紹介

大正2（1913）年よりドイツの租借地・青島《チンタオ》に来て、お菓子と喫茶の店「ユーハイム」を開業していたカール・ユーハイム氏は、大正3（1914）年、不幸にも第一次世界大戦に巻き込まれてしまった。当時連合国側にあった日本軍の攻撃を受けて、エリーゼ夫人ともども捕虜となり、ほどなく夫人を残したまま単身大阪、広島と転送の運命にさらされる。夫人は悲嘆にくれるが、彼はそうした境遇にくじけることなく、収容所においても得意のバウムクーヘンを焼いたり、ケーキを作っては周りを喜ばせていたという。5年の歳月の後、やっと解放の日を迎えるが、世の中のインフレがひどく、解放捕虜に対する救済策が各方面で真剣に考えられていた。

そうしたことを憂慮し手を差し伸べたのが、当時横浜に本店を構えていた食糧品店明治屋の三代目社長の磯野長蔵《いそのちょうぞう》氏であった。その頃の明治屋は朝鮮の京城（現在の韓国・ソウル）にまで支店を持っていたが、東京支店の他に新しく洋風喫茶を銀座に開くべく準備を進め、その製菓部主任に3年契約でユーハイム氏を採用しようと申し出てくれたのだ。家族再会なったユーハイム一家は、鎌倉に落ち着き、明治屋が開店する「カフェ・ユーロップ」との契約を結んだ。同店は大正8（1919）年に銀座尾張町、現在の和光の裏手に開かれたが、ここでの身を粉にするエリーゼ夫人の働きぶりと徹底したサービス精神はたちまち評判を呼び、ユーハイム氏の作るバウムクーヘンやケーキ類のファンも

チョコレート

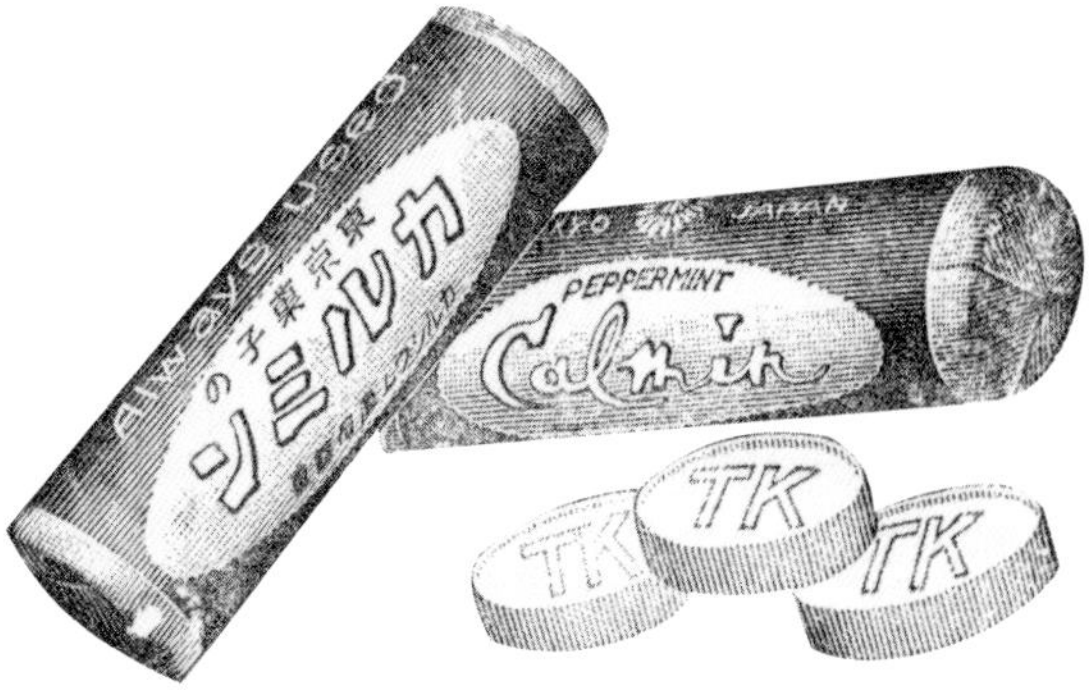

カルミン

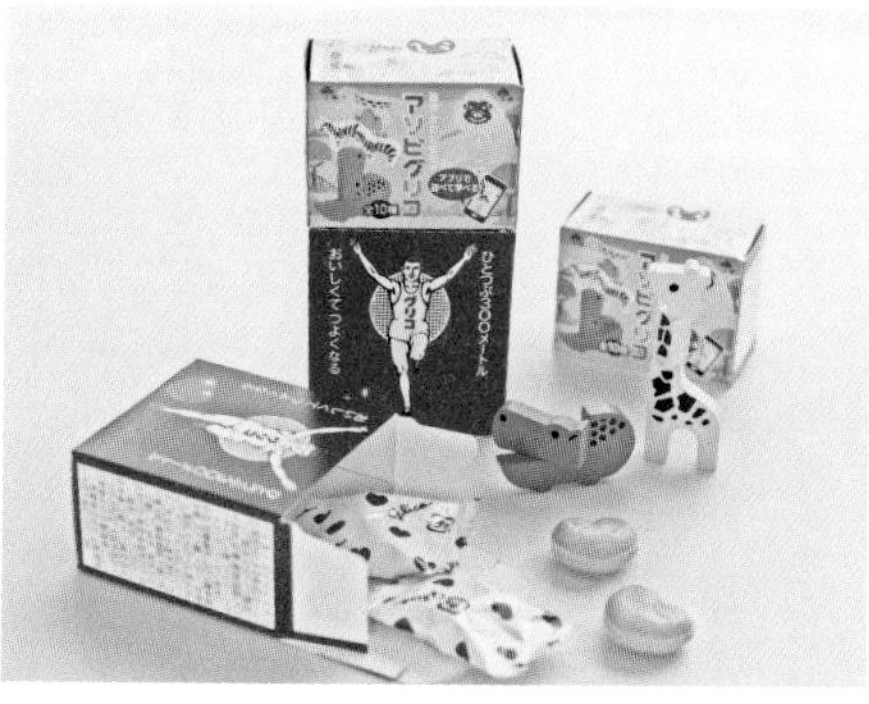

栄養菓子グリコ

日ごとに増えていったという。その頃までの洋菓子といえば、主に砂糖を卵白で溶いたグラス・ロワイヤルや水で砂糖を溶いたアイシングといわれるものでケーキを飾ったり覆ったりしていたが、彼の作るお菓子は母国ドイツ流にバタークリームをたっぷり使った、口当たりのなめらかなものであった。この頃を機に日本のお菓子も全体のレベルがどんどん上がってくることになる。

契約終了後の大正11（1922）年、夫妻は横浜山下町の売り店と巡り合って、念願の独立を果たした。夫人の名を付けた「E・ユーハイム」の誕生である。だが喜びもつかの間で、突然の関東大震災で打ちのめされてしまう。すべてが灰燼《かいじん》に帰し、再び無一文になった彼らが途方に暮れ、あてもなく神戸にやってきた時、偶然かつて親しくしていた友人のロシア人舞踏家に巡り合った。「もう一度頑張りなさい。お金なんか何とかなるものです」と、その場で叱咤激励再起を促され、そのまま目の前の指さす建物で開業の運びとなった。三宮1丁目電停前のレンガ造りの三階建ての洋館で、これこそが今日のユーハイムの発祥の店である。ようやく腰を落ち着ける場所を見つけたユーハイムを今度は第二次世界大戦が襲う。度重なる不幸は、ナイーヴな彼を苛《さいな》み、ついに入院加療のため帰国することになった。

しばらくしてエリーゼ夫人が迎えに行ったが、明るかった性格は以前のように戻ることはなく、終戦の前日眠るように他界した。しかし彼の生んだ、そして彼の手になる甘い夢は、人々の心の中に生き続けていた。夫亡き後の夫人は帰国したが、かつてのスタッフが集まり店の再興に取り掛かる。一方エリーゼ夫人は帰った母国で追いかけるように最愛の息子カール・フランツの戦死を知らされる。それもドイツ降伏の2日前、ウィーンでのちょっとした小競り合いの銃火に倒れたというのだ。失意のうちに暮らす彼女の消息は、日本の再生ユーハイムのスタッフたちの知るところとなる。

「何としても夫人を日本に迎えよう」。昭和28（1953）年、皆の熱意が実り、夢が叶った。この出来事は明るいことの少なかった当時の新聞にも心温まる美しい話として大きく取り上げられている。同店の創業者の手掛けた、数々のドイツ菓子にはこんな物語があったのだ。その代表格たるバウムクーヘン、今日では日本の洋菓子界にすっかり溶け込み、日常はおろか、お中元やお歳暮、果ては結婚式の引き菓子等々にと、その存在感を示し続けている。

大正11年

「ショートケーキ」——日本人に人気ナンバーワンの洋菓子誕生

日本人の大好きなお菓子にショートケーキがある。これをお嫌いな方は、まずいらっしゃらないのではないか。ところでこのショートケーキのショートとは？　実は〝小さい〟とか〝短い〟ではなく、〝サクサクした〟という意味であり、したがってこれはあくまでもクッキー状のお菓子を指す言葉なのだ。明治22（1889）年刊の『和洋菓子製法独案内』という本においても、Scotch short bread cakes（スコットランドショルドブレッケーキ（原文のまま））や derby short cakes（デルビーショルドケーキ（同））なるものが紹介され、クッキーとしての作り方が記されている。すなわち生地をまとめて薄く延ばし、型で抜いて焼く……と。

ではなぜこれがスポンジ使用のクリーム菓子に置き換わってしまったのか。様々な説があるが、有力なのが不二家の創作説。創業者の藤井林右衛門氏はアメリカ視察に行っているが、そのアメリカにストロベリー・ショートケイクというお菓子がある。これは厚めに焼いたビスケット生地を2枚に切り、1枚の上に泡立てた生クリームとイチゴを載せ、その上にもう1枚のビスケット生地を重ね、また生クリームとイチゴを載せて作るもの。彼はこのビスケット生地をスポンジケーキに置き換え、柔らかいものを好む日本人向きにアレンジしたのではないか。ショートケーキなるものを側面から見るに、他店のものはクリームが全体に塗られていて分からないが、同店のものに限っては、側面が塗られておらず、生地とクリームが段々になっているのが見え、ビスケット生地がスポンジに置き換わった様が偲ばれる。

ではそれはいつごろであったのか。残された不二家の記録によると、大正11（1922）年にはショートケーキを発売していたとある。そしてそれ以前にはそれらしい記録は何処にも見当たらない。よって本書では、この記述をもって本邦におけるショートケーキの嚆矢とさせていただくこととする。

ただ、ここで問題となるのは生クリームである。今様のショートケーキはそれがなければ作ることはできないが、ではそのクリームはいったいどのようにして賄ったのか。牛乳の上澄み、すなわち生クリームといわれる濃厚な部分は、それまでにもほんの少しではあるが手に入ることは入る。が、潤沢に使うほどの量を求めることは至難の業。たとえ確保できたとしても、ほんの少々料理に混入する程度で、とても丸々お菓子に使うまでには至らなかったはずである。こんな時代がしばらく続き、大正も末期になるとようやく動きが見えてくる。大正14（1925）年刊の古川梅次郎著『あづま錦』という本のカラーの挿絵にクリームを飾ったパケアラクレームなる華麗なケーキが描かれ、ひときわ目を惹いている。これから先のクリーム菓子の登場を予告しているかのごとくである。

ところで、中沢乳業の前代表の中沢惣一氏より筆者が伝え聞いたところによると、大正13（1924）年、アメリカからデラバル社製の遠心分離式生クリーム製造機が輸入されたという。なお、それは大正12（1923）年であったとする資料もあるが、いずれにしても不二家はその機械導入の1～2年前にはすでに自前で生クリームを手掛けていたということになる。さすがに進取の気概に富んだ藤井林右衛門氏らしい。そしてその後、入ってきた遠心分離式の製造機により生クリームは容易に作られるようになり、新しもの好きの凮月堂系やフランス帰りの門倉国輝率いるコロンバンをはじめ、一般の洋菓子店にも広く行き渡っていったようだ。以来延々今日に至るまで、このショートケーキなる創作西洋菓子は、ベスト&ロングセラーとして我々を楽しませ続けてきてくれた。そしてこれから先も永遠に……。

大正13年

「近代フランス菓子」——コロンバン創業者によるリアルタイム情報

この年、リアルタイムでフランスのお菓子が日本に紹介された。コロンバンというお菓子屋を起こす門倉国輝という人によってである。

彼は埼玉県熊谷市から上京した士族・門倉幸一の次男として、明治26（1893）年下谷に生まれた。大酒飲みの夫に愛想をつかして生みの母は姿を隠し、思い余った父は生まれて間もない妹と国輝を上野不忍池のほとりに連れ出し親子心中を図る。今まさに命の火が消えんとしたその刹那、天の啓示か国輝坊や、無心ににっこり微笑んだ。それを見た父はハッと我に返り、うそのように殺意がそがれていったという。まさしく間一髪の命拾いであった。古今、得てしてこういう人が名を残すことになる。

思いとどまった父は下谷から横浜に出て、知人の世話で住吉町に料理店を開く。どうやらこのあたりから食べ物方面とのつながりができていったようだ。国輝少年12歳の折、そうした食べ物関係の縁もあってか、横浜常盤町・馬車道の凮月堂に小僧奉公に出されることになった。ここは当時破竹の勢いであった米津凮月堂当主・米津松造の四子・武三郎が営む洋菓子専門店であった。凮月堂一門の総帥を務めていた門林弥太郎（筆者の母方の祖父）曰く、「あまりいたずらが過ぎるため、思い余って着物の紐で柱に縛り付けておいたもんだが、それでもすぐにどこかに行ってしまって……」。よほど活発な子だったようだ。

しかしながら、国輝少年はここで才覚を現す。仕事のはねた後、夜間中学に通わせてもらう許しを得て学業を修め、果ては好んで外国人街に使いに出かけ、独学で英語と取り組む。明治43（1910）年、一応の仕事を修めて同店を辞し、当時フランス料理及びフランス菓子で名を上げてきた芝・三田にある東洋軒に移る。この後ひと時麴町の大蔵省印刷局内に、東洋軒にならって朝陽軒なる喫茶室を開くが、3年ほどで再び東洋軒に戻る。

28歳になった国輝青年は、東洋軒の主人・伊藤耕之進に見込まれて、フランス菓子研究のために渡仏を敢行。日本郵船に乗り込む。時に大正10（1921）年のことであった。彼は当時パリで一流といわれたカンボン通りの、今はもうなくなってしまったコロンバン菓子店に入店。純粋なフランス菓子を習得する。帰国後の独立時にコロンバンの名称使用の許しを得るほどに、身を粉にして仕事に励んだ。そして10年後に再び渡仏し、今度はマジェスティック・ホテルで料理菓子、糖菓、アイスクリーム等を学び、ジェックス菓子店では妻とともにチョコレートの何たるかを身につける。普通お菓子を習うといったら日本に帰ってすぐに通用しそうなものぐらいしか手を付けないところであろうが、この頃にしてすでに、すぐには商売になりそうもない料理菓子や一粒チョコレートの技術、数々の糖菓類などもしっかりものにしてきているところがさすがである。そしてそれらは時を経て同氏のお店に活かされていく。

後年筆者によくこう言っていた。

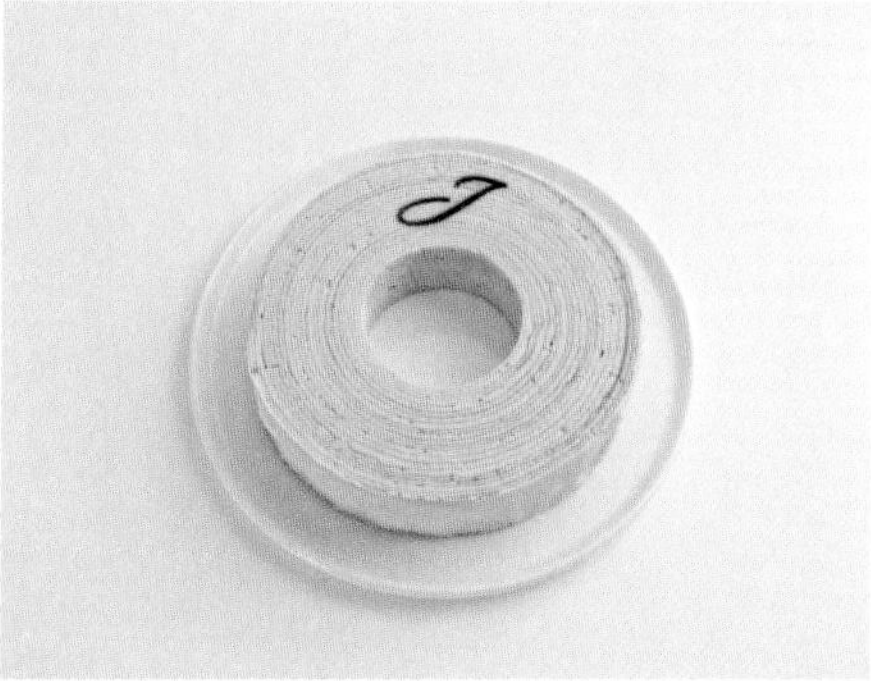

バウムクーヘン

近代フランス菓子

ショートケーキ

「菊ちゃんたちはいいよ。分からなきゃ辞書があるんだから。僕の時は何だって耳学問なんだから大変だ。大方が想像で解釈し、自分用の字引きなんか作ったりしてたんだから苦労したよ。第一あの頃パリにいる日本人といったら、僕と宮様（北白川宮成久《きたしらかわのみやなるひさ》王）と侯爵（前田利為《まえだとしなり》）夫妻とお医者さん（？）……。それぐらいしかいなかったんだからねぇ」さもありなん。いざとなったら大使館かＪＡＬやＡＮＡのオフィスに飛び込めば何とかなるかもしれない、などという、相手かまわぬ最後の切札を持っている我々の世代などは、多少のことで文句などいったらバチが当たりそうである。

大正11（1922）年に最初の帰国をするが、その後の人生も激しいものであった。東洋軒に復職し、見聞を活かして銀座に「リボン銀座」なるフランス風の店を開店。関東大震災によって東洋軒が壊滅したため、やむなく退店し、大正13（1924）年大森に薬物化学研究所・コロンバン商店を創業した。フランス菓子の製造販売にしてはたいそう大仰な名称のスタートであった。そして昭和4（1929）年に晴れて銀座三角堂跡（現・ヨシノヤ靴店）に出店。さらにその2年後その近くの6丁目角に、在仏中よりの知己、藤田嗣治画伯の天井壁画6枚を飾った銀座コロンバンを開店し、三角堂跡の店を新たにテラス・コロンバンとして道路に椅子、テーブルをせり出した形に改装する。かように藤田嗣治の絵を持ってきたり、パリ風にテラスを設けたりといつも一人時代の最先端を行く同氏の面目躍如たるものがその商いの節々に強く感じられる。そして彼の作るタルトやプティフールといった、耳慣れないフランス語の菓名に、人々は遥かなる麗しき美《うま》し国の夢を見たのだった。

「バナナキャラメル、ドロップ、国産初のガム」——新高製菓、台湾より東京に　大正14年

「新高バナナキャラメル」や「新高ドロップ」を作った新高製菓は、佐賀出身の菓子商の森平太郎氏

が起こした会社である。明治35（1902）年（明治28年との記もある）、妻を伴って台湾に渡り、台北市に「一六軒」と名付けた店を開き、郷里で覚えた饅頭の製造販売を始めた。その後、現地産の砂糖と練乳をもってキャラメルを作り、明治38（1905）年に新高製菓を立ち上げた。そして同地産のバナナを使ったバナナキャラメルや缶入りドロップ、風船ガムなどを手掛け、次々とヒットを飛ばした。特にブレークしたのは「バナナキャラメル」で、それによって大正14（1925）年には東京に進出して工場を作るまでの大成功を収めた。戦前は森永製菓、明治製菓とともに三大菓子メーカーともいわれ、また江崎グリコを加えて四大キャラメルとも称された。

社名の由来は、台湾の最高峰の新高山にちなんだもの。その山は標高3952メートルで、当時台湾は、道義上の是非は措くとして日本領であり、よって日本国での最高峰とされていた。そして現地で玉山と呼ばれていたそれを新高山と名付けていたのだ。ちなみに太平洋戦争勃発の折、真珠湾攻撃の際に発信した〝ニイタカヤマノボレ〟の暗号も、この山の名に由来している。それにしても佐賀県というところは、まれに見るスイーツ王国のようだ。お菓子王とされる森永太一郎をはじめ、グリコを起こした江崎利一、そしてこのたびの森平太郎と、お菓子で名をなす人が陸続する。単に偶然だけではすまされない何かがあるようだ。

また昭和3（1928）年頃には国産初となるチューインガムの製造に着手し、昭和6（1931）年には風船ガムを発売してブームとなった。

昭和21（1946）年の創業者の没後は、勢いを失っていったが、それでも戦後のしばらくの間は、他社同様、景品をつけるなどして子供に甘い夢を与えてくれていた。もちろん筆者も懸命に点数を集めていた記憶がある。で、なにを貰ったか？　さて……。

大正14年

「柿の種」――ゆがんだ型から生まれた名品

今井與三郎《いまいよさぶろう》（現・浪花屋製菓創業者）という人が、大正12（1923）年に新潟の長岡市で煎餅屋を始めたが、最初はうるち米で作っていた。その後大阪のあられ作りを関西出身の青年から教わり、モチ米を使った小判形のあられを作るようになった。ところが大正12年、妻が煎餅の金型をうっかり踏みつぶしてしまった。今井はそれを直すことができず、そのまま使ったところゆがんだ小判形の煎餅ができ、これが柿の種に似たあられを考案するきっかけになったという。いろいろ試作を繰り返し、大正14（1925）年に何とか商品化にこぎつけたが、大阪のあられ作りを教えてくれた青年に敬意を払って店名を浪花屋と改めた。そこで発売した「柿の種」はたちどころに評判を呼び、大ヒットとなったとか。

ところでこの商品名だが、あるお取引先が「こんなゆがんだ小判形なんて見たことがない。これじゃやまるで柿の種だなぁ」などといったことがヒントになったとか。なお一般的な柿の種より細長いのは、新潟県産の「大河津」という品種の種がそうした形で、そこに由来しているという。

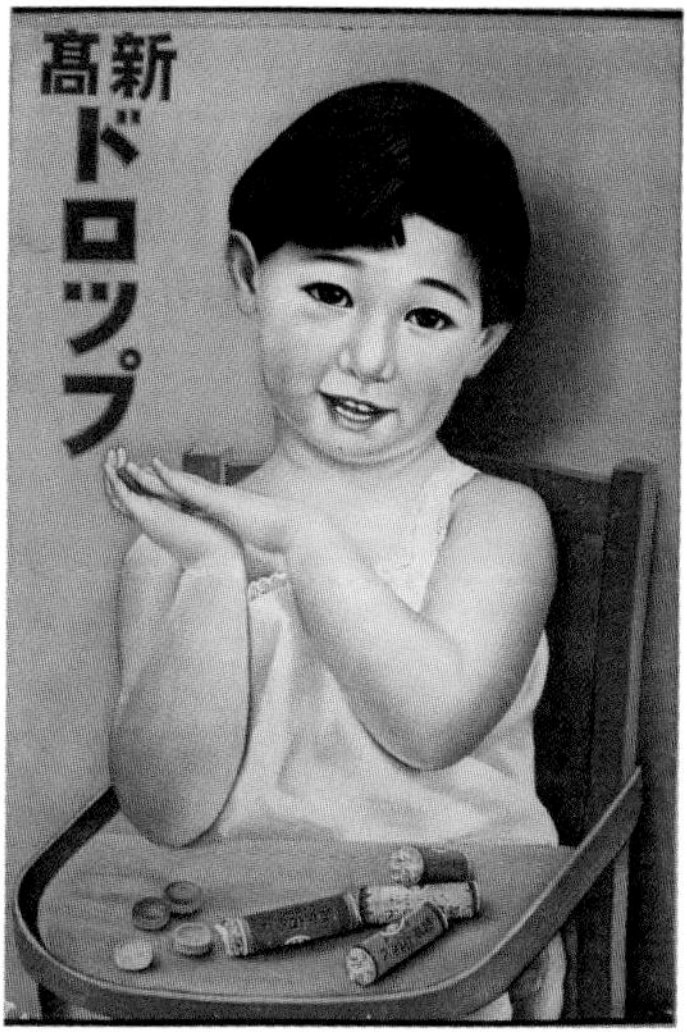

新高ドロップ（昭和館提供）

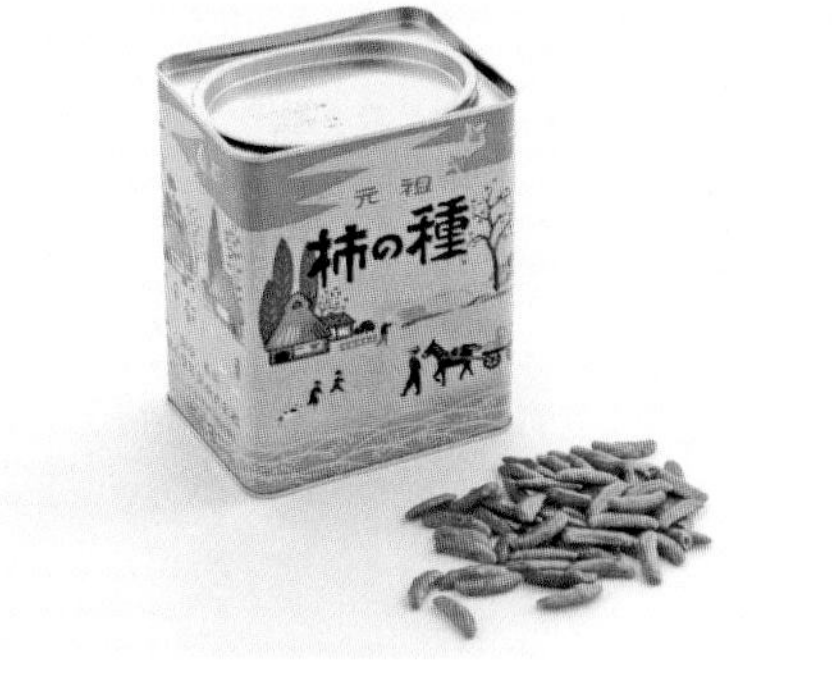

柿の種

3　終戦へ（昭和前期）──お菓子産業受難の時代

昭和の御代に入るやほどなく世界恐慌そして金融恐慌の嵐が吹きまくる。続いて、追いかけるように昭和6（1931）年の南満洲鉄道爆破事件を契機としてわが国は戦時体制に入り、満州事変、日華事変（日中戦争）と、事変の名を借りた戦争状態から、そのままの流れをもって太平洋戦争に突入。軍需産業がすべてに優先し、諸物資の経済統制が強められていった。

洋菓子の業界も主原料である砂糖や小麦粉、バターなどがいち早く統制品となり、外国からの輸入もストップがかかる。特に砂糖からは代用ガソリンとしてのブタノールが生産できるとあって、ことさら入手は難しくなる。こうして甘いものは人々の前から次々と姿を消していった。ことにお菓子の中でも欧米文化を背景とする洋菓子は、外国語の使用を禁じるほどの風潮にあって、暗い受難の時代を迎えるところとなる。非常食としての意味を持つビスケットや乾パン、疲労回復に効ありとされるキャラメルなどは軍需産業として認められ、逆に奨励されていったが、それ以外の洋菓子を営む多くの店や製菓会社は、心残しながらも転廃業を余儀なくされていった。

「コンフィズリー（糖菓）」──ヒョードル・モロゾフ、糖菓店創業　大正15＝昭和元年

ヒョードル・モロゾフ氏はロシアのシンビルスク近郊のチュレンガという村の農民の子として、1880年に生を受けた。大正6（1917）年、彼は息子ヴァレンティンを含む一家で、ロシア革命で混乱する祖国を離れ、大正14（1925）年神戸にたどり着いた。どこの国でもそうだろうが、亡命者たちにできる仕事は限られている。当時の同国人はなぜか羅紗《らしゃ》を商う者が多かった。ヒョードル氏もそれに活路を求めたが、ある時日本にはまだ美味なチョコレートがないことに気付き、それで身を立てることを決意した。

確かに板チョコレートや玉チョコと称するものはあったが、ナッツやクリームなどをセンターに使った、いわゆる一粒チョコレート菓子の類はまだ作られていない。そこに目を付け、さっそく神戸のトアロードに店を借り、大正15＝昭和元（1926）年、Confectionery F. Morozoff の文字をガラスのショーウインドウに描いた。日本初のコンフィズリー・ショップ（糖菓店）の誕生である。

当時の神戸には、関東大震災で被災して横浜からやってきたカール・ユーハイムやフロインドリーブといったドイツ人が洋菓子店を営んでいたが、彼らも郷里の母国に倣ってケーキ類から各種のパン、チョコレート、キャンディー等を手掛けていた。ヒョードル氏も息子のヴァレンティンとともにそうしたものも作ったが、主力はあくまでもチョコレートやキャンディー類に置いていた。

ある時お客様からリキュールボンボンについて尋ねられた。当時はリキュールというものがまだ馴染まれていなかったことから、「まぁ、ウィスキーみたいなものですよ」と、彼は答えた。この機知に富んだ答えにより、以降、中にいかなる洋酒を入れたものでも、わが国では、それをウィスキーボンボンと呼ぶようになった。分からないことを、何とか分からせるべく努力する。よろず開拓者は大変である。

後、昭和6（1931）年葛野友槌氏らと共同で神戸モロゾフ製菓株式会社を起こし発展していくが、諸般の事情から同社を離れた父子は、昭和11（1936）年、息子のヴァレンティンの名からとったヴァレンティン洋菓子店を起こすことになる。ところがそれもほどなく始まった第二次世界大戦で灰燼に帰した。しかしながら不屈の父子は再びコスモポリタン製菓として立ち上がる。ヒョードルとヴァレンティン父子の築いた本格的なコンフィズリー（糖菓）の世界は、その後の日本の甘味文化に大きな足跡を残すこととなった。

一方、葛野友槌氏率いる神戸モロゾフ製菓は、後にモロゾフ株式会社として大きく成長をし、わが国のスイーツ市場を席巻するまでに発展を遂げていくことになる。

「サイコロキャラメル」——ちょっと大きめの二粒入り　昭和2年

明治製菓（現・明治）によって発売された、サイコロ形の小さな小箱に、二粒のキャラメルが入った商品。同業他社のキャラメルより少し大きいのは、サイコロ形の小箱に入れるのにちょうどいい大きさにしたためという。そのサイコロの大きさとは25ミリの立方体である。なお昭和2（1927）年から2016年3月までは明治（旧・明治製菓）の製造販売であったが、同年6月からは生産子会社である道南食品のある北海道限定で継続し、現在に至っている。

筆者も子供のころより、いくばくかの小銭を握りしめて買いに行ったことを記憶している。おそらくどなたも同じような体験をされておられると思うが、幼児期あるいは少年期にこうした記憶を強く残してくれるものがスイーツであり、こうしたサイコロキャラメルもそんな貴重なもののひとつであったといえる。これだけを求めて北海道に行ってみたい気さえ起こってくる。

「マンナ」――超ロングセラー幼児用ビスケット　昭和5年

森永製菓発売による幼児用ビスケット。大正12（1923）年に「森永ビスケット」が製造され、多くの人々に支持されての7年後。昭和5（1930）年にかくいう幼児用ビスケット「森永マンナ」は誕生した。世界恐慌の余波を受けて、当時の日本経済は深刻な状況にあった。また乳幼児用の離乳食なども十分ではなく、よろず困窮していた時、母親がお子さんに食べさせてあげられるお菓子として登場した「マンナ」は、一気に世の支持を取り付けていった。ミルクの味わいに加え、栄養価が高く、また軽くて食べやすいということが、受け入れられた要因といえよう。

マンナとは、旧約聖書の『出エジプト記』に出てくる食べ物の名で、マナともいう。モーゼに率いられてエジプトを出発した人々は、途中幾たびも飢餓に襲われ、あれほど苦しめられたエジプトさえも恋しく思われるほどであったが、その折々、天より降ってきたるパンによって救われたという。それが言うところのマナもしくはマンナと呼ばれるものである。ちなみにマナ（マンナ）とは「これは何だろう」という意味のヘブライ語で、そう言いながら口にしたことからの命名のようだ。

この名を頂いた森永マンナは、それ以降も世の母親を助け続けておよそ100年、いまもなお、多くの乳幼児の成長に手を差し伸べてくれている。

「ウインターキャラメル」――一味違うハイレベルなキャラメル　昭和6年

明治33（1900）年、古谷辰四郎氏が古谷商店を創業、大正14（1925）年に「ミルクキャラメル」が、そして二代目辰四郎氏によって昭和6（1931）年かの名品「ウインターキャラメル」

が発売される。そして、昭和19（1944）年に古谷産業を設立し、昭和27（1952）年古谷製菓となる。同社のパンフレットによると、北海道の寒さに対応すべく、ミルクとバターをたっぷり使い、煮詰め時間を短縮して厳しい冬でも固くならないように調整した冬期限定商品であったという。発売当初は一粒ずつオブラートに包んであって、スキーやスケートを楽しんでいる時に、手袋をはずさずに口に放り込むことができるとして、瞬く間に全国に広まる人気商品となっていった。終戦後ひと時途絶えたが、他のもの同様原材料の出回りとともに復活し、甘い物を求める人々を魅了してきた。

筆者も育った環境ゆえか、甘い物には目がなく、子供時分からたいていのものは口にしてきたが、かくいう〝フルヤのウインターキャラメル〟は格別の美味しさであったことを、強く記憶している。子供心にも、これだけは他にはないぜいたくな味覚として心に映っていたのだ。昭和59（1984）年三代目さんの時に諸般の事情から一度幕を閉じるが、昭和63（1988）年創業者の孫に当たる古谷勝氏が札幌において自らの名前をなぞったショコラティエ・マサールを起こし、かつてのウインターキャラメルを復刻版として甦らせている。往時を知る者としてはうれしい限りである。

ちなみに、現当主の古谷健氏は、筆者の同窓生にして同じく創業家である古谷英宏氏の御従兄弟さんと聞き及ぶ。いろいろ曲折あられたことも聞き及んでいただけに、その後みごとに夢が叶われたことを知り、そのご活躍を遠くから拝見しつつ、密かにエールを送り続けている。

「スマックアイス」——チョコ掛けアイスの先駆け　昭和6年

昭和6（1931）年、「スマックアイス」という氷菓が大ブレイクした。東京スマック商会から

コンフィズリー（糖菓）

サイコロキャラメル

マンナ

発売されたアイスクリームで、アメリカの製品のライセンス生産品であった。丸い棒状のバニラ風味のアイスクリームをチョコレートでコーティングしたもので、アイスクリーム草創期の当時としては、画期的なハイグレードの氷菓として大人気を博した。戦時中は原材料の入手難や冷凍による流通の困難さ等で中断を余儀なくされたが、昭和24（1949）年に復活し昭和40（1965）年まで生産された。

筆者も子供の頃、父が買ってきてくれたこれを口にし、この世にこんなにおいしいものがあるものかと感激したものだった。物心のついた頃ゆえ、おそらく復活したばかりの昭和24年あたりかと思うが。いつぞや週刊誌に、戦後の闇市の写真が掲載され、その中に、「スマックアイスあります」の張り紙を見つけ、飛び上がるほどのなつかしさを覚えた。闇市の目玉商品になるほど故、戦前からの評価は衰えず、変わらぬ人気を誇っていたことが如実に窺える一葉の写真であった。

「カワイ肝油ドロップ」――薬局で買うお菓子？　昭和7年

〝♪なんなのさ、ドロップかい、カワイの肝油ドロップだい〞のコマーシャルソングでお馴染みのこれは、河合製薬の創業者であり、薬学博士の河合亀太郎氏の開発によるもの。ご自身若い頃に胸を患うなどして、特に健康面に留意していたが、保健強壮剤として推奨される肝油の強烈な生臭さを何とかできないものかと、その改良に没頭する。その結果、子供でも服用しやすいドロップ式の肝油製剤の研究に成功し、ゼリー状のドロップの形でビタミンを安定に保つ技術を開発。これを「肝油ドロップ」と名付けた。そして彼は〝健康なくして教育はあり得ない〞との信念のもとに、昭和7（1932）年に学校用の肝油ドロップの製造販売を開始。昭和30（1955）年頃には全国の小学校に普及

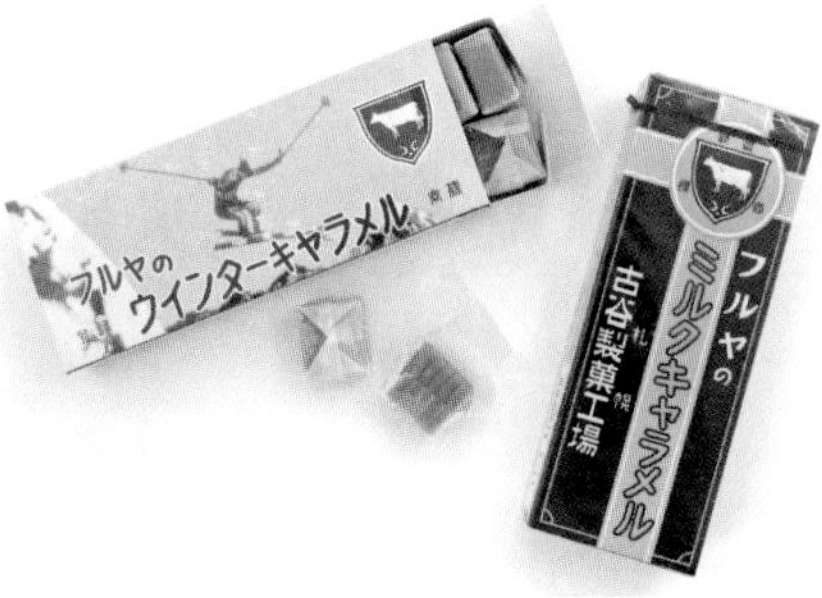

ウインターキャラメル

スマックアイス

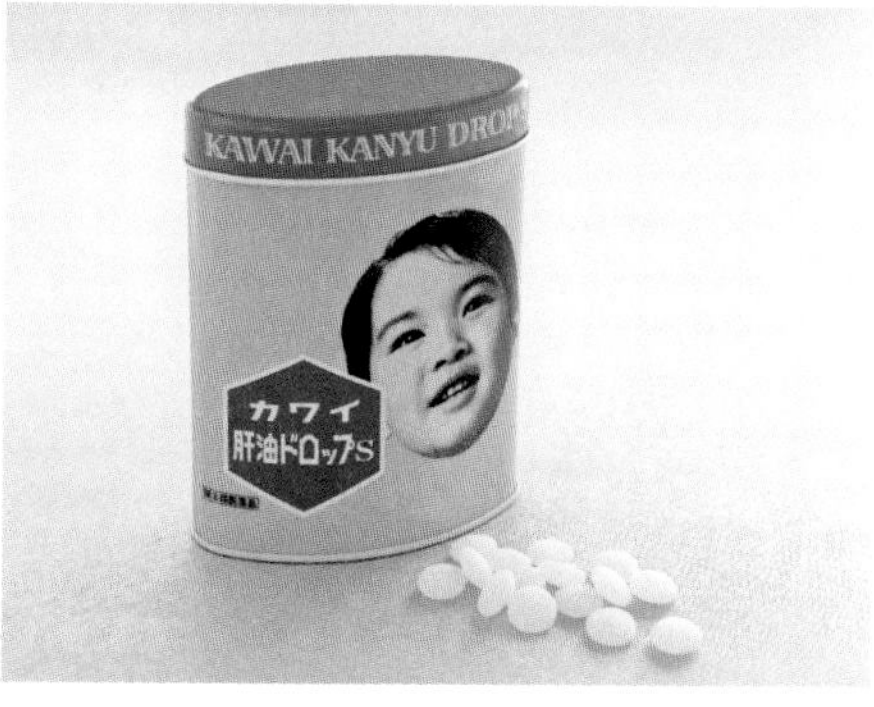

カワイ肝油ドロップ

するまでになったという。

その後は順調に広まっていくが、健康への思いに国境はないと、昭和54（1979）年から海外への輸出も行われるようになっていった。そして1995年からは中国や香港、台湾などにおいても、日本と同様にテレビコマーシャルが流され、さらに広く行き渡るようになっていった。

これが純粋にスイーツといえるかどうかは意見の分かれるところであろうが、ドロップと名乗っていることもあり、ここではそうした社会性も加味して、それらの一群に加えさせていただいた。

「モンブラン」――和風にアレンジ　昭和8年

日本人の大好きなお菓子の一つにモンブランがある。ショートケーキ、シュークリーム、プリンで御三家。そしてこれを加えて四天王とか。それほどに好まれているこれが日本で初めて作られたのはいつ誰によってだろう。巷間言われているのは、東京・自由が丘にあるその名もずばり「モンブラン」というお菓子屋さんによってとか。同店の創業者の迫田千万億《さこたちまお》氏が、昭和8（1933）年フランスに赴いた際にモンブランというお菓子に出会い、感銘を受けて、同年の開業時以来作り続けているという。

では海外ではどうだろう。実はこれについてはいつだれがどこでとの正確な記録が見あたらない。フランスの『ラルース料理百科事典』もそのことについては全く触れていない。よって筆者の手持ちの資料等からの類推によって、当たりを付けていくことにする。

先ずあれを作る副材料たるマロンペーストだが、この初見はギュスターヴ・ギャルランの『ル・パティシエ・モデルヌ（*Le Pâtissier Moderne*）』（『近代製菓概論』）（1888年）においてである。マロングラッセはこれ以前に作られていたが、そうした時点ではまだマロンペーストの記述はなかった。そしてモンブランなるものが出てくるのは、さらにもっと後。これは何を意味するのか。思うにマロングラッセを手掛ける際、けっこうな量の破損品が出る。これをそのまま捨てるのも忍びないと、さらに崩してペーストにした。

さてこれを使って何かできないかとの思案の末思いついたのが、それをスパゲッティ状に絞り出してドーム状に盛り付けたデザート菓子。〝うむ、何となく山のようだ〟とその姿形に気付き、ならばと上面に泡立てた生クリームを絞ったり、メレンゲを載せたり、あるいは粉砂糖を振りかけ、雪のように見立ててみた。〝おー、こりゃあまるでモンブラン（アルプスの秀峰）だ〟としてこのお菓子が出来上がった。つまり初めにマロングラッセありきで、モンブランはその二次使用品として作られたもの。恐らくはこんなところではなかったかと思われる。

同書にはまだモンブランの名は出てこないが、もう少し後のピエール・ラカンの書『ル・メモリアル・デ・グラス（*Le Mémorial des Glaces*）』（『氷菓の覚書』）（１９１１年）には、はっきりとその名称を謳った今様のモンブランが記されている。なお同じ頃より、イタリアでもモンテ・ビアンコなるデザート菓子が作られていたという。これもモンブランと同意のアルプスの秀峰のイタリア語である。では、なぜそのペーストをスパゲッティ状に？　これもよく分からないが、思うに遠くから見れば穏やかに見える山肌もかなり起伏が激しい。よって細かくごちゃごちゃと絞り出してみた。あるいは、あのペースト自体は食感として重いものである。そこで少しでも軽い口当たりにしようとあのように絞り出してたくさんの空間を作り出した。そんなところではないかと思ってみたが、どうだろう。

ところで、日本で最初に手掛けたとされる東京・自由が丘の「モンブラン」のそれは、黄色い和栗をベースに作ったという。当時の日本にはマロングラッセをもとにしたマロンペーストがなかったことにもよろうが、材料の限られた中においてもなお、様々に工夫を凝らして作らんとした気概が伝わってくる。それ以降は戦時体制に入り、国中が灰燼に帰した後、改めて多くのお菓子屋がそうしたものを作ろうとするが、物資の不足は如何ともし難い。そこでいろいろ考え、白餡に砂糖と黄色い色素を加え、マロンの香料などを混ぜて煮上げたものを使った。乏しい状況の中、それでもお菓子屋さんはそれらしいものをと、一生懸命知恵を絞り、手持ちの材料、身の回りにあるもので仕立てていったのだ。

こうして人々に馴染まれていったものがあの黄色いモンブランである。よってあれは、日本人パティシエによって手掛けられた秀逸な創作の一品であるといっていいのではないか。第一、日本古来親しまれている餡を使って、洋風に仕立てるなどなかなかに洒落ている。まさに和魂洋才のお手本のようなスイーツである。そうした和風モンブランのそもそもの始まりが、東京・自由が丘の〝モンブラン洋菓子店〟の「モンブラン」であるという。ちなみに今日の同店のものは、スポンジ状のカップケーキにカスタードクリームと栗の甘露煮を詰め、そこに生クリームとバタークリームを重ね、その上に黄色いペーストを小田巻で絞り、トップには乾燥焼きにしたメレンゲを載せている。満足のいく材料の入手困難な時代に、ともあれそれらしく仕立て上げた同店の創業者の熱意には改めて敬意を表したい。

ところでこれが今様の、マロンペーストを使った茶色いものに変わっていったのはいつ頃からか。パリにモンブランを売り物にしているアンジェリーナ（Angelina）というお店がある。製菓修業で渡仏した筆者を含むパティシエたちが、同店のそれを含めたあちらのものに触れ、その製法やそれに伴う副材料を持ち帰った1970年代以降のことと思われる。また一般のスイーツ好きの人々が遍くこうしたものに馴染んでいったのは、東京・有楽町のプランタン銀座開業と同時に、そのアンジェリーナが同店内にショップを開いた昭和59（1984）年以降のことであろう。

「ビスコ」——酵母入りで非常食にも　昭和8年

江崎グリコの創業者の江崎利一氏発案のビスケット。胃腸の働きを活発にする酵母を、ビスケットに混入することを思いついての開発の由。富国強兵を背景とした情勢やそれに基づく身体健全を慮ってのものかはつまびらかではないが、当時としては画期的なものであったとか。名称については、〝酵母入りビスケット〟の略のコービスを前後に入れ替えて読んだものという。また同社の製品には、社名同様パピコ、コロンなど3文字のものが目につくが、これもその一つである。加えて字画も8画で、末広がりの八にちなみ縁起がいいとしての命名ともいう。

なお、翌年の昭和9（1934）年の、大きな被害をもたらした室戸台風の折、被災者に格安でこれを提供したことがきっかけとなり、大ヒットにつながったと伝えられている。その後は大幅なリニューアルを行いながら、味のバリエーションを増やすなど、企業努力を重ね、今に至るロングセラー商品となっている。また思わぬ災害の多い昨今、その開発目的が見直され、非常食としても改めて注目を集めている。

「不二家フランスキャラメル＆明治クリームキャラメル」——軍需産業の一環として　昭和9年

この頃は世相を反映してか、スイーツの世界に目立った動きは見られなくなってくる。そんな中でもキャラメルにあっては、疲労回復に効ありとして軍需用品のひとつに加えられるなど、他のスイーツ類に比して優遇されていた。製菓業界もこうした動きに合わせ、キャラメルの開発に力を入れていった。

昭和9（1934）年、不二家は「フランスキャラメル」を発売する。洋生菓子を主体としていた同社も、世相を鑑みてキャラメル製造に着手したのだ。後の大ヒット商品となるミルキーの誕生は昭和26（1951）年ゆえ、それの生まれるはるか以前のことである。さりながらこうした下地があったればこそ、次のホームランの誕生につながっていったものと思われる。ただ、それまでお菓子の持つハピネスをアメリカに求めていた同社の矛先がフランスに変わった背景に、忍び寄るこの先の暗い影を予見するは、筆者些《いささ》か の考えすぎであろうか。

また明治製菓（現・明治）は、同年「クリームキャラメル」を発売した。この分野で先行している「森永ミルクキャラメル」を意識してか、ミルクより上等をイメージしたかのような〝クリーム〟としたところに、同社の意気込みが感じられる。

ただ、これ以降、世相はますます厳しさを増し、企業体の大小を問わず、一様に鳴りを潜めていく。

「ライオンバターボール」――リッチなバター風味　昭和10年

昭和10（1935）年、「ライオンバターボール」が発売される。創業明治38（1905）年の篠崎商店の開発によるもの。他のキャンディー類が概ねフルーツ味であるのに対し、体力増強の世相に合わせてか、あえてキャラメル類に用いる乳風味をもってきたところに、アイデアを凝らした工夫の跡がみられる。さらに森永製菓が〝ミルク〟キャラメルで、明治製菓（現・明治）が〝クリーム〟キャ

モンブラン

ビスコ

不二家フランスキャラメル

ラメルなら、こっちはさらにリッチな〝バター〟でいこうという、このあたりにも他とは違うんだぞという意気込みが強く感じられる。ライオンの呼称については、おそらく〝これを食べて、百獣の王たるライオンのような強い身体を作ろう〟との願いが込められたものと思われるが、詳細は不明である。

同社は戦後の昭和22（1947）年に改称して篠崎製菓となるが、当時一世を風靡した「紅梅キャラメル」や「カバヤのキャラメル」（後述）とともに、甘いものに飢えていた子供たちの口を潤してくれた名品であったといえよう。なお同社は、昭和39（1964）年に「ライオネスコーヒーキャンディー」を発売し、ヒットを飛ばしている。そのコマーシャルソング、〝♪ライオネスコーヒーキャンディー、ライオネスッ〟はテレビやラジオを通していつも流れていた。その後1995年に社名をライオン菓子と変更している。

「乾パン」――戦時体制が生んだ製品　昭和12年

いわゆる「乾パン」は江戸後期、幕末が近づくあたりから幕府や各藩によって研究がなされていた。大坂の陣以来の大戦さを意識しての、いわゆる兵糧としての準備である。幕府側は、わが国での〝パン作りの始祖〟とも称される伊豆韮山の代官・江川太郎左衛門英龍を中心にパンの研究に勤しむ。ちなみに彼は軍事に明るく、「これよりは市民兵を組織し、海防につとむるべし」と説くが受け入れられず、ペリーの来航で改めてその慧眼を認められる。そして品川沖に台場を作り、種痘を実施し、「気を付け！　捧げ銃《つつ》！」の号令を考案するなど、その活躍八方に及んでいる。

話を戻すと、そうした幕府側に対して、倒幕の急先鋒たる薩摩藩では「蒸餅」と称する兵糧麵麭《パン》を

明治クリームキャラメル
（昭和館提供）

ライオンバターボール

乾パン

大量に準備して有事に備え、一方の雄、長州藩では「備急餅」と名付けたそれを備えてことに当たっていた。徳川慶喜のおひざ元の水戸藩においては、直径4〜5センチの円形で、中央に穴をあけた、一口ドーナッツのような形の乾パンで、その名もずばり「兵糧丸」と呼ばれたものを準備していた。かように世の中がきな臭くなると、何処においてもこの研究に余念がなくなってくる。

さて、昭和の前期、同じような状況にさしかかるや、大正10（1921）年にビスケットをもって創業した三立製菓がこの研究に入り、昭和12（1937）年、言うところの「カンパン」の生産に入る。以来これをもって同社は遍くその名を馳せていく。そして太平洋戦争の戦中戦後を通して、日本国民のほとんどが等しくこの種のもののお世話になった。筆者も幼少時、このカンパンを繋げては、〝ポッポー〟と汽車ごっこをして遊んだことなどを覚えている。正直申して次々と手が出るほど美味しいと思った記憶はないが、それほどに身近なものであり、何より命を繋ぐに必要なものだったのだ、この乾パンは。ちなみに今のはおいしい。あれなら次々と手が出てしまう。他のもの同様乾パンも着実に進化を遂げている。

その後同社は昭和44（1969）年に「源氏パイ」（同項参照）でヒットを飛ばすなどの活躍をするが、一方では災害という別の意味での有事に備えて昭和47（1972）年に「缶入りカンパン」を出すなど、この分野でのオーソリティーとして、ますますその存在感を高めていくことになる。

「シュークリーム、カスタードクリーム禁止令」――戦時下の甘味世界　昭和17年

昭和16（1941）年12月8日より、わが国は太平洋戦争に突入。開戦当初は各地での勝利に沸いたが、アメリカ軍の反撃が勢いを増すにつれ状況は悪化の一途をたどり、スイーツを取り囲む環境も

厳しい状況に置かれてくる。昭和17（1942）年には日独伊三国同盟調印に及び、世相はより一層戦争一色に染まっていく。

なお、甘味世界についてみれば、昭和16年4月1日より9月末日まで、シュークリーム類及びカスタードクリーム使用の洋菓子の製造が禁止となる。すなわち日持ちのしないもの、気温の上昇とともに腐敗変敗の恐れのあるものは、国体の安全を脅かす危惧ありとしての意に基づいての発令である。

その後、戦局は不利にして時局はますます暗転。そして一億の民、総じて玉音放送に慟哭する昭和20（1945）年8月15日を迎えることになる。

第Ⅱ部

昭和

4　昭和20年代――子供たちの夢を叶えるお菓子たち

われわれ日本人は、生来きまじめな性格ゆえか、何かにつけ一所懸命に取り組む。それが良い方向に現れたのが、明治以来の追いつけ追い越せ精神であり、裏目に出てしまったのが一気に突っ走る戦争への道であった。そしてついに一億総じて涙する日がやってきた。ようやくここまで積み上げてきたものも瞬時にしてすべてを失い、戦後の厳しい経済情勢と苦しい食糧事情の中で、全国民はただ生き抜くだけで精一杯の状態であった。文字通りゼロからの出発である。

進駐軍の駐留による統治下、混乱の続く中を、それでも国民はたくましく立ち上がっていく。しかし物資の不足には抗いようもなく、買い出し列車に明け暮れ、横行するヤミ米、ヤミ物資をその日の糧とする暗い日々が続いていた。とても嗜好品であるお菓子に手が回るどころではなかったのだ。特に砂糖などは貴重この上なく、その代用品としてサッカリンやズルチンといった人工甘味料が使われた。そうした状態を脱すべく、何とか体制が整い復興の兆しが見えてきたのは、それから3～4年たってからのことであった。

まず昭和24（1949）年に水飴の統制が解かれ、次いで翌25（1950）年練粉乳の統制解除及び菓子類の価格統制、いわゆるマル公の撤廃が行われた。そして昭和27（1952）年には業界待望の砂糖と小麦粉が晴れて自由の身になった。やむなく手をこまねいていた洋菓子店や製菓会社も急速に息を吹き返してきた。主要なる多くの産業も復興めざましく、国民生活は日増しに向上し、食生活もみるみる豊かになっていく。アメリカ側の手厚い支援もさりながら、何より自立せんとする日本人の不屈のバイタリティーがあったればこその再起といえよう。

なお、こうした復興期においては、限られた材料からチューインガムが作り出されたり、余剰の脱脂粉乳から生まれたミルキーが大ヒットを飛ばしている。また景品付きの紅梅キャラメルやカバヤキャラメルなどが、戦前からの新高ドロップやフルヤのウインターキャラメル、ライオンバターボールなどとともに、甘い味覚と楽しみに飢えていた子供たちに、限りない夢を与えていったことも印象深い。

昭和20年代における記憶に残るそうしたスイーツのいくつかを、甘き仕掛け人及びそれを手掛けた企業共々、以下時系列に従って取り上げてみる。

「アイスキャンディー」——戦後の氷菓・事始め　昭和23〜25年

昭和20（1945）年8月15日終戦。和洋を問わず多くの菓子店、製菓会社、関連産業が罹災。国民はなべてその日の食料にもこと欠く始末で、お菓子を楽しむどころではなくなった。せっかく積み上げてきた菓子文化も、そのほとんどを失い、文字通りゼロからの再出発を余儀なくさせられた。

述べた如くにお菓子の主原材料である砂糖などは、貴重この上なく、一般に出回るまでには程遠いものとなっていた。たとえば入手困難なものであっても、一握りの砂糖を添えるとたちどころに入手可能となったなどの話も伝わっている。そうした状況下においても人々の甘味を求める欲求は抑え難く、翌昭和21（1946）年には述べた如くサッカリンやズルチンといったものが、その代用品として許可されるに至った。まだ街では、米兵の乗るジープに、〝ギブ・ミー・チョコレート、ギブ・ミー・チューインガム〟といって子供たちが群がっていた時代である。その一方では、そうした現状に応えんと、製菓業界が力を寄せ合い、昭和23（1948）年早くも「全国菓子協会」を設立。甘味文化復興の産声を上げた。

さて、こうした荒廃した戦後世界において癒しを与えてくれるべく真っ先に登場してきたのは、複雑な手順を踏まずとも手軽にできるアイスキャンディーであった。昭和23〜25（1948〜50）年にかけて、丸い棒状に固められたそれが全盛を極める。甘いものが貴重な当時、ましてやアイスクリーム等を作るための原材料たる乳製品などが手に入らぬこの時代、水と糖分さえあれば、それにおいしそうな色やフレーバーをつけるなどして手軽にできるアイスキャンディーがもてはやされた。

筆者も東京神田生まれながらも葉山の育ち故よく憶えているが、夏の暑い浜辺などには、保冷箱を下げ、麦わら帽子をかぶったアルバイトらしい氷菓売りが必ずいて、チリン、チリンと鐘を振り鳴らしつつ、〝アイスキャンディーはいかがっすかぁ〟と連呼しながら商いに精を出していたことを憶えている。涼を求めてきていた海水浴客はこぞってこれを求め、ひと時冷たいこの食感を楽しんでいた。また海水浴場以外でも、人の集まるところには、必ずといってよいほどにこのアイスキャンディー売りが来ていた。終戦後のよろず乏しい中、たいした原材料がなくてもできるこのあたりから、日本のスイーツは復興を目指していったのだ。

その後世の中が落ち着きを取り戻していくに従い、こうした売り子さんたちもアイスキャンディー自体も徐々に姿を消していき、昭和25年頃には、その数もめっきり少なくなっていった。そして氷菓自体も豊かな原料を用いて作る、より美味なものが出回っていく。ただ、その売り方や呼びかけのフレーズは、その後に全盛を迎えていく、当時はまだ職業野球と呼ばれていたプロ野球の世界等に移っていった。野球場に足を運ぶと必ず聞こえてくる〝ホットドッグはいかがっすかぁ〟の売り子さんの声を聴くたびに、熱い浜辺で汗をかきかき売り歩いていたアイスキャンディー売りが思い起こされた人も少なくないはずである。

昭和23年

「ラムネ菓子」――戦後の子供たちに夢を与えたスイーツ

ラムネの語源はレモネードといわれている。この名のドリンクは、慶応元（1865）年に長崎の藤瀬半兵衛という人によって作られたとの説がある。ところで同じ名で呼ばれるお菓子も、子供たちの間では人気もののひとつである。これについても、明治14（1881）年に作られたとの説があるが、定かではない。いずれにしても古くより親しまれていたようだ。

さて、戦後の何もない中、何社かがいち早くこの類のものを手掛け、甘いものに飢えていた子供たちに大いなる夢を与えた。東京の土棚製菓というところが、昭和23（1948）年にこの製造を開始。そして翌年の昭和24（1949）年には、大阪の島田製菓が「シマダのラムネ菓子」を、続いて昭和25（1950）年には名古屋の大橋商店（現・カクダイ製菓）が、駄菓子屋のくじのはずれ用の景品として「固形ラムネ」の名称で製造販売を行っている。筆者も子供時分にこうしたものを楽しませていただいた者のひとりだが、さすがにメーカー名までは憶えていない。が、おそらくはこのうちのいずれかであったと思われる。それと、くじに外れたというより、くじでこれが当たって喜んだやに記憶しているが、どうだろう。何分5～6歳の頃のことゆえ定かではないが、当時の子供たちにとっては、こよなく夢を掻き立てられたお菓子であった。

その後は昭和48（1973）年に駄菓子メーカーの分野で知られたコリスが、リング状になっていて息を出し入れすると音が出る「フエラムネ」を発売した。これは昭和35（1960）年発売の同様のフエガム（同項参照）に倣っての発売であった。続いて昭和40（1965）年にカバヤ食品が、ビタミン製剤を模して、ビタミンCを混入した「ジューC」を発売、昭和48年に森永製菓がラムネ瓶形の容器に入れた「森永ラムネ」を発売。その後、昭和53（1978）年にはオリオンがコカ・コーラの容器形の入れ物にラムネを詰めた「ミニコーラ」を出すなど、各社がアイデアを凝らした様々なラムネ菓子を手掛け、今日に至っている。

「代用チョコレート」＆「チューインガム」――乏しい材料からハリスの名で　昭和23年

チューインガムについては、輸入品の販売会社として大正5（1916）年にリグレーが創立。東京・銀座を中心に、モボやモガ（モダンボーイ、モダンガール）をはじめとした都会人にもてはやされ、続いて広く各地に広がっていった。その後なくなったわけでもないが、しばらく鳴りを潜めて戦後。若い人の間で再びもてはやされるようになった。進駐軍の米兵がこれを噛んでいる姿がかっこよく映ったことにもよろうか。それでも昭和3（1928）年の新高製菓以降国産化はされていなかった。そこへ果敢に挑んでいった人がいる。

昭和23（1948）年、森秋廣という人が、間借りしていた鐘淵紡績（後のカネボウ）の本社で、先ずは乏しい材料を工夫して代用チョコレートを開発した。幕末に来日してアメリカ総領事となったタウンゼント・ハリスにちなみ、彼はこれをハリスと名付けて売り出した。甘い物に飢えていた人々の

アイスキャンディー

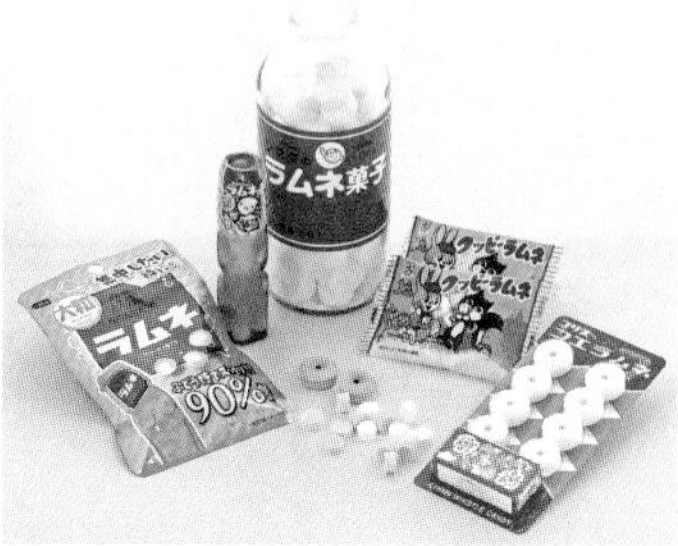

ラムネ菓子

代用チョコレート
&チューインガム

間に、それはたちまち広がっていった。

希代のアイデアマンの彼は昭和26（1951）年、今度は酢酸ビニールを用いて本格的なチューインガムを作り出す。これもまた前にも増して爆発的な人気を博し、「チューインガムのハリス」の名が一気に世に浸透していった。未だテレビ草創期の頃のこと、「名犬リンチンチン」という人気番組があった。頭の良いシェパードが飼い主の少年を助けて大活躍をするというストーリーで、当時の子供たちは画面に釘付けになっていたものだ。そのスポンサーとなりコマーシャルを流していたのが、かくいうハリスガムであった。〝♪ハリスというリスどこにいる……〟というコマーシャルソングとともにハリスガムは一気に全国に広がっていったのだ。

昭和41（1966）年同氏は会社を縁の深い鐘紡に譲渡し、カネボウハリスの商標となった。そして同社はその後発展してカネボウ食品となり、カネボウフーズを経て現在のクラシエフーズという、押しも押されぬ食品業界の雄に成長し、今に至っている。

「チューインガム」——ロッテ創業　昭和23年

さてチューインガムといえば、もう一方の雄はロッテだが、こちらも昭和23（1948）年に創業している。重光武雄《しげみつたけお》（辛格浩《シンギョクホ》）氏によるもので、当初は昭和21（1946）年、終戦の翌年に「ひかり特殊化学研究所」を設立して石鹼やポマードの製造に着手。そして昭和21（1946）年、既述した如く、ジープに乗った米兵に群がり、〝ギブ・ミー・チョコレート、ギブ・ミー・チューインガム〟とせがむ子供たちを見て、その需要を強く感じ取り、チューインガムの製造に着手する。その思惑はみごとに的中し、昭和23年にロッテを設立して本格的に取り組む。

なお、原材料の調達にあっては、当時輸入規制の対象となっていた天然チクルの輸入解禁を国に働きかけて奏功。それを使った本格的なチューインガムの製造に取り掛かった。といっても満足に営業スタッフがいるわけでもなく、販売ルートもない。よって当初は重光氏自ら、リヤカーに作ったガムを積んで移動販売を行っていたという。続いて開発したスペアミントガムやグリーンガムが人々の口と心を捉えて大ヒットとなり、企業としての足元が固まっていく。そして先のハリスとともに、リグレーの作った下地を受け継ぎ、西のハリス、東のロッテとして成長を遂げ、一気にチューインガム市場を確立していった。なお、この二つの商品は今日まで続くロングセラーとなっている。

その後の足取りを追ってみよう。昭和33（1958）年、TBSテレビで「ロッテ　歌のアルバム」の放送が開始。〝一週間のご無沙汰でした。玉置宏でございます。お口の恋人、ロッテ提供、「ロッテ歌のアルバム」〟のフレーズで始まる同番組で、ロッテの社名は遍く知れ渡るようになっていった。昭和39（1964）年、ガーナミルクチョコレートの名でチョコレートの製造販売を開始し、チューインガムに続く大きな柱として育っていく（同項参照）。昭和41（1966）年、母国韓国でロッテ製菓を設立。今日では同国を代表する多角経営の大企業に成長している。また同年プロ野球チームのカンムリスポンサーとなり、昭和46（1971）年東京オリオンズをロッテオリオンズと改称。多くのファンをひきつける。さらに昭和45（1970）年、東京錦糸町駅前にロッテ会館なる複合商業施設を建設するなど、サービス業にもビジネスの幅を広げていく。

主力のお菓子については、キシリトールガム、ガーナチョコレートに続いてコアラのマーチ、パイの実、ビックリマンチョコ等々のチョコレート類、のど飴、小梅といったキャンディー類、チョコパイなどのビスケット類、雪見だいふく、モナ王、レディーボーデンなどのアイスクリーム、その他生チョコパイといったチルドデザート等々、幅広いジャンルをカバーするまでになっている。加えて、ホカロンといった日用品なども手がけている。荒廃した戦後の焦土に重光武雄氏の蒔いた種が、今や日本を、否、隣国をも代表するグローバルな企業のひとつに育っている。

昭和23年　「パン業界のガリバー」誕生——後年パリにパティスリー・ヤマザキも

ハリスやロッテ等が産声を上げた同じ頃、そうした各社にも増して急伸し、ついにはパン業界での売り上げ日本一となった山崎製パンが創業している。同社のお菓子の世界への貢献度は、今さら申すに及ばぬものがあるが、この度はそちらに筆先を向けてみよう。

千葉県船橋市にあるマツマル製パンで修業を積んだ飯島藤十郎氏は、太平洋戦争後まもない昭和23（1948）年、千葉県市川市に「山崎製パン所」を独立開業した。わずか12坪からのスタートであった。

当時の製パン業は、まだ食糧管理制度下にあって厳しく統制されており、別の団体で製パン業に携わっていた同氏には、飯島の名では認可は下りなかった。やむなく義弟の「山崎」の名で認可を取り、それを社名としたため、創業者の姓たる飯島ではなく、「山崎」となったという。

なお、独立当初は配給される小麦粉をパンに加工して利益を得る委託加工で、まずはコッペパンから始まり、次いでロシアパンや菓子パンなども手掛けていた。

製菓の分野については、昭和24（1949）年、和菓子の製造に踏み出している。また昭和30（1955）年には、当時としては珍しい、ワックスペーパー包装のスライス食パンの商品化を行った。今日ではこの形式はすっかりスタンダードとなっているが、消費者に対してのこうした便利さの提供や提案が、なべて企業の成長の原点といえようか。同社は常に率先してそうしたことへの努力を怠らずに実践し、消費者の心をつかんでいった。この頃から事業のウェイトはますます製パン業に傾斜していくが、一方では昭和45（1970）年に、アメリカのナビスコ社及びニチメン（現・双日）と合弁で、製菓会社「ヤマザキナビスコ」を設立する（後に解消）。また昭和52（1977）年にはコンビニエンスストア「サンエブリー」を設立し、パン以外の商品も積極的に扱う多角経営に歩を進める。ちなみに同コンビニエンスストアは、後年「ヤマザキデイリーストア」と統合し、現在は「デイリーヤマザキ」となっている。

さらに後年、パリの高級住宅街として知られる16区、名門菓子店コクラン・エネ（Coquelin Ainé）のあった場所に「パティスリー・ヤマザキ（Pâtisserie Yamazaki）」の名で菓子店を開業。お菓子の本場フランスでの日本の洋菓子の展開は、内外の大きな注目を浴びた。筆者がかつて行っていたＪＴＢ主催の「吉田菊次郎のお菓子で巡る世界の旅」でも同店を訪れたが、そこには堂々と同社のスペシャリテのまるごとバナナや日本の洋菓子の右代表たるショートケーキが並んでいた。

「あっ、日本のお菓子だーッ」

と、ツアーの皆さんの喜ぶまいことか。引率した筆者も、たいそう誇らし気になったものだ。後で知ったことだが、同店の切り込み隊長役を果たされたのは、実名を挙げて恐縮ながら山川精《すぐる》君という、私の小中高を通しての親友であった。彼は、学生時代より勤勉誠実を絵に描いたような男で、対する私は今様の言葉で言うならまったくその逆。だからこそかもしれないが、妙に気が合ってもいた。彼の地でのそんなクラスメートの活躍に胸がたまらなく熱くなった。その彼の手腕により、パティスリー・ヤマザキは今ではすっかり同地に溶け込み、地元の常連客からもこよなく愛される存在となっている。

　また2007年には製菓業界の名門不二家と深い縁を持つなど、パン業界のガリバーと称されるまでになった製パン業に加えて、和洋を含めたお菓子の分野でも、大きなシェアを占めるまでに成長していく。街の一角の製パン委託加工から始まった、飯島藤十郎氏の蒔いた一粒の麦は今や日本中を席巻するまでの大企業に成長をとげたのである。そしてそこからは豊かな食文化が華麗な花を咲かせていった。

「麩菓子」——駄菓子屋の定番　昭和24年

　駄菓子屋の定番ともいえる麩菓子のはじまりは、江戸時代にまでさかのぼるという。そもそもは麩を薄い醬油で煮た後、短冊形に切り、ケシをふりかけて天日干しにし、生姜や杏、陳皮などで味付けし乾燥させたもので、茶菓子や酒の肴であった。なお今日のそれは、30センチほどの棒状の麩に黒く着色した砂糖と飴を染み込ませたもので、1970年代より子供たちにとって好まれる駄菓子の定番商品となっている。なお、これを開発したのは東京・墨田区の鍵屋製菓で、「特製麩菓子」として昭和24（1949）年に発売されたという。「勉強にスポーツに」という不思議なキャッチフレーズで子供の心を少しずつ摑んでいった。また、埼玉県大井町、現在のふじみ野市の松澤商店のものもあり、こちらは「Uターン禁止」のマークが描かれた包装がなされている。

　1960年代半ば頃よりいわゆる駄菓子の人気が下降線をたどっていったが、1970年頃から再び人気を取り戻し、そうしたものの代表格のような商品として、改めて陽の目を見るようになっていった。その魅力は奈辺にありや。子供が握り締める小銭の値段に比したあのボリュームと、いかにもびっくりするような色あいが魔力なのか。どうやら大人サイドから見たら、思わずたじろぎそうなものが、子供の好奇心を駆り立てるようだ。筆者の子供たちも、幼い頃に一時期やはりこの麩菓子の虜になっていた。私も少しばかり分けてもらった覚えがあるが、あの色からは想像もつかぬおいしさがあった。

昭和26年
「ココアシガレット」──超ロングセラー誕生

まだ十分にお菓子の楽しさが行き届いていなかった昭和26（1951）年、子供たちに夢を与えてくれたスイーツが誕生した。オリオンという会社が開発した「ココアシガレット」というお菓子だ。当時たばこの代名詞のごとき「ピース」というたばこを思わせるデザインに作られた、青い箱に収められたお菓子で、中にはこれまたたばこを思わせるような細長い砂糖菓子が入っている。外側は紙巻たばこの紙を表すように白く作られ、その中はたばこの葉に似せて茶色に仕立てられている。これを子供たちは咥えたばこのように口にはさみ、まるで大人になったような気分を楽しんでいた。いつの時代でも、子供というものは大人の真似をするものだが、その典型がこの〝たばこごっこ〟といっていいだろう。

はっかの香りとココアの風味のこれは、発売当時はひと箱5円であったという。子供たちにとって5円という値段は、決して安いものではなかったが、皆してこれを咥え、いっぱしの大人気分を味わっていた。当時は味覚の世界もまだ貧しかったが、そんな中でもはっか味はちょっと贅沢なもので、サクマ式ドロップスの中にも何個かのそれが入っていて、カラカラと打ち鳴らした缶からそれが出てくると、〝当たりーっ〟と言って喜んだものだ。また値段については、国民食の感なきにしもあらずといったコロッケの値段も確か5円で、「コロッケ五えんのすけ」なる漫画が流行るなど、何か一つのプライスの決まりごとのような、区切りのいい値付けのようなところがあった。

以来延々、子供の夢を育んで今日に至っている。最盛期には年に1800万個を出荷していたというが、そんな超ロングセラーのお菓子「ココアシガレット」誕生がこの年であった。

昭和26年　「ミルキー」――〝ママの味〟誕生

昭和26（1951）年、不二家の銀座店からミルキーが発売され、翌27（1952）年から全国販売となる。これについては、米軍からもたらされた余剰の脱脂粉乳と統制解除されてほどない水飴の利用から考案されたものであったとか。思えば誰にも愛されることになるミルキーは、実は世の必然性から生み出された究極の名品であったといえようか。わが国のスイーツ史を遡るに、ヒットしたものはあまたあれど、そうした数々の中においても特筆に値する大ヒット、まさしく比類なき特大ホームランといっても過言ではない。戦後の荒廃した人々の心を潤し、その後の復興から奇跡ともいえる経済発展、及び世界に肩を並べ、かつジャパン・アズ・ナンバーワンといわれるようになるまでを見続けてきた生き証人のようなスイーツである。全国民から愛されてきた〝♪ミールキーはママの味〟はこれからも、その先も、おそらく永劫愛され続けていくことであろう。

なお、このミルキーと切り離せない、子供たちにとっては圧倒的な人気を誇るキャラクターたる国民的なアイドル「ペコちゃん」の誕生は、これより少し早い昭和25（1950）年である。お菓子の求め方にも、また実生活においてもいくらか余裕が出てきたのだろうか。キャラクターを楽しむまでになってきていることが窺われる。モデルは外国雑誌の挿絵からヒントを得たという。そして名前は

チューインガム

麩菓子

ココアシガレット

東北地方での牛の呼び名とされているベコにヒントを得たものとか。相棒のポコちゃんの登場は翌26年で、缶を手で押した時に出るペコポコという響きからの連想からで、二人そろえてペコちゃんポコちゃんで親しまれていった。

なおこの不二家は、ミルキー発売の翌年の昭和27年に、国産初のソフトクリームを発売。その翌年、昭和28（1953）年には第一次ソフトクリームブームを起こしている（次項参照）。

ところでこの洋菓子界のリーディングカンパニーたるその不二家が、藤井林右衛門氏によって明治43（1910）年に創業されたことについては、同年の項に述べた如くである。その後の不二家だが、わが国のスイーツ界に果たした貢献度の高さは今更申すまでもないほどである。

ざっと振り返っても、明治末期に始まり、大正に基盤を固め、震災、大戦にめげることなく立ち上がり、荒廃しすさんだ人々の心をペコちゃんのミルキーでなごませ、オバQキャラクターで明るさを取り戻し、ファミリーレストランでハッピータイムを、サーティワンで選べるアイスクリームの楽しさを教えてくれた。またイギリスよりキットカットを導入し、提携したパリの名店ダロワイヨの美味で、お菓子の真髄をわれわれに示してくれてもいる。不二家、それは紛れもない近代日本の甘き宣教師であり、またそのすべては林右衛門氏名付けるところの〝ふたつとない家〟たる不二家の屋号に帰結する。そんな気がしてならない。

「ソフトクリーム」——日本上陸　昭和26年

ソフトクリームの登場は19世紀になってからだが、広まっていったのはもう少しあとで、1931年にアメリカでオートマティック・ソフトサーブマシンができてからということになる。何とか作りたてを提供できないかと考え、掃除機のモーターとアイスマシンを組み合わせて作られたものがそれであった。そしてこれの日本への上陸は、戦後しばらくたった昭和26（1951）年のこと。明治神宮で開催された進駐軍主催のカーニバル会場においてその模擬店が出され、そこで初めてコーンカップに盛られたソフトクリームが販売された。今までにないこの新鮮な食感は、アイスクリームは氷結しているものと思い込んでいた人々の心をたちまち捉え、その後はデパートの食堂や喫茶店などでも、次々とこれを扱うようになっていった。

時あたかも朝鮮動乱による金偏《かねへん》景気で、街には飲食店が増え、そうしたところが率先してこれを取り入れ、メニューも豊かになっていく。そうした動きをリードしていったのは、当時街場に店舗展開を進め、積極的に新しい提案を行っていった不二家で、昭和27（1952）年よりその取り扱いを始めた。こうして翌28（1953）年より、「第一次ソフトクリームブーム」がやってきた。

なおこれには異説あることもお伝えしておく。当時は力道山によるプロレス人気で日本中が盛り上がっていた。そしてテレビを備え付けていた蕎麦屋に人々が詰めかけたが、実況中継は夜の8時からであったため、おおかたの人は食事を済ませていた。そこで蕎麦屋側はソフトクリームフリーザーを置いたところ、来た人たちはこぞってこれを求め、それを機にソフトクリームブームがやってきたというのだ。当時筆者のところも割と早く店内にテレビを設置していて、プロレス中継時には多くの人がいらしていたことを記憶している。ゆえに話としては理解できるが、各お蕎麦屋さんがすべてそうであったかについては、さて……。

なお、この後は昭和45（1970）年の大阪万博の時で、同会場には200台ものソフトクリームフリーザーが設置され、訪れた人たちはみな一様にこの氷菓を手にし、口にしながら各パビリオン巡りをしていた。それは一種の万博風物詩といってもいいほどで、それを機に遊園地や街場のショッピングセンター等人の集まるところに、ソフトクリーム売り場が広がっていった。これが言うところの「第二次ソフトクリームブーム」である。次いで1996年より広く展開を進めてきたコンビニエンスストアでも本格的に取り扱いを始め、また各地の産物を用いたご当地ものも流行し、加えて各レストラン等でも積極的に独自のものを提供し始めた。「第三次ソフトクリームブーム」である。

ちなみに進駐軍のカーニバルが開かれたのは昭和26年の7月3日であったため、毎年7月3日は「ソフトクリームの日」と制定され、今に及んでいる。

昭和27年

「紅梅キャラメル」――巨人軍のカードを集めてプレゼントゲット

当時の甘いものの代表格といえば、言うまでもなく戦前から引き継がれた国民的なお菓子とされる「森永ミルクキャラメル」や「明治クリームキャラメル」、一粒300メートルのキャッチフレーズの「グリコキャラメル」たちであった。が、そうした大手もさりながら、その頃のものとして特に記憶に残るのが、荒《すさ》んだ子供たちの心に限りない夢を持たせてくれた「紅梅製菓」と「カバヤ食品」によるキャラメルではなかったろうか。その両社がともに昭和21（1946）年に創業している。

前者の紅梅製菓は森田利作という人の手になる会社で、当初は紅梅サイダーからのスタートであった。その頃キャラメルはまだ統制品であり、進駐軍の特需品もしくは復員局用か都道府県の配給用のみに作られていた。自由販売になるのは水飴が統制解除になった昭和24（1949）年からである。この水飴、ブドウ糖の統制解除は大きなニュースであった。これに関しては、甘味はもとよりだが、医療においての必需品であったことにより、他に先駆けての解除であった。だが製菓業界にとっても

ミルキー

ソフトクリーム

紅梅キャラメル（昭和館提供）

これによる恩恵は甚だ大きく、甘味に飢えていたマーケットは一斉に飛びついていった。たとえばかくいうキャラメル業界だが、統制が解かれるや、たちまち200もの零細メーカーが参入して乱立。先に設立されていた紅梅製菓もこの時にキャラメルに着手し、炭鉱キャラメルの販売を行う。続いて昭和27（1952）年に砂糖の統制が解かれると逆にキャラメルの生産は過剰になり、メーカーは淘汰されていく。そんな中で一歩抜きん出ていくのが、紅梅製菓とカバヤ食品であった。

紅梅製菓については、昭和27年の砂糖の解除に伴い本格的にキャラメルに取り組む。それに先立って少年野球ブームに乗り、前年に巨人軍と契約し、巨人軍選手のブロマイドを入れた一箱10円の紅梅キャラメルを発売。これが爆発的な大ヒットとなる。レギュラー選手9人を集めて送ると、すぐに破けてしまう、今の子供たちだったら相手にもしてくれないようなグローブや、たちまち空気が抜けてしまうゴムボールが貰えたのだ。

ある年齢以上の方でしたらご記憶にあられようが、川上、千葉、青田、与那嶺、南村といった名選手が日本のヒーローだった時代である。これが欲しくて欲しくて、子供たちは皆おこづかいを貰うや、一目散にお菓子屋さんにかけつけたものだ。もちろん筆者もそのひとりであった。そして友達とダブっているカードを交換するのだ。特に水原監督のカードはめったに当たらず、貴重この上ない宝物であった。後年ロッテのビックリマンチョコについているシール集めに血道をあげた子供たちの気持ちと全く変わりがない。

「カバヤキャラメル」――カバヤ文庫で大ブレイク　昭和27年

前述の紅梅キャラメルの対抗馬となったのが、カバヤ食品のキャラメルであった。同社について

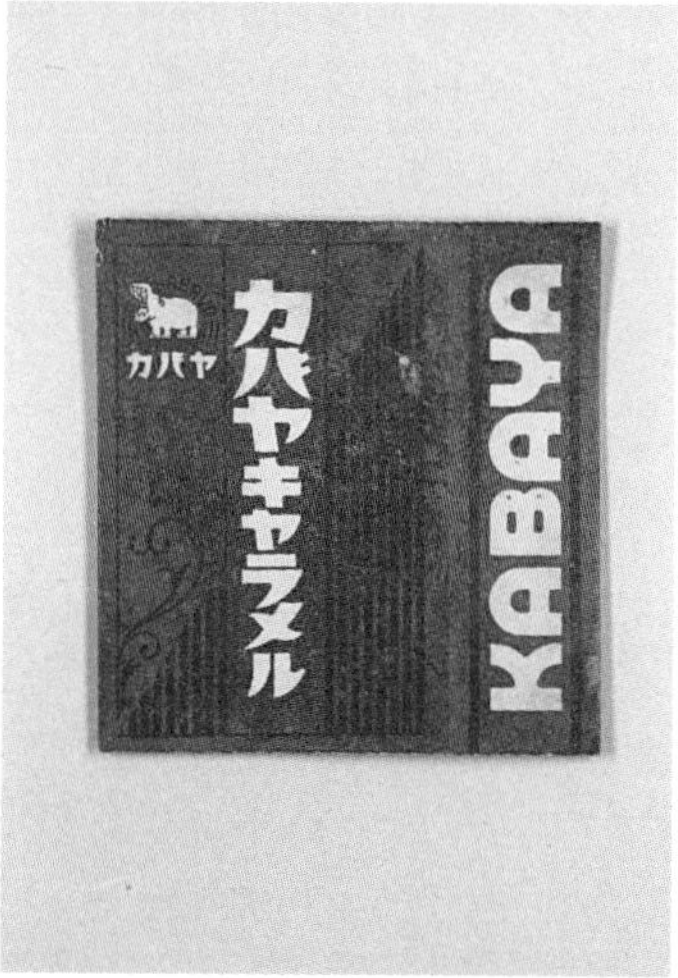

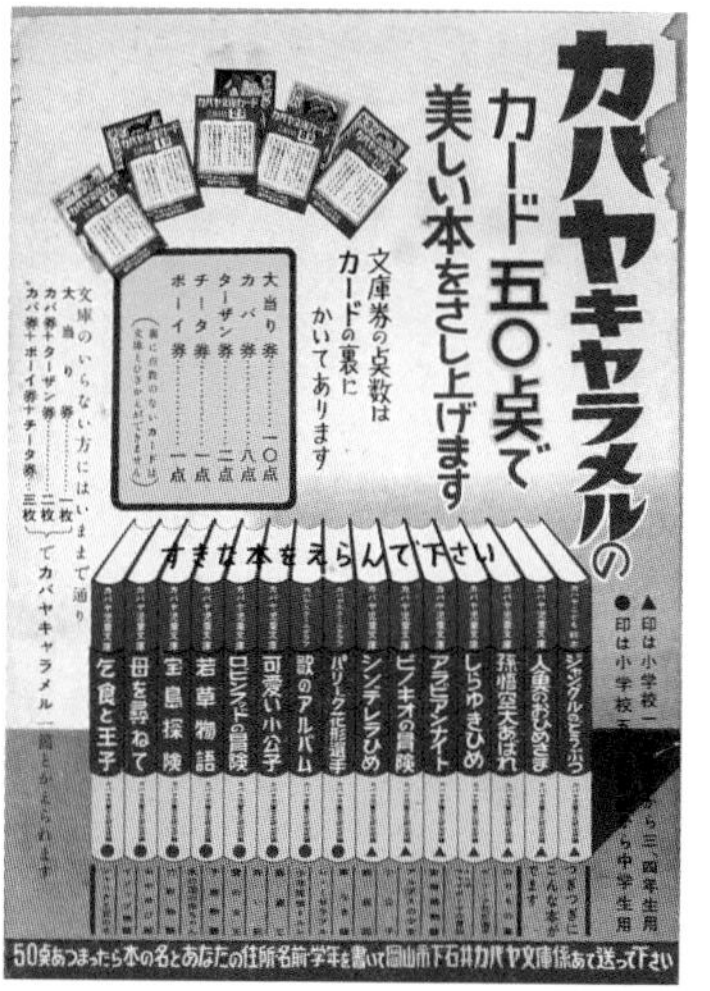

カバヤキャラメル（昭和館提供）

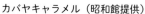

は、その前身は明治16（1883）年で、水飴製造業の林原商店である。ちなみにカバヤという名については、戦後、岡山駅前の焼け跡のヤミ市に「河馬屋」という喫茶店があり、その店の裏でお菓子の製造を始めたことに由来するという。またカバにはおとなしくて平和を愛するイメージがあり、戦後の平和な社会を建設するという国民の気持ちと一致するところからの命名とも伝えられている。加えて大きく開けたカバの口には、美味しいものがたくさん食べられる時代を願う気持ちも込められているとか。なお、キャラメルを手掛けるきっかけについては、当時水飴メーカーとしては2月と8月、いわゆるニッパチは需要が落ち込む閑散期となるため、その穴埋めをすべきところからの発想であった由。

昭和21（1946）年にカバヤ食品として改めて創業。そして昭和27（1952）年に本格的にキャラメルの製造販売に着手。こちらは当時人気のターザンの絵入りの点数カードを集め、50点になると「カバヤ児童文庫」と称する本がもらえる。これまた子供の世界では大騒ぎである。よろず乏しかった当時としてはなかなかのもので、貴重この上なくまるで宝物のように扱われた。さしものおもちゃ付きグリコもかすんでしまうほどのもてはやされようであった。ちなみに第一巻が出たのは昭和27年8月3日で、題名は『シンデレラひめ』。そしてその中には「シンデレラひめ」、「もりのなかのねむりひめ」、「おやゆびこぞう」の3話が収められていた。

なおこのカバヤ食品と紅梅製菓の2社を比べるに、創業地の関係か、紅梅キャラメルは東の方に強く、カバヤは西日本方面に力が入っていたように見受けられた。が、それはともかく、わが国の復興途上におけるこの2社の、既存の大メーカーを向こうに回しての大健闘は、楽しみの少なかった当時の子供たちに、大いなる遊び心と、ささやかではあったがすばらしい夢を膨らませてくれた。そして乏しい時代のしんがりを務め、豊かな時代へと繋いでくれたのがこの2社でもあった。

5　昭和30年代——お菓子の持つハピネスを求めて

［前期］「戦後」の意識もだいぶ薄らぎ、「もはや戦後ではない」と言われ出したこの時代、お菓子も時代の動きに大きく身をゆだねていく。

いろいろあった中でも強く記憶されるのは、昭和30年代になるやならずやの頃のクリスマスであろう。それまでにもクリスマスケーキはなかったわけではなく、それをもって聖夜を祝っていた家庭もないではなかった。だがあくまでも一部の人々の間でのことであって今日のように一年における確たるルーティーンの催事には至らなかった。それがこの頃になると、それまで抑えつけられてきた反動もあってか一気に盛り上がりをみせ、一億総宗旨替えでもしたかのようにクリスマスに燃え上がった。原材料も何とか調い、その機運に応えるべく懸命に対応した洋菓子店もさることながら、何よりも待ちこがれた平和を享受しようとした人々の熱意が作りあげた一大イベントといっていいだろう。

それからほどなくして電気冷蔵庫が普及していき、各洋菓子店にもシャレた冷蔵ショーケースが備えられてお菓子の味もどんどん良くなっていった。日持ちのしない生クリームやカスタードクリームを使ったものなども、安心して作られ売られ、お客様もまた心おきなく買って帰れるようになった。

［後期］昭和30年代後半においては、商いの面で著しい変化が現れてくる。経済復興とともに導入されたアメリカ式の合理的経営方式と流通システムにより、他の多くの産業と並んで、このスイーツ業

界もまた驚異的な成長を遂げていく。その立役者として消費活動をリードしたのは、流通産業の代表格たる百貨店である。昭和26（1951）年ここにのれん街と称する、いわゆる名店街が誕生。そしてこれが昭和30年代に入るや全国に波及していった。街中における一商店あるいは小企業に甘んじてきた多くの菓子店にとって、消費文化の花が咲いた。甘味業界を含む食品業界全体にとって、これも大きなターニングポイントであったといえよう。

昭和30年頃

「クリスマスケーキ」——平和の象徴

筆者の家業もお菓子屋ゆえその渦中にあり、今でもはっきり憶えているが、それはそれは大変な騒ぎであった。未だ小学生であった私も駆りだされ、朝から晩までケーキの飾りつけや、それをストックすべく紐で束ねて二階に運んだりとフル回転で手伝わされていた。ただ子供ゆえに時たま階段でつまずいたりして、せっかく作ったケーキを倒してしまったりもする。と、とたんにゲンコツが飛んでくる。昔の親は何だって荒っぽかった。今なら児童虐待とも捉えられかねないが、八百屋や魚屋の子たちも同じようなことをしていたから、まぁそういう世の中だったのだろう。クリスマス一晩で1ヵ月分だか2ヵ月分を稼いだなどといわれた時代のことだ。また少しでも手が空けばお店番である。

特に記憶に残っているのは、異様にエキサイティングした聖夜の光景である。夜の銀座に何と百万余人が繰り出して、道という道を埋め尽し、クラッカーを鳴らし、レイをかけた放歌高吟の平和人が、手に手に四角いクリスマスケーキの箱をぶら下げ、聖夜を祝っていた。一息ついて手に入れた平和なるもののすばらしさを、みな心の底から楽しんだのだ。そしてまさしくその平和の象徴が、凝縮され具現化された人々の夢の結晶が、かのクリスマスケーキであった。バタークリームのバラにバタークリームの唐草紋様絞り。上からアラザンと称する仁丹のような小さな銀の粒を振りかけたデコレーションケーキである。まさにクリームいっぱい夢いっぱいで、老若男女を問わず国を挙げてハッピーを享受していた。

私どものお店は銀座6丁目の小道にあったが、そんな裏通りでさえ目の前はまるで満員電車のごとくに、人、人、人の波で、商品の持ち運びもままならない。驚いたのは商品移動で数寄屋橋の不二家の前を通りかかった時だ。文字通り十重二十重に人が群がり、ケーキを求めている。売る方は売る方で積み重ねた台に乗り声を嗄らし、長い棹の先に紐で吊るした籠でお代を受け取り、クリスマスケーキのやり取りをしていた。あの光景は、その場に居合わせたものでなければ分からないであろうし、またどんなに筆舌を尽くしてもお伝えできる自信がない。あれから幾星霜、狂信的にも思えたかつてほどではないにしても、クリスマスはお菓子屋にとっては今に至るも一大イベントとなっている。

「アイスクリームバー」――日本初のバー付きアイスクリーム　昭和30年

協同乳業によるわが国初のバー付きアイスクリームが昭和30（1955）年に誕生した。昭和28（1953）年に練乳の生産から始まった同社は、当初販売力不足に苦しんだが、その解決方法としてアイスクリーム製造に踏み切る。先《ま》ず昭和30年3月にカップタイプから始め、同6月にデンマーク製のアイスクリームバー製造機を導入。ここに国内初のバー付きアイスクリームの製造が開始された。後の「ホームランバー」である。一本10円で売り出されたこれは忽《たちま》ちのうちに大ヒットとなったが、2年もすると売り上げにブレーキがかかってきた。同業他社の参入が相次いだためである。

そこで一つのアイデアを凝らした。バーにくじを付けて、当たりの種類によってもう1本もらえるというものであった。今では珍しくない販促手法だが、その頃としては画期的なアイデアであった。当時プロ野球デビュー3年目の長嶋茂雄氏をキャンペーンポスターに起用し、くじをホームランやヒットに見立てたのである。また包装の包み紙には「ホームラン坊や」と名付けたイラストを描き、商品名を「名糖アイスクリームバーホームランバーホームランシリーズ」に変更。するとこれが、まさしくその名の通りの空前の大ホームランとなった。発売から5年後の昭和40（1965）年に「名糖ホームランバー」と再改称し、今に至っている。

「洋生菓子」──ケーキ類の花を咲かせた電気冷蔵ショーケース登場　昭和32年

昭和30年代前半は、洋菓子業界にとっての大きなターニングポイントとなる年であった。それは電気冷蔵庫の出現である。甘味業界にあっては「冷蔵ショーケース」の登場が、その商いに一種の革命をもたらした。その立役者となったのが、実名を挙げて恐縮だが、ここに取り上げさせていただく保坂製作所である。

遡るに昭和7（1932）年、保坂貞三氏が製菓製パン用の機器及び型類の製造販売をもって、東京浅草に創業。しかしながらしばらくして日本は太平洋戦争に突入し、せっかく立ち上げた店も開店休業。否、製菓道具や型類の材料の手当てすらままならぬ中、日毎戦局は不利となり、時局はますます暗転。ついに国破れて全国民が涙し、再出発を余儀なくされた。

配属地から復員するや貞三氏は、やはり自分の生きる道はお菓子関連と、昭和23（1948）年、保坂製作所を設立。どんなにすばらしいものやおいしいものを作っても、食品である以上売れなければ捨てられるだけである。誰よりも食品の本質と、売ることの大切さを知る彼は、製菓用のショーケースに着目する。

昭和23年といえば、食料品配給公団が発足し、小麦粉、麵麹、麵は公団扱いとなった年で、戦後の混乱がまだ収まり切らぬ頃である。しかしながら、諸々の曲折を経た後、昭和27（1952）年、ついに砂糖、小麦粉の統制が解除された。製菓業界もいよいよ動きが活発になる。そうした一連の状況の変化に同社も敏感に対応し、非冷蔵型のショーケースに改良を重ねる一方で、保坂開放型冷凍庫及びアイスクリーム用ストッカーを開発する。多くのお菓子屋にとって、これは重宝した。原材料も半製品も製品も、とにかくこの中に収めておけば、腐敗変敗だけは免れる。どこの菓子店も工場内や店内に、大概はこれを備えたものだ。

続いて家庭用電気冷蔵庫の普及に合わせるごとく、昭和32（1957）年、電気冷蔵ショーケースを開発。これにより各菓子店も安心して洋生菓子を作り、販売し、来店客も安心して求め、持ち帰って家庭の冷蔵庫にしまった後、食べたい時に食べられるようになった。こうしてそれまで寒い時や涼しい時にしか口にできなかったショートケーキやシュークリーム、エクレアといった生クリームやカスタードクリームを使ったもの、あるいはプリンやバヴァロワといった日持ちのしない、彩り豊かな生菓子の世界が、一気に広がりを見せていった。街にもケーキ屋さんが増えて商店街に彩りを添え、デパートの食品売り場も一気に華やぎ、明るさを増した。食生活の豊かさを示す象徴的なできごとがケーキ類の充実といっていい。

そしてその源に電気冷蔵ショーケースの誕生がある。現在の同社の社主の保坂貞雄氏曰く「あの頃は社会的な必然性も手伝ってか、どこもそうしたものの開発をめざしていたようですし、決して手前どもだけが先頭を切ってやってきたわけでは……」と謙虚に述べておられるが、なかなかどうしてこちらの活躍と貢献は花マル付きの特筆に値する。殊《こと》に高温多湿という、ケーキ類にとっては最悪の条件となるわが国の夏場などは、冷蔵ショーケースがなかったとしたら、お菓子屋さんはまったくのお手上げである。同社の研究と努力なかりせば、洋生菓子の全国への普及もこれほどすみやかにはいかなかったのではないか。これは同業他社も表敬して認める本音の声としてお伝えさせていただく。

ついでながらその後をみるに、義貞氏、貞雄氏と引き継がれる同社は、昭和46（1971）年、神奈川県津久井湖畔に工場を新設し、全国の洋菓子店、和菓子店、並びに各百貨店等の需要に応えられる体制を整えている。続いて求められる幅の広がりに応じてアイスクリーム用、チョコレート用及びサンドイッチ用ショーケース、さらにはコンピューター制御付き、低温多湿制御式、高透過クリスタルガラス使用等々のショーケースを次々と開発。絶えることなく技術革新を重ね、安全と安心、衛生をモットーとする洋生菓子文化を支えて今日に至っている。同社が世に送り出したショーケースの歴史は、また近代お菓子文化の確たる足跡でもある。

昭和33年

「スイスロール」——スイスにはないスイスロール

昭和33（1958）年、「スイスロール」の名で山崎製パンがロールケーキを発売。ロールケーキ自体は世界のいろいろな国で作られている。例えばフランスでは roulé（ルレ）、英語圏では rolle（ロール）、ドイツ語圏では Roulade（ルラーデ）等である。もちろんスイスにもいろいろな種類のものがあるが、仏独伊と接しており、それぞれの地域の言語で呼ばれている。したがって同国では、各種のロールケーキは作られているが表題の如くの「スイスロール」という名で呼ばれているものはない。

ではなぜ？　昭和31（1956）年、山崎製パンの飯島藤十郎氏が英国の製菓会社を視察した時にその名を思い立った由。そして昭和33年頃から製造販売を開始し、昭和39（1964）年に大量生産のラインが完成。以降、全国展開していったという。そのことあって以来、日本においてロールケーキは「スイスロール」の名で広まっていった。今日では概ねロールケーキの名が一般名称となっているが、スイスロールの名で販売されているものも少なくない。

昭和33年　「アーモンドチョコレート」――板チョコ主流の時代に

チョコレートといえばすぐに板チョコとイメージされるように、それが主流だった時代に、風穴を開けたのが江崎グリコ発売による「アーモンドチョコレート」であった。板状のチョコレートのひと山に一粒のアーモンドを入れたこれは、お菓子好きの人たちの心には大いに新鮮なものと映った。そもそもグリコは、早くからアーモンドとの出会いを持っていたようだ。遡ると昭和5（1930）年に創業者の江崎利一氏がアメリカ産業視察団の一員として渡米した折、ニューヨークやシカゴのナッツ専門店で目にとめていたとか。その後昭和30（1955）年にそれ入りの「アーモンドグリコ」を発売し、〝一粒で二度おいしい〟をキャッチフレーズとして売り出した。その流れをもって昭和33（1958）年に生まれたのがこの度の「アーモンドチョコレート」であったのだ。

ところで、もともとチョコレートとアーモンドは、味覚のコンビネーションとしての相性も良く、お菓子の本場のフランスやスイスでも、この手のものは古くから手掛けられていた。たとえば筆者がひと頃製菓修業に励んでいたスイスのバーゼル市にも、「アマンドショコラ（amandes chocolats）」と呼ばれる、街を代表する銘菓があった。キャラメル掛けしたアーモンドにチョコレートを幾重にも掛

クリスマスケーキ

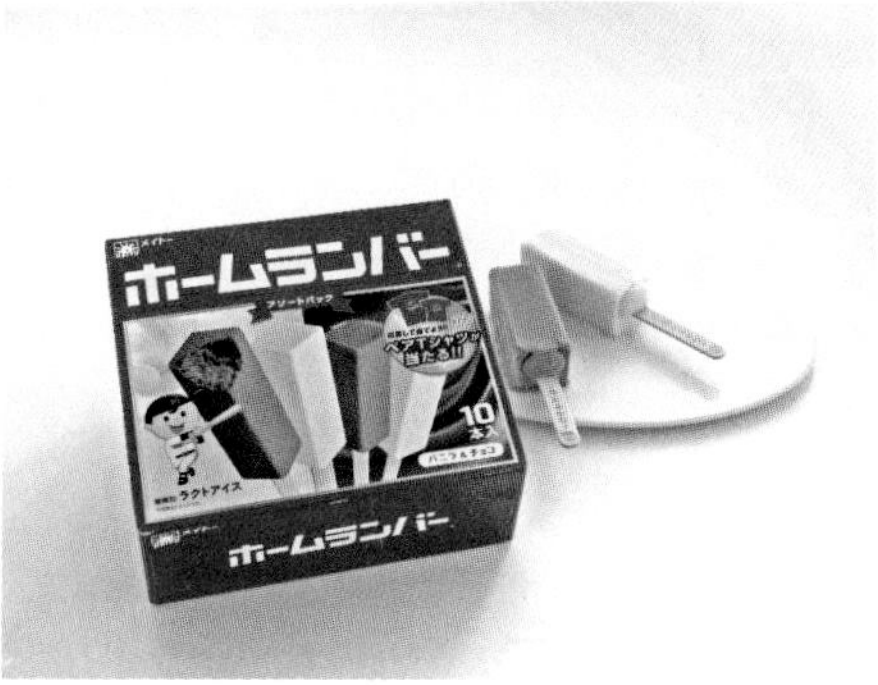

アイスクリームバー

スイスロール

けて厚みを出し、ココアをまぶしたもので、どのお菓子屋さんでもこれを山積みにして、量り売りをしている。ここはドイツ語圏とフランス語圏がかぶさっているところ故、そのドイツ語をもって「ショコ・マンデルン（Schoko-Mandeln）」とも呼ばれていたが、一粒食べ始めたら止まらなくなるほど病みつきになるおいしさだ。またフランス菓子にあっては、通常のパティスリー（生菓子や焼き菓子類）でも、このコンビネーションは頻繁に使われている。

このお菓子の登場により、改めてその素材同士のハーモニーのすばらしさに目覚めたか、スイーツ市場にあっという間に広がっていった。その後は他社も次々と参入し、「アーモンドチョコレート」は、ひととき日本におけるチョコレートの世界の中心として捉えられるまでになっていった。

「渡辺ジュースの素」――手軽にできる贅沢の極み　昭和33年

〽あーら、おや、まぁ、ホホイのホイともう一杯、渡辺のジュースの素ですもう一杯、ニクイくらいにうまいんだ、不思議なくらいに安いんだ〃。ええ、渡辺のジュースの素ですよ！

当時随一のコメディアンであった榎本健一さんの、しゃがれ声のコマーシャルソングで一世を風靡したのが「渡辺ジュースの素」なる粉末ジュースで、渡辺製菓が放った一大ヒット作である。発売は昭和33（1958）年で、豊かになり始めたとはいえ、当時はまだ国そのものが貧しさの影を引きずっていた時代である。子供たちにしても、今のようにいつ何時《なんどき》でも自由気ままにジュースなど飲める生活環境ではなかった。そう、ジュースなどは贅沢の極みだったのだ。そんな折に登場したのがこれで、子供のみならず大人までもが飛びついた。何しろ水に粉末のこれを溶くだけで、あっという間に美味しいジュースが作れてしまうのだ。オレンジとグレープがあり、一袋5円の小袋と50円の徳用袋があった。筆者などもこの恩恵にあずかったひとりで、ひたすらこれを飲んでは自分なりの精一杯の贅沢を享受していた。いや、私の周りの人たちもみな同様であったやに思う。

しかしながら世の中が豊かになるにつれ人工甘味料への批判も高まり、また他の美味しいジュース類が出回ってきて、次第に消費者の足もそちらの方にシフトされていった。そして曲折を経た後、昭和47（1972）年にカネボウハリスに吸収されて渡辺製菓は消滅。そのカネボウハリスもまたクラシエフーズとなって今に至っている。さりながらあの時代、この〝ジュースの素〟にほぼ日本中の人々が心底一様に癒されたのだ。貧しさから脱却し豊かにならんとするまでのほんの一時だが、その橋渡しをしてくれた一袋の甘き恵み、それが「渡辺ジュースの素」であった。

昭和34年

「ベビースターラーメン」――子供向けスナック菓子のスター誕生

おやつカンパニーによるヒット作で、名前の如く、まさにお子様向けのスナック菓子のスターといえるものである。そのそもそもは、同社の前身である松田産業有限会社が、昭和30（1955）年に「味付け中華めん」という名のインスタントラーメンを発売したことから始まる。この時は見事に失敗したというが、その4年後の昭和34（1959）年、製造中に出る麵のかけらをスタッフたちに配ったところ、美味しいとの評判が立って商品化を思い立ち、初代の「ベビーラーメン」ができた。ちなみにこの時の販売価格は10円であった。そして昭和48（1973）年、子供向けのスナック菓子界でスターになろうと、「ベビースターラーメン」と名称を変更。この時価格は20円に変更している。それでも十分すぎるほど安く、子供たちにとっては手の届くプライスである。

なお、その後は香港や台湾に輸出したりと、日本の子供に限らず広く世界の子供たちへとマーケットを広げていく。またそれまでのチキン味に加えて、みそ味やカレー味等さまざまなテイストのものが作り出され、今に至っている。

「歌舞伎揚」――古典演劇と古来より親しまれてきた煎餅の融合　**昭和35年**

天乃屋発売によるロングセラーの揚げ煎餅。同社の案内に曰く、〝日本の伝統的な古典演劇である歌舞伎と古くから親しまれてきた煎餅という、この両方の伝統文化を伝えようとの意図から、定式幕（萌葱、柿、黒の3色で構成されている幕）の模様をデザインに取り入れた〟としている。味は甘口の醤油ダレで、形は丸いものと四角のものがあるが、実は丸い方が多く作られている。

なお、この表面には歌舞伎の家紋が刻印されているが、気が付かない方も多い。何となれば、初めの頃は今より堅めに作られていて刻印もはっきりと見ることができたが、時とともにサクサクとした柔らかめが好まれるようになっていき、そのように作って揚げると、その刻印が見えにくくなってしまったのだとか。読者の皆様も、お召し上がりになる時、ぜひともその刻印を確かめてみられては？

「フエガム」――美味しく食べて遊べるお菓子　**昭和35年**

チューインガムで名を上げたハリスの子会社「コリス」が開発したお菓子。口に含み、息を吸ったり吐いたりするとピーピーと音が出るガムで、子供たちの間で大ヒットした。この姉妹品として、3年後の昭和38（1963）年にはフエラムネが発売されている（「ラムネ菓子」の項参照）。発売元のコリスとは、そもそも昭和23（1948）年に桔梗屋として創業した会社で、昭和28（1953）年にハリスとの関係からコリスと称号変更している。子供向けのチューインガムを中心としてラムネやキ

アーモンドチョコレート

渡辺ジュースの素

ベビースターラーメン

ャンディーを製造している子供用のお菓子のパイオニア的な企業である。

なお同社は２０１０年にトップ製菓の子会社になり、２０１６年にグループ再編により、トップ製菓が商号変更したママリスに製造部門を委譲。コリスは新法人となったトップ製菓とともに販売事業を行うようになった。そして２０２０年にはそのトップ製菓と合併した。かように時代の変遷とともに会社も曲折を経てきたが、同社の生んだフエガムやフエラムネは、絶えることなく子供たちに夢を与え続けて今に至っている。

「日持ちのするお菓子」——名店街の広がり　昭和30年代中頃

昭和26（１９５１）年、東京・渋谷の東横百貨店（現・東急百貨店）に「のれん街」なるものが誕生した。ちなみに当初のメンバーは以下のごとくであった。入船堂（米菓）、泉屋東京店（クッキー）、花園饅頭（和菓子）、味の浜藤（珍味・諸国名産）、梅林堂（和菓子）、ちとせ（和菓子）、小倉屋（塩昆布）、玉木屋（佃煮）、文明堂（カステラ）、コロンバン（洋菓子）、榮太樓總本鋪（和菓子）、菊廼舎（和菓子）、玉英堂（和菓子）、吉益総本店（志乃多寿司）、清月堂（和菓子・諸国銘菓）の15店（資料提供・味の浜藤）。そしてほんのタッチの差で後れを取った形となった大阪の「阪神甘辛のれん街」が続き、さらにその2年後に出来た東京駅八重洲口の名店街ですっかりその形態が確立されるにいたった。

これによりたとえばどこそこの洋菓子、某舗の和菓子、某店の珍味といった各分野の名品が一堂に会した。今まであちこちに出向いていったものも、そこに行けば一度で用が足りる。それどころか東京にいながらにして各地の老舗名店の珠玉の品々までもが手に入る。これは便利ともてはやされたこの形式は、たちまちブームとなり、特に昭和30年代に入るや全国各地へと波及していった。時あたかも昭和元禄、消費は美徳と、次々に展開されるデパート、駅ビル、地下街、ファッションビルもこぞってこのシステムを導入していった。いわく伊勢丹老舗街、高島屋全国味百撰、三越名店舌つづみ横丁、西武味の街、松坂屋味とのれんの名店街……。

中央、地方を問わず、多くの菓子店もこの流れに追いつくべく懸命に努力を重ねる。また、もとよりわれわれの内にあった〝人様を訪ねる時には菓子折りのひとつも下げて〟などという、礼節を重んじる気風の後押しもあって、そこに集まった名店の銘菓や名品は、人々の心を捉えてますます広がりを見せていく。加えて、百貨店の個別配送システムが大きな力となって、販売や消費を支え助けた。百貨店に行きさえすれば、どこのどんな品でも配送に耐えられるものであるなら、伝票に宛名を書くだけで届けてもらえる。これで喜ばれなければウソであろう。

当然お菓子の性格にも変化が起こる。いろいろな用途に合わせて間口も広がるが、特に顕著な発展をみたのが生物《なまもの》以外の商品群だ。大量供給可能にして日持ちが良く、こわれにくくて配達に便利といった諸要素が、そうした活発なギフト需要に対する必須条件となってくる。例をあげるなら、缶入りクッキーやバウムクーヘン、チョコレート、あるいは羊羹、煎餅といったものがブレイクし、時流に乗った多くの洋菓子店や和菓子舗が消費文化の花を咲かせ、商店から企業へ脱皮し、ナショナルブランドとして成長していった。顧みるに流行を追いかけだしたのもこの頃からである。

そして現代、そうしたナショナルブランドに加えて、特色のある店、必要な店、地域の名店、さらには海外ブランドなども織り込み、各百貨店の地下一階は、日々新たな提案をしながらお客様のニーズに応え、ウォンツを作り出している。

「エンゼルパイ」――マシュマロサンドのチョコビスケット　昭和36年

森永製菓発売の、マシュマロをサンドしたビスケットで、チョコレートのコーティングを施したもの。ビスケットの口当たりは柔らかくしてあり、間に挟んだマシュマロとのコンビネーションもよく、カバーするチョコレートとのハーモニーも絶妙として、発売以来多くのスイーツファンを引き付けていった。今にしてもすばらしい組み合わせだが、それが60年以上も昔とあれば、当時としてはとんでもなく洗練された感覚をもって受け止められたに違いない。そもそもは、当時アメリカで大流行していたスクーターパイというお菓子をヒントに作られたという。そして昭和33（1958）年にまずエンゼルストアで地域限定発売され、大いなる感触を得て後、昭和36（1961）年から全国販売に踏みだしている。

なお発売後、ホワイトやイチゴ、オレンジ、ウインナコーヒー、はちみつミルク等々が作られ、またミニサイズのものなど、さまざまなバージョンのものが作られ現在に至っている。

「マーブルチョコレート」――ポンッ　昭和36年

昭和36（1961）年、お菓子業界に大ヒットが生まれた。マーブルチョコレートである。丸くて、口に放り込みやすい大きさのカラフルなチョコレート。細長い円筒形の容器に入っていて、蓋の部分を引っ張るとポンッという気持ちのいい音がする。そしてその筒の中には、鉄腕アトムなどの手塚治虫の人気漫画のシールが入っている。これは受けた。爆発的な大ヒット、大ホームランである。しかもテレビコマーシャルもすばらしかった。

♪〝マーブル、マーブル、マーブル、マーブル、マーブルチョコレート、ポンッ〟を演じる上原ゆか

歌舞伎揚

フエガム

エンゼルパイ

りちゃんもかわいいが、それにも増して植木等と歌うデュエットがたまらなかった。

〝♪ゆーかりはーパパのー　青い鳥だよ〜〟、〝パァパー、パァパー〟、〝ゆかりー、ゆかりー〟

絶妙のコンビであった。

実はあの種のチョコレートは、戦後しばらくPXと呼ばれた六本木の米軍御用達のお店かアメ横あたりで、アメリカ製の同様のものを売っており、これを買ってもらった時はまるで天にも昇るような気持ちになったものだ。そして色とりどりのそれを、まるで宝石のように一粒ずつ手に取り、口に入れては決して噛まずにそーっと溶かしていた。それの国産の登場である。これが喜ばずにいられようか。もちろん筆者もすぐにこれの虜になった。そしてこの歳になった今でも見つけると必ず買い求めている。いつぞや明治製菓（現・明治）の資料室に案内された折、すべて揃ったそのシールを見せていただき、涙が出るほどうれしかった。

ちなみにこのシールのコレクターもたくさんおられるようで、貴重品ともなると信じられないような金額で取引もなされているとか。筆者にそうしたシール集めの趣味はないが、捨てずにとっておいたらどれほどたまっていただろうか。それほど長年に亘り楽しませてもらったものの一つが、かくいうマーブルチョコレートである。思い返すに私どもの世代はハーシーチョコレートでアメリカの豊かさを思い知らされ、マーブルチョコレートで豊かになった日本を実感したようなところがある。

「ピーセン」——ピーナッツ入り揚げ煎餅の傑作　昭和36年

「銀座江戸一」という煎餅の専門店の開発による、ピーナッツ入りの揚げ煎餅の商品化は1950年代というが、あまねく認知されたのは昭和36（1961）年、全国菓子大博覧会での受賞からといわれている。今でこそこの手のものは珍しくないが、登場した当時は、お煎餅業界にとっては画期的な商品であった。当時は百貨店の名店街ブームの真った中にあって、いろいろなお菓子屋が競って百貨店や地下街、駅ビル、ショッピングセンター等の名店街や老舗街に出店していった。結果、それまで一商店に甘んじていた店の多くが企業へと脱皮していった。この江戸一もそうした中にあって、お煎餅業界のもう一方の雄たる「赤坂中央軒煎餅」や「銀座松﨑煎餅」等とともに常に中核をなす名店のひとつであった。そして同店はここに取り上げたピーセンやリーフルと名付けられた揚げ煎餅を主力商品として、お客様のニーズに応え、消費活動を盛り上げていた。

その後1997年に同店はその営業を閉じたが、2年後の1999年に「きんつば」や「梅ぼ志飴」等で名高い日本橋の榮太樓總本舗が、そのレシピと商標、及び販売権を継承し、今日に至っている。なお、今日のピーセンは、その老舗和菓子舗のもとに「さくさくプレーン」、「カリっと海老」、「しっとりチーズ」、「欧風カレー」、「はちみつバター」等が手掛けられ、日々進化を遂げている。

「ルックチョコレート」――一口大の粒チョコで味はそれぞれ　昭和37年

不二家の手になる「ミルキー」、「カントリーマアム」と並ぶ主力商品のひとつで、一口大の粒チョコレート。当時はまだ板チョコ全盛であったが、そこに登場した新しいタイプのチョコレートとして人気を博した。ただ発売当初はまだ全体がつながっている板状であったが、しばし後に一粒ずつの形状に模様替えがなされた。今では珍しくもないが、当時は割らずにひとつずつ手に取って食べられるというだけでも十分な驚きだったのだ。そしてその粒の中には、それぞれコーヒー、イチゴ、バナナ、キャラメルの四つの味が閉じ込められており、その後パイン、イチゴ、アーモンド、バナナになり、途中アーモンドが抜けて、すべてフルーツ味になった時があったが、後に復帰している。

さて、このちょっとした贅沢感を味わえる「ルックチョコレート」の登場は、お菓子好きの人たちの心を強く動かした。加えてまるで板チョコのようなパッケージなのに、中身は別々ということも、おしゃれでスマートに受け取られたのであろう。いわば味も形態もパッケージも、すべてにおいて時代の先端をいくスイーツだったのだ。またルックという名称については、当時マリンルックとかペアルック等、何かにつけてルックという言葉が多用されており、そうしたことにちなんでの命名といわれている。

昭和37年

「チロルチョコ」――チョコレート駄菓子の雄

わが国のロングセラーとなっている子供向けのチョコレート駄菓子である。明治36（1903）年に福岡県に創業した松尾製菓の製品で、同社は昭和23（1948）年にばら売りキャラメルが当たり、業績を拡大したが、なべ底不況と呼ばれる社会情勢にあって業績不振に陥った。その後モロゾフの協力を得るなどして、昭和37（1962）年にチョコレート部門を作り、「チロルチョコ」の販売を始めた。そして2004年にその部門を独立させて、チロルチョコ株式会社を設立。製品開発とその名前の由来については、二代目社長の松尾喜宣《まつおよしのり》氏がオーストリアのチロル地方を訪れた際にその雄大さに心を打たれ、当時まだ子供には高嶺の花であったチョコレートを子供たちにも提供したいとの思いが募って、その名の商品作りを思い立ったという。

なお、2002年に社員旅行でオーストリアのチロルを訪れた時、同地の知名度を高めた功績を評価され、現地の州観光局より感謝状が贈呈されている。

マーブルチョコレート

ピーセン

ルックチョコレート

「ポテトチップスのり塩」――日本初ののり塩味のポテチ誕生　昭和37年

今日当たり前のように誰もが食べているポテトチップスだが、これが日本で本格的に作られたのは昭和37（1962）年。それまでもなかったわけではないが、少数の飲食店で出される程度であった。ある時小池和夫という方が、仕事仲間と飲みに行った時にそれを口にし、そのおいしさに打たれ、何としてもこれを世に広めたいと思ったとか。そしてその開発に当たり、いろいろと試行錯誤の末、日本人になじみの深い海苔と塩味にたどり着いたという。ご存じ、「湖池屋のポテトチップス」の誕生である。

初めの頃はポテトを釜で揚げていたが、量産にあたりオートフライヤーを導入。そして昭和42（1967）年に本邦初の量産化に成功し、全国各地に届けられるようになった由。今日ではポテチとか単にチップスなどといわれて、全国民に親しまれるお菓子に成長を遂げるまでになった。

ちなみにカルビーのポテトチップスの登場は昭和50（1975）年であり、この2社によってわが国のポテトチップス市場は確立されたといっていい。

「ナボナ」――お菓子のホームラン王　昭和38年

〝ナボナはお菓子のホームラン王です〞のキャッチフレーズで、知らぬ人のいないほどに広く行き渡ったお菓子がこれ。日本のお菓子業界ではブッセと呼んでいるものだ。ジャイアンツの王貞治選手がホームラン王を取り続け、その活躍で日本中が盛り上がっていた頃にテレビコマーシャルでこれが流れ、これを手掛けた亀屋万年堂というお菓子屋さんは、いっぺんにメジャーになってしまった。何でも、王選手の盟友の国松彰選手が同店のお嬢さんと結ばれ、親友の王選手が、同店で作っているナボナと名付けられたそのお菓子のコマーシャルをお引き受けになられたことがきっかけとなってのヒット、いや、ホームランという。

そのお菓子自体は古くからあり、なぜかブッセーと名付けられ、筆者の手元にある大正14（1925）年刊の『あづま錦』という本にも、カラーの挿絵入りで紹介されている。その姿形は全くナボナそのものである。ブッセとはおそらくフランス菓子のブシェ（bouchée）から来た語だろうと思うが、そのブシェとは、通称パイ生地と呼ばれているフイユタージュの生地にクリームやおいしい具材を詰めたもので、〝一口の召し上がり物〟という意味のお菓子や料理の名称である。それが何ゆえ、いうところのナボナのような、スポンジ状のフワフワのお菓子を指すようになったのか。このあたりの経緯についてはよく分かっていない。

フランス菓子の名を持っているがそのフランスにも見当たらない国籍不明にして出所も分からないお菓子。そしていつの間にか日本の銘菓に仕立て上がってしまったスイーツがこのブッセである。ともあれフワッと仕上がったこのお菓子は確かに日本人の好むテイストではある。一説によると、創業者の引地《ひきち》末治《すえじ》氏が、洋風どら焼きのイメージから思いついたともいわれているが、さて真相は？

なお、ナボナという名前だが、これについては、創業者の引地氏が南イタリアのナポリが気に入り、その名で販売していたが、既に他社が商標登録していたことが分かり、やむなく同じイタリア・ローマのナボナ（ナヴォーナ）広場の名にちなんで命名したとか。こうして古くより馴染まれていたものが、プロ野球界のヒーローのひとことで一気に火が付き、日本中に同様のものが作られていった。

ちなみにわが家でも、娘が小学校の低学年の時、学校で亀屋万年堂さんの工場見学に行き、お土産にナボナをはじめたくさんのお菓子を頂いて帰ってきたことがある。以来彼女はすっかり同社のファンになってしまったようだ。うちもお菓子屋なのだが、それより何より小さい時の刷り込みの方がずっと効果的だったようだ。

それにしても、あのふんわり食感は日本人の好みをしっかり捉えた名品ともいえようか。もちろん私も日本人ゆえ、他社の同種のものも含め、そうしたテイストは大好きである。後年、同社の社長になられた国松さんにそのことをお話ししたら、〝そうですか、それはそれは〟といいながら、別れ際にはしっかりと〝お嬢さんによろしく〟とも……。さすがは元一流選手、ファンを大切にする気配りは怠りない。

「かっぱえびせん」――やめられない、とまらない　昭和39年

カルビーの放った「えびせんべい」でのホームラン。そもそもをたどると、昭和30（1955）年、カルビーがスナック菓子として「かっぱあられ」を発売したのが始まりで、好調だったためにシリーズ化されたという。創業者の松尾孝氏はアメリカから輸入される小麦粉に着目し、これを蒸して練り、餅状にしたものを炒ってあられを作る製法を思いついた。こうした小麦粉使用のあられの量産化は、わが国で最初のことであったという。なお、かっぱの名は、当時もてはやされていた清水崑作の漫画「かっぱ天国」に由来し、そのシリーズにはすべてかっぱの名が付されていた。そしてそのシリーズの最後となる27作目の商品として出されたのが「かっぱえびせん」であった。〝♪やめられない、とまらない、カルビーかっぱえびせん〟のコマーシャルソングは誰の耳にも残り、何にせよ止められないことの謳い文句とされるほどに、ことあるごとにこのフレーズが使われた。

チロルチョコ

ポテトチップスのり塩

ナボナ

なお、発売元のカルビーは、この後昭和50（1975）年に〝♪カルビーのぉーおポテトチップス〟、昭和63（1988）年にフルーツグラノーラ（フルグラ）、1995年にじゃがりこ、2006年にJagabee　じゃがビーとメガヒットを飛ばし、この分野での、押しも押されぬメジャーの地位を確立していった。それぞれについては各項目をご参照ください。

「ガーナミルクチョコレート」――ガムに続く柱に　昭和39年

ロッテから発売されたミルクチョコレート。チューインガムの分野では、すっかり大をなし、企業としても確固たる基盤を築いたロッテが、そのチューインガムに続く柱として開発した商品。同社としてもその後の発展の基軸とすべきものと大いに力を注いだ。そのため、チョコレートのエキスパートとして知られたマックス・ブラックというスイス人に協力を要請し完成させたもので、宣伝にも巨額を投じた。パッケージも強烈に目立つ真っ赤なカラーを用い、そのカラーのパッケージが描かれた手提げ袋を持った女子大生の集団が、都内を1週間にわたって歩き回るという宣伝手法は大いに話題を呼んだ。またテレビにおいては、チャンネルをどこに変えても聞こえてくるほど、このコマーシャルが流された。その効果もあってか、先行する他社と肩を並べるほど、一気に〝チョコレートのロッテ〟の知名度が上がっていった。

なお、その商品名の由来となったカカオビーンズの産地のガーナ共和国に対し、「ガーナ基金」を設立して、同国支援の活動に取り組んでいるという。また昨今では、チョコレートの祭典であるバレンタイン以外にも、例えば「母の日」のプレゼントにと、チョコレートの販促に力を入れている。カーネーションの赤にガーナチョコレートのパッケージカラーを重ねたものという。

かっぱえびせん

ガーナミルクチョコレート

6　昭和40年代――若手パティシエ飛翔・スイーツ界に新風

［前期］消費活動も盛んになり、生活にゆとりができると、お菓子の傾向も変化を見せてくる。すなわち口にするだけでなく、見て楽しむようになり、飾る技術が格段の進歩を遂げてくる。その顕れとしてマジパン細工やそれを利用したデコレーションケーキが人目を惹くようになる。また各百貨店の名店街の充実とともに、ある程度量産が利いて遠方まで送れるお菓子としてバウムクーヘンがもてはやされる。また高度成長による世の中の豊かさの顕れか、結婚式の披露宴がどんどん大掛かりになり、その引き出物や引き菓子が、ブライダル産業の一環として大きなマーケットを形成していった。街場の洋菓子店の世界ではオムレツケーキやレモンの形をしたレモンケーキ等が流行り、チーズケーキも流行のきざしを見せてくる。さらには贈答用としてのサマー商品に缶詰の水羊羹やゼリーが大ブレイクとなる。また北海道みやげとしてホワイトチョコレートがもてはやされてくる。

［中期］フランスパンが爆発的な大ヒットとなり、パリの地図入りの細長い袋を抱えて歩くことがファッションとなる。洋菓子の贈答用としては缶詰のプリンやシガレットタイプのフランス式巻きせんべいなどがもてはやされる。また生菓子ではチーズケーキやチョコレートケーキに人気が集まり、さらに本格的なフランス菓子も脚光を浴びてくる。またまなじり決して飛び立っていった若手技術者たちが帰国し、次々に喫茶付きフランス菓子店を開いていき、週刊誌やファッション誌をにぎわしてい

ったのもこの頃である。同時に一粒チョコレート菓子の技術や、ヨーロッパで飾り菓子の主流を占めるあめ細工の技術なども新たに日本に持ち帰られた。

［後期］小型で瀟洒なフランス菓子とは対照的に、アメリカンタイプと称する大型のカットケーキが流行した。一方流通菓子の分野では、歴史に残る大発明のプッチンプリンが登場する。またパンの分野では、フランスパンのブレイクを引き継ぐようにデニッシュ・ペストリーのブームが世を席巻していく。

昭和40年代前半

「デコレーションケーキの技術向上」――線絞り、マジパン細工……

昭和40年代というと、ちょうど筆者が修業に入る頃のことゆえ、よろずことさら印象に強く残っている。小物の生菓子に関してはいずこのお菓子屋さんも、さして代わり映えはしなかったが、大型のお菓子を飾るということについては、皆さん一様に凝りだしてきて、どこそこのデコレーションケーキはすばらしいねぇ、いや、あそこの方が上じゃないか、とデコレーションの技術がそのお菓子屋さんのレベルを測るひとつの尺度ともなっていった。思えばフランスやその他の国々から、まだ新しい情報が入ってくる前だったので、競い合う材料が少なく、お菓子を飾ることぐらいしかなかったともいえるが、若い技術者たちは、懸命になって流れるように美しいクリームの絞り方やバラの花形絞りを練習し、またチョコレートなどで細い線絞りのテクニックを競い合っていた。もちろん筆者も先輩たちのその技術に啓発されて、仕事がはねた後も工場に残り、一人練習に励んでいたものだ。

そうこうするうちに、マジパンという素材が取り沙汰されだした。マジパンとはアーモンドと砂糖を混ぜて挽きつぶし、ペースト状にしたものだ。これを使えば粘土細工の要領でいろいろなものに模したものができる。器用な者は、それをもってクリームで絞るよりももっとリアルなバラやカーネーションを作ったり、いろいろなフルーツや野菜を作ってみたりしていた。〝おー、これはすごい！〟と仲間うちは皆して早速それらしいものにトライし、仕事で遊んでいた。そのうちに段々とはまり出し、ワンちゃん、ニャン子、アヒル、ひよこ、象さん、熊さん、ライオン等々、さながら動物園の世界になっていった。さらにはそれらに動きを持たせようと、ケーキの表面を水面に見立ててアヒルの親子を置き、チョコレートの細い線絞りで泳いだ跡のように水脈を描いてみたりもした。

そうなるとお客様もいろいろなオーダーを出してこられる。人気漫画のキャラクターを使ったバースデーケーキなんていうのも入ってくる。あの頃は「鉄腕アトム」や「ジャングル大帝レオ」などが作られていたが、ある時「ニャロメ」とか「ケムンパス」などというオーダーがきて、慌ててその漫画を買いに行ったことを記憶している。今であったら版権等で問題になるところであろうが、そうしたことにはまだ寛容な時代でもあった。またショーケースに並べるケーキをマジパンのフルーツや野菜で飾り、かじられた様な葉っぱの上に小さく作った青虫を尺取虫のように曲げて載せたこともあった。冗談が過ぎたかなぁ、とも思ったが、それを見たお客様が大喜びをしてお買い求めくださり、ほっとしたことも……。まだ新しいニュースの押し寄せてこない、日本のスイーツ界の夜明け前のひとこまである。

「バウムクーヘン」——幸せの年輪・大ブレイク　昭和40年頃

既述の如く、百貨店における名店街の充実とともに、そうした状況にフィットするお菓子が求められていく。そのうちのひとつにバウムクーヘンがあった。このお菓子も今に始まったものではないが、ある程度量産が利いて、生菓子と違って日持ちもし、遠方に送っても大丈夫ということで、改めてこのお菓子に陽が当たった。ユーハイムというお菓子屋さんなどはこれをもって一気にメジャーに駆け上がっていった。

加えてこの時期、結婚式の披露宴が花盛りとなっていく。各ホテルや会館、結婚式場はその対応で大わらわとなるほどにその披露宴は豪華にして大掛かりになり、その招待客はますます大人数になっていく。たとえば新郎側が五〇人だと新婦側もそれに合わせて五〇人で合計一〇〇人。一〇〇人ずつだと二〇〇人の宴席となる。日本のしきたりだとお招きしたお客様は手ぶらではお帰ししない。宴の終了後には引き出物と引き菓子が用意され、招かれたお客様方は、それらを手に、「今日のお式はよかったねぇ」などといいながらそれぞれの帰途につく。一組一〇〇人なら手みやげも100個、一軒の結婚式場で一日10組のお式があれば1000個のお品が動く。これが全国だと大層な数となり、それを扱う業者にとっては、ブライダル産業はたいへんなマーケットとなるのだ。その「引き出物」とはたとえば花瓶とか、置時計、ボンボニエール、朱塗りのお盆やお皿、小鉢、茶器のセットといった後々形として残るもの。

もうひとつは食べて楽しんでいただく「引き菓子」と呼ばれるもの。ここでは後者に焦点を当てて筆を運んでみる。この分野の〝和〟の方のメインキャストといえば、何をさておいても杉折の箱に詰められた三つ盛りや五つ盛りの羊羹と練り切りであろう。これぞまさしく引き菓子の定番中の定番である。デザインは松竹梅に鶴と亀。いずれにしてもおめでたいものと昔から相場が決まっている。そして大きなものが三つ入っているのが三つ盛りで、やや小ぶりのものを五つ入れたのが五つ盛り。式に参列したり宴に招かれた両親が持って帰るこのお土産を子供たちは大層楽しみにしていたものである。洋風のウェディングケーキと杉折の和菓子の詰め合わせ。この取り合わせも、それはそれで悪くない。日本人の心の柔軟性を如実に示した一例といえよう。

〝洋〟の方を見てみよう。「幸せの年輪」といったキャッチフレーズが利いてか、ドイツやルクセンブルク地方の銘菓たるバウムクーヘンがもてはやされていった。作る側も既述のごとくに量産が利き、日持ちがして、遠方に持ち帰っても壊れないといった好条件がそろっていたことにもよるが、いまに至るも結婚式の引き菓子としてすっかりおなじみの品となっている。

こうして百貨店での需要に加えた、結婚式の引き菓子の需要もあいまって、昭和40年代に入るや猫も杓子もバウムクーヘンで、夜も日も明けぬほどのもてはやされようになる。

ところで売るのも大変だが、作る方はもっとしんどい。このお菓子はグルグル回る心棒にタネを掛け、ガス火で焼いて少しずつ太くしていく。決して難しいものではないが、作業的にはなかなかきついものがある。今のように空調完備なら何の問題もないのだが、当時はそんなものもなく、直火にさらされての仕事である。コックコートも下着も汗でグショグショになるが、かといって裸ではなお熱い。大量の汗をかくから塩分が不足する。そこで塩を舐めながらの仕事となるが、塩ばかりだと飽きてくるので梅干に変えてみたりと、現場ではそれなりの工夫をする。昭和40年代とはそんな時代であった。

「ウェディングケーキ」――婚菓の草創期　昭和40年頃

前項に記した如く、高度成長期にさしかかってきたこともあってか、昭和40年代に入った頃から披

バウムクーヘン

ウェディングケーキ

デコレーションケーキの技術向上

露宴が盛んになってきた。各地にそれ専用の会館や式場ができ、ホテル業界も本来の宿泊業務もさておき、その実披露宴がメインの仕事ではないかと思えるほどに、宴会業務に力を入れるようになっていった。

さて、披露宴の必需品にして主役は、何といってもウェディングケーキであろう。何をさておき、これがなければ始まらない。今日では精巧に作られたイミテーションが普及し、どれほどの大掛かりな要望にも対応することができるが、当時はすべて本物で作られていた。

従って作る方も大変だが、運ぶのもひと苦労。途中で壊れたり、無事設置できても、式の最中に傾いてきたり、ケーキ入刀と同時に倒れ掛かってきたりと、どこの式場でもハラハラドキドキの毎日であった。結婚式と披露宴のシステムそのものが未完だったのだ。そこで駆りだされるのが私たち製造部員である。手前ごとで恐縮だが、実体験に基づいて記させて頂くと以下の如くである。

大安吉日ともなるとどこの式場でも大忙しとなるが、勢い事故多発の危険性も増し、おおどころの式場ではスタッフが張り付くが、すべてとはまいらず、機動部隊があちこちの式場を駆け回ることになる。今のように携帯電話やメールなどのない時代ゆえ、到着した式場から会社に電話を入れると、「そこが終わったら、すぐどこそこに」との指示を受ける。全員が車で移動するほどの余裕でもあればいいがそうもいかず、何人かはいざという時のための道具一式を揃え、電車や地下鉄で現場に駆けつける。その一式とは、手直し用のクリーム、絞り袋、口金、タオル、ウェディングケーキ用の飾り部品等々でこれを番重と称するお菓子を入れる木製の箱に詰め、時には白衣姿のまま山手線や地下鉄を乗り継いでの移動である。いきなりコック姿の者がクリーム等を持って電車に駆け込んでくるゆえ、乗り合わせた乗客もびっくりするが、こちらも必死である。何しろ式の時間は決まっているし、とにかく急がねばならぬ。そんなあわただしいドタバタ劇が、ブライダルシーズンには全国の結婚式場で繰り広げられていたのだ。

そのうちにウェディングケーキの方は、中身が本物のケーキからブリキ等に変わり、その上からクリームやグラス・ロワイヤルと称する練った砂糖などを塗って飾り、ケーキカットするところだけ、三角に切り込みが作られて、そこにスポンジケーキを埋め込む方式になっていった。今は大半が、中身は発泡スチロール製に置き換わっており、かつてのような緊迫したせわしい光景はほとんどなくなっている。世の中が急速に変化し進化していった、ちょうどそんな時代の、結婚式場の主役たるウェディングケーキの裏事情を振り返ってみた。

「オムレツケーキ」——ショートケーキの進化バージョン？　昭和40年頃

日本人のショートケーキ好きは今さら申すまでもないが、食べにくいといえば確かに食べにくい。ちゃんとお皿に載せ、改まってフォークなりを使わないと口に運べない。まぁどんなケーキだろうとそうして食べるものだが、これを手づかみでも食べられるようにしてしまったお店がある。東京自由が丘のトップというフランス料理店で、筆者の記憶では昭和40（1965）年頃と承知している。私が駆け出しの頃、日本橋三越本店での催事ではじめてご一緒させていただいた頃を覚えているが、本当によくお客様の支持を得ていた。隣で商いをさせていただいていた私でさえ、買って帰りたくなるほどに食指が動かされる商品であった。薄く焼いたスポンジケーキに泡立てた生クリームとイチゴとかバナナといった好みのフィリングを挟む。今で言うワンハンドフードの走りである。すばらしいアイデアだ。

ただこれには諸説あり、これより先の昭和30（1955）年に、秋田県のたけや製パンが、バナナとホイップクリームを薄いスポンジケーキで包んだ「バナナボート」というお菓子を販売していたとも言われている。そして後に同社が山崎製パンと業務提携した折、このアイデアもそちらに移り、それを元にしてかの名品「まるごとバナナ」が生まれたとも……。また本来1枚ずつで供されるワッフルというお菓子があるが、それを二つ折りにして間にジャムやクリームを挟んだ日本式のワッフルが、すでに昭和の初めに生まれている。実はこれこそがオムレツケーキの元だとも……。

こうなるとどこが本家本元か分からなくなるが、いずれにしても、ひとつのものを元に次々とアイデアを凝らし、新しいものを生んでいく日本人の知恵のすばらしさに改めて感銘を受ける。

「チョコボール」――変身を遂げていくベストセラー　昭和40年

昭和40（1965）年に森永製菓より、「チョコボール」が発売される。そして同年、同社提供のテレビアニメ「宇宙少年ソラン」の宇宙リス・チャッピーがマスコットキャラクターとなる。なお昭和42（1967）年、ソランの放送が終わるに伴い、マスコットキャラクターを「キョロちゃん」に変更。商品としては「ピーナッツボール」、「チョコレートボール」、「カラーボール」の三種類を発売。昭和44（1969）年に商品名を「チョコボール」と改称。ところで、箱の上部にある中身の取り出し口として作られたクチバシは何度か改良され今日に至っている。

2023年現在、チョコボール関連商品としては、「大玉チョコボール」、「チョコボールのなかみ」がある。これだけ長い間愛され続けるのは、チョコボールのおいしさもさることながら、マスコットのキョロちゃんのかわいらしさによるところも少なからずあるということか。これから先も、名品

「チョコボール」とキョロちゃんの二人三脚は続いていくものと思われる。
ちなみに筆者の手元にも、同社よりの頂き物のキョロちゃんのぬいぐるみがあり、いつも私のつたないパソコンの打ち込み作業を見守ってくれている。

昭和40年 「源氏パイ」――フランス菓子が名を変えて

「カンパン」でおなじみの三立製菓から発売されたパイ菓子。フランスではパルミエと呼ばれているパイ生地を使った、ハート形の焼き菓子である。パルミエ（palmier）とは「椰子」または「棕櫚《しゅろ》の木」という意味で、その葉に似ているのでこの名がついたとされているが、実際の椰子の葉はこの形をしていない。またこれとは別に豚の耳に似ているとして、そのフランス語の「オレイユ・ド・コションヨン（oreille de cochon）」の名でも呼ばれ、古くからパリの名物菓子とされてきた。

なお三立製菓は、昭和38（1963）年に日本で初めてパイ生地の量産化に成功し、2年後の昭和40（1965）年に、そのパイ生地に砂糖を織り込んだこのお菓子を発売した。「源氏パイ」という名称については、翌年のNHKの大河ドラマが「源義経」に決まったことを知り、そこからこの名がつけられたという。

ちなみに同社は「平家パイ」という名のお菓子も発売している。こちらについては、パイ生地に洋酒漬けのレーズンをトッピングして焼き上げたもので、名称については、先の源氏パイと対ということでの命名という。

昭和40年代初頭

「レモンケーキ」――見た目もそっくり

レモンケーキというものもこの頃人目を惹いていた。初めて作られたのは大正8（1919）年で、広島県物産陳列館（現在の原爆ドーム）で行われた「似島独逸俘虜技術工芸品展覧会」に於いてといわれている。カール・ユーハイム氏が作ったバウムクーヘンとともに販売され、好評を博したという。そしてこれがブームとなったのは、それからだいぶ時を経た昭和40年代に入ってからであった。筆者の記憶では東京原宿に本社を持つ「フランセ」というお菓子屋さんがこれに力を入れていた。それにしても目を惹く展開であった。

先ず形がいい。本物のレモン形で大きさもちょうどそのくらい。そしてレモン色の黄色い紙で両端ひねりに包まれ、その紙をほどくとホワイトチョコレートでコーティングされたケーキが姿を現し、ひと口ほおばるとほのかな香りとともに、レモン味のバターケーキの風味が口いっぱいに広がる。これはよかった。和菓子の世界では、たとえば栗の形に模した栗饅頭などもあるが、洋菓子の分野では、そうしたものは全くないわけでもないのだろうが、さして目につくほどでもなかった。それがほとんど原寸大でレモンのケーキが作られたのだ。それを機に各所で同様のものが作られ、あちこちに広まっていった。

それから約50年、2010年代後半になって再びそのレモンケーキが浮上してきた。半世紀後の再登板である。広島の方で始まったとか、いやどこそこで作られネットで火がついたとか、いろいろ取り沙汰されたが、かつて仕掛け元のひとつといわれたフランセも、当然その流れに参入していった。姿形はどれもやはりかつてと同じように、レモン形で黄色い紙に包まれて……。ただ中身は以前よりだいぶ研究され、同じレモンでも瀬戸内レモンを使用とか、はちみつレモン味とか、しっかりバージ

オムレツケーキ

チョコボール

源氏パイ

ョンアップしての再登場であった。またコーティングのチョコレートも以前よりは格段にレベルアップしていた。

昭和41年

「本物のフランスパン」——パリの地図入りの袋を抱えて歩くのがファッション

話変わってこの度はパンの世界。正直いってあの細長くバリバリのフランスパンが、こんなに日本で広まるとは誰が想像できただろう。なにしろそれまでは、全くといっていいほど生活の中にその姿がなかったものが、今やあって当たり前で、ないことなど考えられぬご時世である。

これについては何といっても、藤井幸男氏率いる「ドンク」の功績といっていい。ではここで、その藤井幸男氏について振り返ってみよう。同氏の起こした「ドンク」の社史に従えば、「明治38（1905）年8月8日、初代藤井元治郎氏が長崎からパン職人を招いて、神戸市兵庫区柳原に藤井パンを創業。大正12（1923）年、兵庫区湊川トンネル西口角に2号店を開設。時代の先端をいくショーケースにはカットケーキやドーナッツなどが並び、モダンな店内ではギフト商品も扱った」とある。昭和22（1947）年、三代目として同店を継承した藤井幸男氏は、店を三宮柳筋に移転し、翌々年、帝国ホテルの製菓長であった井上松蔵氏を招き、同店の初代製菓長とする。次いで昭和26（1951）年、株式会社に改組し、社名を「ドンク」と定め、三宮センター街トアロードの角に、現三宮本店を開設した。なお、「ドンク」という社名の由来については、「ドン・キホーテ」にしてはどうかという氏の義兄の発案が元になったという。やせ馬にまたがりながら大きな夢を抱くというイメージの由。そして、これより呼びやすくというところからドンクになったとか。

昭和29（1954）年、フランス国立製粉学校のレイモン・カルヴェル教授が初来日し、製パン技術講習会が開催された。この時、日本に初めて本格的なバゲット、クロワッサン、ブリオッシュなどが紹介された。同氏の薫陶を受けた藤井幸男氏の活躍と飛躍は、ここを起点として始まる。昭和40（1965）年、東京国際見本市において、ドンクがフランスパン製造を担当するが、その時の実演者としてフィリップ・ビゴ氏が来日。見本市終了後に、藤井はフランス製の製パン機器一式を引き取り、それをもって専門工場を建設。またビゴ氏も同時にドンクに入社し、技術指導に当たる。

昭和41（1966）年、東京青山にドンク青山店を開店。これを機に一気にフランスパンブームが起きる。開店と同時にお客様が殺到。百貨店にテナントとして開いた店舗でも、開店直後の10分足らずで売り切れとなり、トリコロール（3色）のラインを基調としたパリの地図入りの細長い紙袋を抱えて歩くことが、ひとつのファッションとなるほどのブレイクぶりであった。さらにこれに拍車をかけたのが、昭和45（1970）年の大阪万博である。国際バザールのコーナーで、フランスの製パンオーブンを設置した「イル・ド・フランス」という名の店を開いたが、店頭販売のほかに会場内の各レストランへの商品納入も重なり、作っても作っても間に合わない状態が続く。これをもってバゲットは、完全に日本において市民権を得たといえよう。

「ドンク流フランス菓子」——華のパリを垣間見る　昭和41年

なお、東京青山の店に並べられた一連のパティスリーも、製菓業界に鮮烈な衝撃を与えた。それらは、本場のそれをさらに日本的な美的感覚で磨き上げた〝ドンク流のフランス菓子〟であった。これは長い眠りについていた日本の洋菓子業界を一気に目覚めさせるには十分すぎるほどのインパクトを与え、結果、日本のスイーツ界に鮮烈な新風が吹き込まれた。製菓修業中であった筆者も、もちろんその青山店に行っては美しく並べられたパティスリー・フランセーズ（pâtisserie française）にため息をつきつつ、遥けきパリに想いを馳せていたものである。それ以前は、パリ帰りで注目を集めた高田壮一郎氏率いる「東京カド」や長谷部新三氏の店「ランペルマイエ」で、パティシエたちは夢をふくらませ、次いで、このドンクの登場で、いよいよフランスへの意識が高められていったのである。

これを機に、筆者を含む多くのパティシエたちが、抱いていた夢を叶えるべく、フランスをはじめ、スイス、ドイツ、オーストリア等に次々と飛び立っていった。

話を藤井氏に戻すと、彼は先のフィリップ・ビゴをはじめ、ピエール・プリジャン、セルジュ・フリボーといったフランス人のブランジェ（製パン職人）やパティシエ（製菓人）を招聘し、本場の製パン、製菓技術の紹介に努めた。

また彼は「日仏商事」なる別会社を起こして、フランスをはじめとするヨーロッパの食材から製菓・製パン機器に至るまでの輸入に携わるなど、ソフトウェア、ハードウェアを通して、日本の美食文化の向上に尽力。その流れは多岐に亘って波及し、受け継がれていった。

芦屋にパン店を構えたフィリップ・ビゴ、北青山（後に赤坂乃木坂に移転）にレストランを開業したピエール・プリジャン、「ルノートル・ジャポン」を背負って大活躍したセルジュ・フリボー、藤井幸男氏の起こした日仏商事をそのまま引き継ぎ、みごとに発展させたムッシュー・筒井ベルナール……。彼らも藤井氏の影響を受け、その名を日本の製菓業界にとどろかせた人々である。

その他、そうした流れに啓発されてか、ドイツやスイス、ベルギー等からも、次々とすばらしいパティシエたちが来日し、お菓子を含むわが国の食文化の向上に計り知れない貢献を果たしていった。すべてとはいわないまでも、そうした源流にかくいう藤井幸男氏がいることは、疑うべくもない事実といっていい。

晩年、藤井氏は筆者にこんなことを言っていた。

「いやぁ、吉田さん。うちから出た人たちが同じマーケットでがんばって、どんどん発展していくもんだから大変ですよ。何だか真綿で首を絞められているようで……」などと、困った風を見せながらも、お弟子さんたちの活躍に目を細めておられた。

昭和41年 「柿ピー」――黄金比率は重量比7対3

お煎餅業界のビッグスターたる「柿の種」が誕生したのは、大正14（1925）年で、今井與三郎（現・浪花屋製菓創業者）という人の手によって生み出されたことは既述（同項参照）したが、この柿の種とピーナッツの取り合わせ、通称「柿ピー」を最初に考案したのは誰か。

これについては諸説あり、意見の分かれるところである。ひとつは帝国ホテルのバーでおつまみとしてピーナッツを出す時、バーテンダーが日本らしさをと、とっさの思い付きでそこにこの柿の種を混ぜたというもの。二つ目は、亀田製菓の直売所で創業者の奥方が店番をしていた時、ふとピーナッツと柿の種を一緒に食べてみたところ病みつきになったとか。その他、どこの誰とも伝わっていないが、その誰かが商品のかさ増しのために混ぜたところこれが受けてしまった等の話が伝わっている。

さて、亀田製菓について話を絞ってみると、同社がこの「柿ピー」ことピーナッツ入りの柿の種を発売したのは、昭和41（1966）年という。そしてその後はこれについていろいろと研究を重ねていく。例えばこの「柿ピー」の中のピーナッツが酸化することを防ぐために、袋に小分けすることを思いついたりもする。確かにこうすると、必要量だけ開封すればいいし、その小袋の中に適量のピーナッツが入っていて、便利といえば便利この上ない。またそれがビールの手頃なおつまみとしてもちょうどいいと、ますます人気を得るなどして一気にこの分野のリーディングカンパニーとなっていった。そして〝♪亀田のあられ、おせんべ〟といったテレビコマーシャルを流すほどまでに。

ところでピーナッツと柿の種の比率だが、2019年10月1日から11月27日にかけて「私、亀田を変えたいの。キャンペーン「当たり前を疑え！　国民投票」」を実施し、重量比で7対3が首位となったことから、そのようにすることになったという。これぞまさしく黄金比率か。それにしてもこれ以上ない、ベストマッチの組み合わせが、かくいう柿の種とピーナッツ……。

「ポッキー」――ヨーロッパではMIKADO　昭和41年

江崎グリコが昭和41（1966）年に発売したロングセラーのチョコレート菓子。同社の既存商品のプリッツにチョコレートのコーティングを思いつき、商品化に至ったという。そして手を汚さずに食べられないかに腐心し、結果、棒状の一部を残してチョコレートのコーティングを施すことにした。これにあっては、大阪で好まれている串カツにヒントを得たとか。命名の由来については、当初はテクテク歩きながら食べられるとして、〝チョコテック〟としたが、他社によって商標登録がなされていてボツ。別の角度から再検討し、食べる時のポッキンという音からポッキーと名付けて販売が開始された。

なお、アメリカやシンガポールではPockyの名で販売されているが、別の意味の隠語と捉えられるとして、ヨーロッパではMIKADOの名がつけられた。筆者はこれをあちらで見た時、メイド・イン・ジャパンゆえに帝（みかど）としたものと解釈したが、全くの見当違いであった。実はこれはヨ

レモンケーキ

本物のフランスパン

柿ピー

ーロッパ人になじまれている、いろいろに積まれている棒を取り除くゲームの名で、その棒に形が似ているということでの命名という。なお、これは2019年に「世界で最も売れたチョコレートコーティングされたビスケット」ということで、2020年6月22日にギネス世界記録の認定を受けている。

ところでこのポッキー、あるところで特殊な使われ方をしていることをご存じか。バーやクラブなどでは、ウィスキーか何かを混ぜる時のマドラー代わりに。確かにチョコレートは油性ゆえ水溶液に浸しても大丈夫。役目を果たしたら、そのあとはおつまみとして口に入れておしまい。洗う手間も片付ける手間もなくて便利と、その世界では至極重宝がられている。それにしても、グリコの開発者の方々もさすがにそこまで考えてはいなかったのではないか。お菓子ひとつもいろいろなところで役に立っている。

「ホワイトチョコレートブーム」——道おこしのホワイトチョコ　昭和43年

続いてこの時代にブレイクしたお菓子に「ふきのとう」と称する「ホワイトチョコレート」がある。これについては、お菓子博士として知られる松田兼一氏の手になるもので、帯広の千秋庵、後に改称してなった六花亭からの発売であった。

当時、北海道に行かれた方は、どなたも必ずこれを求めておられた。今にして思うに、一種の社会現象ともいえるほどのブームを巻き起こしたといっていい。私どものスタッフも、北海道に出張した折にはこれを求め、私もお土産としていくつもの「ふきのとう」を頂いたことを記憶している。

この後、ご存じ「白い恋人」(昭和51(1976)年発売)を含め、同地に続々とホワイトチョコレート絡みのものが現れて北海道中を覆ってしまったところをみると、村おこしならぬ道おこしの満塁ホームランであった。筆者が直接松田先生から伺ったところでは、初めはブラックチョコレートでの企画であったというが、雪国による白というひらめきと化学的な技術の積み上げにより、ホワイトに変えて完成させたという。実を言うと、当時の日本の技術力ではまだホワイトチョコレートは手に余る仕事だったのだ。今さらながら同氏の見識及びその技量には、頭の下がる思いがする。

その後は推して知るべし。同氏を訪ねて教えを請う人が陸続した事は申すまでもない。後年、日本洋菓子協会連合会という組織にあって指導的立場から業界をながめ歯に衣着せぬ明快な、それでいてウィットに富んだ言動で天下のご意見番に徹し、周囲もまた畏敬の念を払いつつ、こよなく慕っていった。

昭和48（1973）年にフランスより帰国して店を開いたばかりの私のところへも、いつもふらっと訪れ、いろいろお話をされて帰っていかれた。その際の諸々の話題にあっても、おそらくは一度もフランスへは行ったことがないはずにもかかわらず、帰りたての私よりはるかにフランス菓子に対する造詣が深く、生意気盛りの私などは、度毎にその鼻をぺちゃんこにされていた。感性で成り立つように見えるフランス菓子を、しかと化学的に分析して解説されるのだ。只ただ恐れ入るしかない。加えて日本洋菓子協会連合会のバックアップを得て「自分で作る製菓副材料」、「原材料の基礎知識」、「基本生地とその応用」の三部からなる『製菓理論』を刊行し、自らの菓子作りの集大成とした。

かくいう松田兼一氏こそが、わが国の長い洋菓子史にあって、勘と経験を頼りにそれを良しとしてきたこの道を、ケミカルにしてサイエンスの世界であると立証し、ひとつの学問として捉え高めていった数少ない貴重な先達であった。そしてその成果のひとつが、ここに取り上げさせていただいたホワイトチョコレートというわけである。

昭和43年　「カール」――スナック菓子の嚆矢

〝♪ハァ〜、おらが〜の〜山にぃもぉ、桜が咲いたぁ〜……それにつけてもおやつはカァ〜ル〟

約七〇種もあるという、カールおじさんのテレビコマーシャルでおなじみの「カール」が登場したのは昭和43（1968）年である。当時明治製菓（現・明治）の社内では、一年を通じて食べてもらえる商品の開発を目指していた。そんな時アメリカへの出張から帰ってきた社員から、スナック菓子の存在を聞き、ポップコーンからヒントを得て開発したのがかくいう「カール」であったという。いうなればスナック菓子としてのわが国の嚆矢である。名前については、昭和30年代に流行った〝カール人形〟から付けられたとか。味付けにあっては初めは「チーズ味」と「チキンスープ味」に決まり、前者のチーズ味は子供、後者は大人を意識したものだったが、特にチーズ味は、今では珍しくもないが当時としては斬新で大いに受けたようだ。

その後は様々なテイストのものが作られ、長く日本のスナック菓子界の牽引役を務めていった。またカールおじさんの絵に合わせた三橋美智也の歌うのどかなコマーシャルソングも心地よく、視聴者の頭の中にしっかりと刷り込まれていった。それを機に各社から様々なスナック菓子が提案され、日本のおやつ市場を席巻していったが、2017年にその役目を果たし終えつつあるとして、惜しまれながらカールの販路を縮小していった。つまむ指先が汚れて、パソコンの操作に不向きである、つまりパソコン時代にそぐわないからというのがその理由とか。いろいろな動機や社会の求める要求から様々なお菓子が生まれ、また逆にそのステージから消えていく。

ポッキー

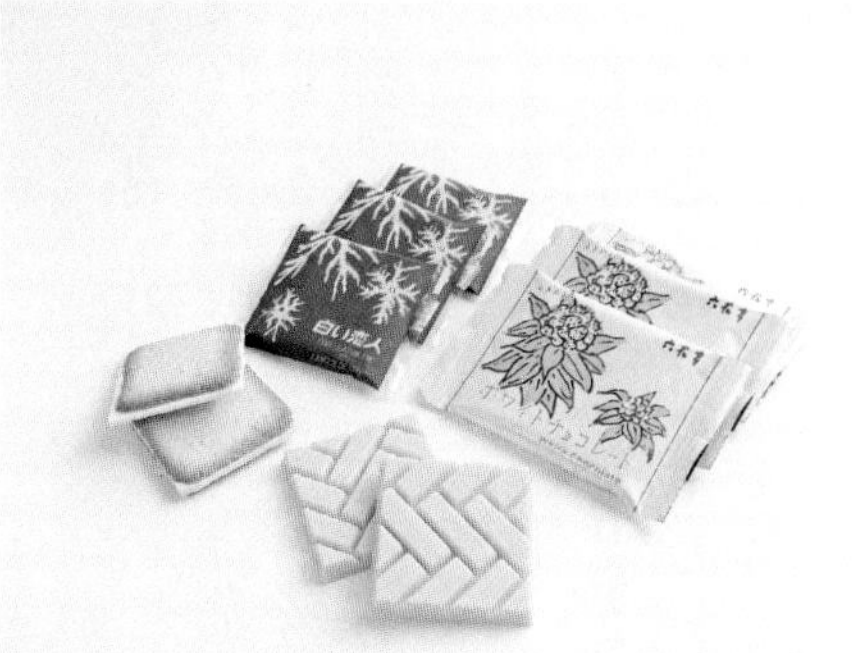

ホワイトチョコレートブーム

カール

ところで筆者、カールの全盛期に、同社の坂戸工場を訪ね、すばらしい設備に感銘を受けたことを強く記憶している。円く大きな鋼板に穴が開いており、そこからカールのタネがグニュッと押し出され、それを超高速でシュパシュパッと切り落としていくと、そこにあのおいしい材料が噴霧され、空中に舞っている間に味付けがなされるというシステムである。そしてその見学通路に押しボタンがあり、それを押すと出来たてのカールがポンと飛び出してくる。工場見学に来られたお子さんは大喜びしてくださるらしい。工場長さん曰く「やっぱり出来たてはおいしいですよ。吉田さんもやってみられては」と言われ、もちろんやらせていただいた。うまい！　いや、街で売られているものももちろんおいしいが、やはり出来たては格別であった。

昭和43年
「ホームパイ」──700層に折りたたんだカットパイ

不二家によるパイ生地のロングセラーの焼き菓子。薄く延ばしたパイ生地にバターなどの油脂類を塗り、およそ700層にもなるほどに折りたたんで焼き上げたもの。食べやすいくらいの程よい大きさにカットされており、サクッとした歯切れの良さとパイ生地の風味が、お菓子好きの人々の心を引き付け、発売以来着実にファンを増やしていった。またオリジナル商品の他にも、時に応じて別バージョンを提案し、たとえば「かりんと風味」とか「ホームパイミニ」等さまざま変化をつけていった。そして2011年には生地をさらに折り込んで1000層にもした「こだわりバター」といったものを打ち出したり、2012年には「工場直送！　焼きたてホームパイ」と銘打った、文字通り焼きたてをお届けするネット販売も行った。こうしたたゆまぬ努力が商品寿命を延ばし、今に続くロングセラーとなった要因といえようか。

なお後年、このホームパイの端っこのこんがり焦げた香ばしい部分を商品とした「ホームパイのみみ」という製品を出し、その際「イパムーホ」なるキャラクターを登場させている。イパムーホ？はて、と思い同社の方にお尋ねしたら、なんとホームパイの逆さ読みだとか。なるほど、イパムーホねぇ。面白い！　ユーモアはその国の文化度を測るひとつの尺度とか。日本も、いえ、不二家さんも素晴らしい文化をお持ちの企業であることを改めて実感。

「本場物のフランス菓子」――ルコント登場で日本のお菓子の流れが変わった　昭和43年

世界を見渡しても、今や日本ほどインターナショナルな国もない。世の中のあらゆるものが集まり、そしてそのどれもがみごとに日本に帰化し、生活に組み入れられてきた。食文化、ことにお菓子にあっても長い間にいろいろな国からやってきたが、ただ全部が全部そのままの姿ですんなりと根付くというわけにもいかなかった。そこで例によってその都度、同化させるべく日本なりに種々の手が加えられていったのだ。それは単に味覚や食感の調整といった嗜好に関する点だけではない。材料の入手の問題、日本の商習慣や労働事情、流通体制等の諸問題に対処すべく、それに合わせての意図的にまた必然的になされていった日本化も少なくなかった。

そうしたある日、日本の洋菓子業界は鮮烈な驚きに包まれた。フランス菓子店「ルコント」の登場である。かくいうそこは、長年ホテルオークラの製菓長を務めていたアンドレ・ルコント氏が東京六本木に開いたお店である。お世辞にも目立つ佇まいではなかったが、そこに並んだお菓子たちは紛れもないパティスリー・フランセーズ。それも全く日本的な手が加えられていないホンモノだったのだ。フランス人が自分の国にあるものを、ごく当たり前に作っただけにもかかわらず、その印象はシヨートケーキやプリンを見慣れた目には何とも強烈に、そして何より新鮮に映った。

このささやかな店の投じた一石により、明らかにわが国の洋菓子の流れが変わった。ただその前にその出現を予感させる兆候があった事も確かである。それは既述したごとくの、東京青山に展開された「ドンク」のお菓子である。実にきれいにまとめられたお菓子群に、お菓子愛好家も業界もこぞって遥けく美しきフランスを垣間見た。このドンク流フランス菓子による強烈なインパクトで、いっせいに目覚めたところへ持ってきての本場もんの登場である。いろいろ試行錯誤を繰り返してきたが、何のことはない、やっぱり本物はすばらしい。改めてこの事実を知らされたわけである。

ついでながら日本のお菓子の流れを変えたそのアンドレ・ルコント氏について記してみよう。彼は1931年、フランスのロワールに生まれ、13歳でお菓子の世界に入ったという。フランスの社会はこうした道へは、通常14歳から入るが、彼の場合、家の都合か何かで、それより少し早めにお手伝いとして足を踏み入れたようだ。

そして14歳の時、モンタルジーでトップ・パティシエといわれたマルセル・ルナンのもとに見習いに入り、16歳で正式なパティシエとなる。次いで兵役後、パリの四つ星レストラン「ジョルジュ・サンク」に入り、20代の前半でスーシェフ（副料理長）となり、ハイクラスの常連客から声がかかって、世界各地へと出向く機会が与えられる。

東京オリンピックを翌年に控えた昭和38（1963）年に来日。彼はホテルオークラの製菓長に就任する。5年勤めて高い評価を受けた後、昭和43（1968）年、既述のごとくに東京六本木に「ルコント」を開業したわけである。

その頑ななまでの、本場と変わらぬ味へのこだわりは、在日の各国大使館等にも支持され、「トレトゥール（traiteur）」と呼ばれる出張料理、いわゆるケータリングも折々に応じて行われていった。フランスにおいては、菓子屋の仕事の範疇として捉えられている分野である。昨今では、こうしたことを行うところもいくつか出てきたが、当時の日本においては、まだ大変珍しいシステムであった。

後年、彼はそうした諸々の功績により、フランス本国からレジオン・ドヌールを叙勲されている。それほどに彼の日本に与えた甘味文化、美食文化の影響は大きなものであった。

昭和43年　「缶詰になった水羊羹&ゼリー」——送ること能わざるものが

絶対に送ること能わざるものも可能にしてしまう。日本人の英知はすごい。たとえば缶詰の水羊羹やゼリーといったデザート菓子。そうしたもののそもそもをたどると、昭和37（1962）年、東京日本橋に本社を持つ榮太樓總本鋪より、開封簡便な缶入り水羊羹のテスト販売がなされ、昭和43（1968）年に本格的な発売に踏み切っている。同じ甘味世界に身を置く者として、これは衝撃的であった。

水羊羹は葛桜などとともに夏の定番商品であり、和菓子舗で求めたこれを冷やしたお皿に移して黒文字でいただく。口当たりよく口溶けのいいこれは、まさに日本の過酷なこの時季にふさわしいお菓子である。日持ちのしない水分たっぷりのこんなお菓子を、遠方にも送れる贈答用に仕立てようなどと考えること自体並外れている。それを物にしてしまった榮太樓さんは〝すごい〟の一語に尽きる。同じお菓子屋として只ただ頭が下がる。

このデビューの頃のことは、筆者鮮明に記憶している。私も同じフィールドで営業活動をしていたが、その榮太樓の営業マンさんと、かつては国鉄といっていた駅での物販を取り仕切っていた鉄道弘済会でよく顔を合わせていた。ある時彼が、「今度できた新製品を売り込んでいるんだけどさぁ、ちっとも相手にされなくてまいったよ」なんてぼやいていた。それがかくいう缶詰の水羊羹であった。そしてしばらくたったある時、また真っ青になっている。「いやぁ、まいったよ。やっと何とか置いてもらえたんだけどさぁ。今度は納めるそばから飛ぶように売れちゃって。せっかく扱ってやったのに、何だ、品切ればっかりで、一体どうするんだ、この先！　なんていって叱られて」なんてことをこぼしては、あちこちに頭を下げて回っていた。

売り込みに頭を下げ、売れすぎたといっては頭を下げる。商人《あきんど》は大変である。それにしても鉄道弘済会の担当者にしても、困ったことだろう。限られた場所をやっと空けてあげたら、今度は売れすぎちゃって場所が埋まらない。せっかく並べたのにさっぱり売れないなんていうよりはよっぽどいいのだが、それにしても今にしてなお、伝説的なデビューであった。

こうした空前の大ヒットを機に、今度は洋菓子業界が色めきたった。〝これはいい、そうか、これからはこれだ〟とたちまち同形式のゼリーやプリンを生みだし、それらがいっせいにサマーシーズンの贈答品の主役に躍り出ていった。考えてみれば、水羊羹もゼリーやプリンも同じような水溶性の商品で、その形式にぴったりと収まる。そしてその後はアルミ缶から合成樹脂系へと容器の素材は進化していったが、この手の物は今に至るも、わが国のサマーギフトの主役を演じ続けてきて代わるものが見当たらない。百貨店等の御中元やサマーギフトセンターに行くとよくお分かりと思うが、ビールやハム等と並んでお菓子類がドーンと中央を占めており、そのまたメインキャストがゼリーや水羊羹類である。他に類を見ないほどに蒸し暑い日本の夏においては、多分永劫この風景は変わらないものと思われる。そんなことの先鞭を付けられた栄太樓總本鋪さんには、改めて表敬の念を禁じ得ない。

余談だが、ひと時パリの名店のマキシムが日本の西武百貨店等とタイアップして、展開をしたことがあった。サマーシーズンには当然のこと、日本の商習慣に合わせてマキシムブランドのゼリーを作り、あちこちに展開をする。それを見たあちらの担当者が驚いた。フランスには御中元などというギフトの習慣はないが、それはさておきこれはすばらしいアイデアだ。是非ともフランスでもこの展開をと色めきたったとか。ただ、その後フランスで根付いたという話は聞いていない。私もあちらに住んでいたからよく分かるが、彼の地の夏は、ゼリーの類を必要とするほど過酷でもないし、第一この時季彼らは、人様に気を遣うより自分達が遊ぶ方に全エネルギーを注ぎ込んでいる。さしものマキシムも、そこまでは読めなかったか。

「シガール」——ヨックモックの名品　昭和44年

シガールとは、ヨックモックという会社の開発した名品で、ラング・ド・シャという薄いクッキー生地をロール状に巻いたもの。今や知らぬ人のないほどに百貨店の名店街ですっかりおなじみとなっているお菓子である。これが登場したのは昭和44（1969）年であった。それ以前はロリエットというブランドでチョコレート菓子を作っておられたが、実は筆者、当時東京駅に隣接した観光ビルといったか、そこにあった同店にお菓子を納入させていただいていた。そのお店のスタッフの方とは、何か知らぬが気が合って、お伺いする度にお互いこぼしあったり励ましあったりしていたのを記憶しているが、そのロリエットさんが大変身をとげたのだ。あの名品を生んだ原動力は〝美味しいもの、喜んでいただけるものを作ろう〟の一心にあったと心得る。やはりお菓子屋も含めた商いの成否は、何をさておいても製品開発とそれに賭ける情熱に尽きるようだ。

なおそのシガールの販売に際しては、デパートの開店と同時にお客様が殺到し、あっという間に当日分が売り切れてしまうという、信じられぬほどの大ブレイク振りであった。またお歳暮やお中元といった繁忙期には、各百貨店の担当者が競って同社の工場まで手伝いに行き、製品を缶に詰めてでき上がったものを自分の店の分として確保していた、などの話も伺ったことがある。どこまでが真実の話なのか分からぬが、もしかしたらその通りだったのかもしれない。それほどに衝撃的な、そして伝説的なデビューだったのだ。

わが家もいろいろな戴き物をするが、その中には同社のシガールもある。家業がお菓子屋であるにもかかわらず、家族もこれが好物のようで、〝あっ俺の分もとっておいて〟とでも言わないと全部食べられてしまう。その銘菓が世にお目見えしたのが、ここに記した昭和44年で、以来延々半世紀超、お菓子好きの人々の心を捉え続けている。そして今や百貨店や駅ビル、地下街等の名店街の押しも押されもせぬ盟主となり、虎屋さんや鶴屋吉信さんといった和菓子界の老舗名店共々、日本の甘味文化の牽引車となられている。またその活動範囲は広く海外にまで及び、洋菓子における日本発の国際企業として遍く知れ渡るまでになっている。古今数多ある名品の中でも、同社の生んだシガールは同業として敬服に値するもののひとつと思っている。

「アポロ」——宇宙船がモチーフ　昭和44年

昭和44（1969）年、明治製菓（現・明治）より発売された一粒チョコレート。同年7月21日に人類初の月面着陸に成功し、日本時間の7月25日に無事地球に帰還したアメリカのアポロ11号の司令船をモチーフに作られたもの。形もそれに模して、円錐形に作られ、下の方の広い部分はミルクチョ

ホームパイ

缶詰になった水羊羹＆ゼリー

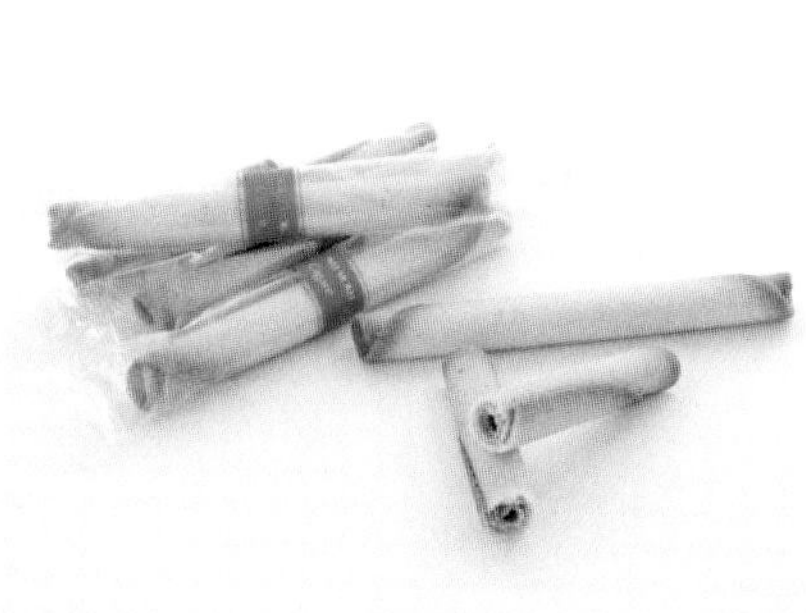

シガール

コレート、上の方のとがった部分はイチゴ味のチョコレートと2層にされている。ひと時、イチゴ味をブルーベリー味に変えたバリエーションが出されたこともある。また上からホワイトチョコレートを掛けた、「赤富士」と名付けられたジャンボサイズも登場し、人気を博した。

なお、後年この製造ラインをもって何かできないかとの模索の末生まれたのが「きのこの山」であり、それに続く「たけのこの里」であったとか。ということは、仮にこの「アポロ」が生まれなかったら、「きのこの山」とか「たけのこの里」のヒットもなかったということか。いや、その前にアポロ11号の成功がなければその企画もなされなかった？　まさしく〝お菓子は世につれ、世は菓子につれ〟の典型といえるようだ。

が、それはともかくそれらはみな一様に〝チョコレイトはメ・イ・ジ〟の生み出した名品にして逸品といえる品々であり、同社におけるヒット&ロングセラー商品として今に至っている。

「都こんぶ」――紙芝居の景品からメジャーに成長　昭和45年頃

「都こんぶ」というお菓子がある。酢こんぶと称されるあの独特の酢漬けの味にはまられた方はたくさんおられるはず。駄菓子屋に惹かれるお子様方から大人の方まで幅広く支持を取り付けている、お菓子界の生んだ名品のひとつといえよう。

これを世に出したのは中野物産という会社で、創業はなんと昭和6（1931）年という老舗企業である。京都に生を受けた創業者の中野正一氏は、尋常小学校を出てすぐに大阪堺のこんぶ問屋に丁稚奉公に入り、19歳で旗揚げ独立を果たしたという。彼はかねてより温めていたアイデアを生かし、黒蜜の入った酢漬けの昆布を原料としたお菓子を開発。生地《せいち》への想い熱く「都こんぶ」と命名。菓子問屋の並ぶ天王寺や松屋町に売り込みをかける一方では、子供たちが集まる紙芝居問屋にも目をつけ、あるいは大人が集まる映画館や演芸場にも売り込んでいった。次いでキヨスク（キオスク）を運営していた鉄道弘済会にも渡りをつけるなどして、徐々に知名度が増していった。そして昭和45（1970）年にかかる頃、大阪万博で賑わう地下鉄御堂筋線の各駅の改札口に広告を出した。その効果もあり知名度はさらに上がって、こんぶ菓子では不動の地位を占めるまでになっていった。

やれフランス菓子だ、ヨーロッパ最新情報だと、かまびすしくも華やかに映る檜舞台とは趣を異にするが、日本人の生活に密着したテイストで、地道に地歩を固めていったこういうお菓子も忘れてはならないだろう。昭和45年初頭に表舞台に出てきてより、今に至るも子供向けの駄菓子はもとより、行楽や観劇のお供にと、幅広くそして息長く愛され続けているお菓子、それがここに取り上げさせていただいた都こんぶである。

「コロン」——コロコロしたコルネ型　昭和45年

江崎グリコ発売のクリーム入りのコルネ型のお菓子。筒状に焼いたワッフル生地の中にクリームを詰めたもので、同社のロングセラー商品となっている。コルネ型と呼ばれる、こうした筒状のお菓子はヨーロッパでは中世からあり、長く人々の間で親しまれてきた。通常はゴーフリエと呼ばれる、長い柄のついた2枚合わせの鉄板に流動状の種を流して挟み、加熱して焼き上げる。これを熱いうちに丸めて固めるものだが、そのままでもよく、あるいは丸めた中にクリームなりの具材を詰めて供する。このコロンにあっては、それにクリームを詰めて一口サイズに小切りにしたもので、本来の手作業を機械化に置き換え、且つ日持ちをさせるべく研究を重ねた秀逸な作品といえる。

名称については、コロコロしたかわいい形からの命名と思われるが、グリコの社名にみられるごとく、語呂のいい3文字に当てはめたところに考慮の跡がうかがえる。ちなみに同社の製品には、このコロンの他にもビスコやパピコ、ちょっとはみ出るがポッキーといった、3文字あるいはそれに近いものが多く見られる。

「キャラメルコーン」——塩味主体のスナック菓子に甘みで勝負　昭和46年

〝♪キャラメルコーン、ホホッホホッホー、トーハト、キャラメルコ〜ン〟

当時の日本のスナック菓子は塩味が主体であったが、そうした中にあって東ハトは、甘みを持つ「キャラメルコーン」なる商品を登場させた。テレビでも冒頭のコマーシャルソングを流し、あっという間に世の中に、この新鮮な感覚のスナック菓子を浸透させてしまった。このメロディーを覚えておられる方も多いと思うが、当時は大人からお子さんに至るまで、誰もが知らず知らずのうちにこの歌詞とメロディーを口ずさんでいたものである。またいかにも輸入品を思わせるおしゃれなパッケージも、多くの人に新鮮さを訴える効果が大きかったようだ。味については、甘さに飽きがこないようにと、アクセントとして塩気のあるピーナッツを混入したという。

その後は輸入品のイメージを残しつつ、日本語のコピーを入れるなどして、さらにパッケージやデザインに工夫を重ねたり、原料であるトウモロコシのキャラクターを登場させたりし、また原材料に蜂蜜を加えるなど、品質の向上に努めていった。加えて世の中を騒がせた遺伝子組み換えの問題に対しても、「遺伝子組み換えコーン不使用」のコピーを入れるなどして、企業のイメージアップに努め、発売以来50周年を迎えるに至った。ロングセラーの典型のような商品の一つである。

meiji
アポロ
チョコレート
アポロ

都
[redacted]
中野の
都こんぶ
都こんぶ

Glico
Cream
Collon
大人のミルク
コロン

「小枝」――〝高原の小枝を大切に〟のスローガンの下に　昭和46年

森永製菓から発売のロングセラーチョコレート。細長いスティック状のチョコレートの中にパフやアーモンドが入っている。小枝という名称については、そのチョコの形状に加え、当時西洋風がもてはやされていた時代に、洋菓子であるチョコと和名（筆文字）のミスマッチがよいのではとして名付けられたという。また当時高度成長時代の陰で環境破壊が進行していたことから自然に目を向けてほしいと願い、〝高原の小枝を大切に〟というスローガンの下に発売された。なお細く作られたこのチョコレートは、食べやすさとその形のスマートさでお菓子愛好家の心を惹き付け、以来半世紀を超すロングセラーとなり今に至っている。

チョコレートのおいしさは、その味にあることはもちろんだが、それに加えて口溶けの良さも重要な要素となる。この形状は、口中に入れたとたんに溶解するほどのちょうどよい細さをしており、また中に含まれているパフもチョコレートの密度を抑えて軽さを演出している。そうしたすべての要素がこのお菓子を成功に導いた要因といえよう。

「レディーボーデン」――氷菓の流れを変えた高級アイス　昭和46年

アメリカの乳製品メーカー、ボーデン社が昭和46（1971）年に明治乳業（現・明治）と共同開発したもので、日本における高級アイスクリームの先駆けといえるものであった。また同じく1970年代に発売された雪印乳業（現・雪印メグミルク）からのフレーバーランドとともにアイスクリームの世界の幅を大きく広げていくことになる。それまでのアイスクリームは、ともかくも世の中に定着させることに腐心していたきらいがないでもなかった。が、このレディーボーデンの登場とフレー

キャラメルコーン

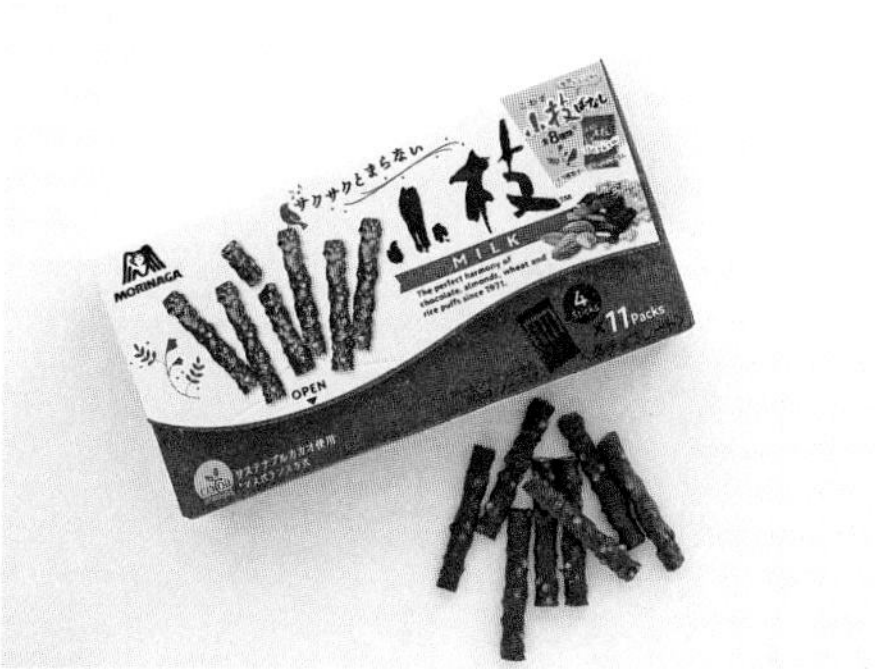

小枝

レディーボーデン

バーランドの活躍で、そのマーケットが一気に目覚め、品質向上に拍車がかかっていった。

なお、1970年代後半から80年代まではレディーボーデンが高級アイスクリームの代表格を務めていたが、明治乳業が独自ブランドの「AYA　彩」を打ち出したことをきっかけに米社とのライセンス契約に終止符が打たれ、レディーボーデンブランドはひと時日本から姿を消した。

昭和59（1984）年にはこの高級路線の空白区を埋めるように日本に進出したハーゲンダッツがシェアを伸ばしていった。また昭和48（1973）年には不二家がライセンス契約を結んだサーティワンや、昭和60（1985）年にはホブソンズがそのマーケットに参入し、氷菓の世界が一層充実していった。その後1991年にボーデン・ジャパンが日本のマーケットに再度参入。その後同社は1994年、ロッテと新たにライセンス契約を結び、ロッテの子会社のロッテアイスが製造販売を行うようになった。

ともあれ、レディーボーデンのアイスクリーム業界へ投じた一石は、その後の日本の氷菓の流れを変える大きなきっかけとなったのである。

昭和46年　「リッツ」――ちょっとしたパーティーにも

昭和45（1970）年、山崎製パンとアメリカのナビスコ社、日綿実業（現・双日）の合弁会社としてヤマザキナビスコが設立された。その同社より「オレオ」、「プレミアム」などとともに製造販売された商品のブランドのひとつがここに取り上げた「リッツ」である。名前については、世界的に著名なホテル、リッツ・カールトンにちなんだものという。アメリカにおいては1934年から作られており、ビスケットというよりクラッカーと呼ばれる類のものである。日本においての発売は昭和46

（1971）年よりなされている。

当初は、日米の小麦粉の粒子の違いなどがあって、商品化までには相当に苦労したとか。何とか日本人に合うものをと、製粉会社とともに研究を重ね、また同社のスタッフの強い熱意も実り、結果ロングセラーに結び付いた由。またそれを利用したパーティー用のメニューを提案したりし、日本の食卓文化の幅を広げることに大いに貢献を果たした。

なお、2016年8月末日をもって、ヤマザキナビスコは「ナビスコ」ブランドのライセンス契約を終了し、9月1日よりヤマザキナビスコは「ヤマザキビスケット」と社名を変更。同社が開発した「チップスター」などの製品は販売を継続するが、ナビスコブランドの「リッツ」、「オレオ」（後述、同項参照）などは8月末日をもって製造を終了。9月以降は日本で同ブランドの権利を持つモンデリーズ・ジャパンが販売を継続することになった。しかしながら、このブランドを根付かせた「ヤマザキナビスコ」の功績は大いに評価されるところとなった。なおヤマザキビスケットはリッツの後継菓子として「ルヴァン」を、「オレオ」の後継菓子として「ノアール」を発売している。

「チェルシー」——なめらか食感のスカッチキャンディー

昭和46年

〝あなたにも、チェルシー、あげたい〟のコマーシャルでお馴染みの、昭和46（1971）年、明治製菓（現・明治）より発売されたキャンディー。スコットランドのスカッチキャンディーを参考にして作られたものという。それまで5～6％が限界であったバターの含有量を増やし、よりなめらかな食感を生み出すことに成功した。名前についてはいろいろと提案された約3000の中から選び、ロンドン地区のチェルシーという地名に決められた由。ちなみに最終候補のもう一つはキングスロードであったとか。

冒頭に記した〝あなたにも、チェルシー、あげたい〟という、ちょっと舌足らずっぽい外国人の女の子のフレーズもかわいらしく、一躍キャンディー界の人気ものとなった。〝あなたにも、キングスロードを……〟では、こうはいかなかっただろうし、結果論だがチェルシーでよかったのかも……？やっぱりネーミングって大事ですねぇ。

なお、バリエーションとしてはバタースカッチ、ヨーグルトスカッチのほか、これらにコーヒースカッチを加えたスカッチアソートも出されている。また、このチェルシーをもとにしたチョコレートやビスケットも作られている。

「リアルタイムのヨーロッパ菓子」――若手パティシエが次々帰国　1970年代初頭

世の中が落ち着きを取り戻し、豊かになり始めると、海外渡航のハードルが下がり、やっと誰もが、自由に海の向こうに出かけられるようになった。満を持していた若い技術者たちは、積年の遅れを取り戻さんとてまなじり決して飛び立っていった。筆者もそのひとりであった。私のようにフランスやスイスに行ったもの、あるいはドイツやオーストリアに向かったもの等様々だが、動機はそれぞれ違えども想いは皆同じようなものだった。

ただ、日本人には一様に語学の壁というものがある。たとえばフランス菓子を学ぶべく意志を固めたら、行く前も行ってからも当たり前だが懸命にフランス語に取り組む。特に語学の修得に才能をお持ちの方はさておき、たいがいの方はそれだけで精根尽き果ててしまう。その上でなおドイツ菓子を習得すべく、改めてドイツ語と一から格闘するパッションというかエネルギーはもうほとんど残っていないのだ。

ところでスイスだが、ここはフランスにもドイツにも、またイタリアとも国境を接しており、この3ヵ国語にロマンシュ語を加えて4ヵ国語が公用語となっている。よってフランス菓子に取り組んだ者も、ここを通してドイツ菓子をみることができるし、ドイツ菓子を学んできた者もここを通してフランス菓子に触れることができる。イタリアに行った人も同じである。したがってあちらで修業された方はたいがいがスイスにも腰を下ろして、完璧とはいわないまでももう一方の文化圏のスイーツにしかと触れてこられる。

ただ、スイスという国は、かつてはハプスブルク家の傘下にあったが、苦労して独立を勝ち取っただけあって、もとより自由な気風に溢れている。たとえばジュネーヴやローザンヌといったフランス語圏のお菓子をとっても、ただフランスのそれをコピーしたものではない。チューリッヒ等のドイツ語圏のそれも同様、イタリア語圏またしかり。接している各国の影響は確かに受けてはいるが、それとは異なるスイス風を形作っているのだ。このあたりがスイスの持つすばらしさといえようか。もちろん筆者もフランスで人並みのことを修めた後、スイスのジュネーヴやバール（ドイツ表記ではバーゼル）でその他のことを学ばせていただいた。ちなみにそのバール（バーゼル）は独仏両方の言葉が通用し、道路表記等もこの2ヵ国語が併記されている。

さて、ヨーロッパの各国で製菓修業に励むべく飛翔していった、そんな若手パティシエたちが何年かして後、新しいフランス菓子やドイツ菓子、あるいはスイス菓子やオーストリア菓子等を引っさげ、また最新ヨーロッパ情報を携えて次々と帰国。そして恥ずかしながら筆者・吉田菊次郎はブールミッシュを、修業時代からの同僚・河田勝彦君はオーボンヴュータンを、スイスでご一緒した大山栄蔵君はマルメゾンを、ウィーンで頑張った横溝春雄氏はリリエンベルグを、福岡の雄・三嶋隆夫氏は16区を開くなど、気鋭の店が次々各地に根を下ろし花を咲かせていった。

それまでにも、たとえばフランス菓子なるものもなかったわけではないが、概ねがトラディッショナルなものであった。ともすればフランスは伝統的な国といわれるが、その実あれほど革新的な国もない。もちろん古典も大事にはするが、微細を穿っては日々変貌も遂げている。ドイツやオーストリアも同様、フランスほどではないにしても、随時新しい情報が入ってきている。そうした最新情報は、１９６０年代後半から１９７０年代に飛び立っていった若手パティシエたちによってもたらされ、それを境に日本のお菓子は大きく変貌を遂げていったのだ。いわばこの時点がわが国のスイーツ文化のターニングポイントであったといっていいだろう。

１９７０年代前半

「デニッシュ・ペストリー」――パン文化の広がり

あれは筆者がフランスやスイスでのお菓子修業を終えて帰国した頃ゆえ、昭和48（１９７３）年初めの頃のことであったか。東京青山に大盛況のお店があると聞いて、早速行ってみた。驚いた。ホントに大繁盛で、外にまでお客様が溢れかえっている。髙木ベーカリーという製パン会社が開いたアンデルセンという屋号のパン屋さんだ。その向かい側ではフランスパンで名を上げた今をときめくドンクが、こちらもまたたくさんのお客様を集め、向かい同士で覇を競いあっている。

帰国してすぐの、開業準備に取り掛かっていた私は、その光景を目の当たりにして、思わず気押されてしまった。すごい！　店内に入ってまた驚いた。何という種類と数の商品群だ。デニッシュ・ペストリーと呼ばれたそれらの焼きたては、ひとつひとつ丁寧に仕上げられ、実に美味しそうに湯気を

リッツ

チェルシー

デニッシュ・ペストリー

立てている。そこにはかつての「菓子パン」のイメージは微塵もない。それらを求めて、お客様はまるで奪いあうかのように殺到しているのだ。出来たてを並べたトレイはたちまちにしてカラになり、そのあとすぐさま次の焼きたてが並べられる。〝えーっ、日本もついにここまで来たのか〟と目をまんまるにした。その東京青山通りは、以来近代パン文化発祥の地としての聖地と化してしまった。

筆者在欧中、バカンスを利用してパリを離れデンマークを訪れた時のこと。仕事柄先ずはお菓子屋を探しては飛び込み、パン屋を見つけては覗いて回っていた。そのパン屋だが、中に入ってその種類の多さに目を見張った。その頃日本ではせいぜい食パン、コッペパン、カレーパン、あとは菓子パンと称する甘い味覚のものがいくつかあるぐらいで、正直パン文化としては相当な後れをとっていた時代である。ただパリで仕事をするようになって、お菓子屋でもクロワッサンやブリオッシュ、パン・オ・ショコラといった、いわゆるヴィエノワズリー（viennoiserie）と称するものが作られ、〝パンといってもけっこういろんなものがあるんだなぁ〟などと、当初はやたら感銘を受けていた。パン専門のブランジュリー（パン屋）では、バゲットやライ麦を使ったパン・ド・カンパーニュなどはあったが、それでも〝これでもか〟というように溢れんばかりの種類を手掛けて、それを誇るような土壌でもない。

ところがデンマークのそれは、通常のものから塩味からまるでお菓子じゃないかと思えるような甘い物まで、選びきれないほどに店内いっぱいに展開されている。なるほど、後年〝デンマークのペイストリー〟、すなわちデニッシュ・ペストリーといわれるようになるわけである。ただ当時はまだそんな呼び名さえなかったゆえ、〝へぇー、北欧のパン文化って凄いんだなぁ〟と只ただ驚いていた。

それが日本に帰ってきたら、デンマークやその他の北欧の国々で見た様なものが、それ以上のボリユームで、それ以上に美味しそうにプレゼンテーションされ、お客様もその豊かなパン文化を楽しそうに群がって享受している。その情景を目の当たりにし、改めて日本という国のすごさを認識した次第である。いいと思ったらすぐさま取り入れ、それもご本家をもはるかに凌駕した形で展開してしまう。その逞しさには恐れ入るばかりだ。こうして先鞭をつけたドンクに続いたアンデルセンやポンパドール、神戸屋、サンジェルマン等々といった企業の起こした波は見る間に全国に波及し、眠っていたパン文化は、あっという間に世界に誇れるほどのレベルに達してしまった。遡るとその起点は１９７０年代初頭の東京青山にあった……。

昭和47年
「マロングラッセ」――量産化でスイーツの王様が一般庶民にも

手のかかるお菓子のひとつにマロングラッセがある。１８００年代初頭にフランスの天才製菓人アントナン・カレームによって作られ、日本においては、明治25（１８９２）年に米津凮月堂当主・米津恒次郎によって作られたことは述べたが、とにかく手間のかかるお菓子であり、故にこそお菓子の王様とも称されているスイーツなのだ。これの量産化に成功した企業がある。「フタバ食品」である。

同社は昭和20（１９４５）年、栃木食糧工業の社名で創業し、鉄道弘済会に冷菓の納入を開始した。後昭和33（１９５８）年に「栃食」と社名変更し、さらに昭和38（１９６３）年12月、現在の「フタバ食品」に再変更。その同社が、マロングラッセの量産化に挑み、昭和47（１９７２）年、ついにこれを完成。それまでの、糖度を上げながらのシロップ漬けから薄い糖膜掛けに至るまでの職人技に頼っていた技術を、一連の機械化システムに置き換えることに成功したのだ。これにより、それまでは高嶺の花であったスイーツの王様とも称された至高の美味も、全国各地で広く味わえるようになった。

なお同社は、その出発点たる氷菓の世界においても、昭和60（1985）年に「サクレ」なるヒット商品を発売するなど、その存在感を世に示している。

「プッチンプリン」——天才的アイデア　昭和47年

流通菓子の分野に目を向けてみよう。昭和47（1972）年にプッチンプリンが登場する。これは衝撃的であった。プリンというお菓子は日本人の大好きなもののひとつで、ショートケーキ、シュークリームと並んで洋菓子界での御三家といわれている。ちなみにこれにモンブランを加えて四天王とか。その他、エクレア、バヴァロワ、アップルパイ、チーズケーキ、チョコレートケーキ、イチゴのムースやタルト等々で十傑とも。

さて、そんな誰もが大好きなプリンだが、容器入りのこれをひっくり返してお皿に載せるのがちょっと大変で、逆に言えばこのあたりが腕の見せどころでもある。容器の内側のへりについた生地を指先で少し押し込んではがし、裏返しにして一、二度強く振り下ろし、そーっとお皿に移す。すると底に忍ばせたカラメルソースが上面に現れ、その香りが立ってくる。

ところでこのプリンだが、正しくはプディングで、多くのお菓子の中でも、ing（アイ・エヌ・ジー）が付いているゆえイギリス発のものであることがお分かりいただけようが、同国の船乗り、マドロスの考案とされている。船には積む食料に限りがある。よってどんな食材でも大切に扱うが、いろいろな余り物をまとめて蒸してみたのが、そもそもの始まりという。そのうちにパンだけで作るパンプディング、お米のライスプディング、溶液だけで作るカスタードプディング等々と種類も多岐に亘ってくる。そこでこのカスタードプディングだが、そのままでは味が単調と、容器の底にカラメルソースを絞り込んで焼いてみた。こうした裏返しにするお菓子を、フランスではその意味を持って、ガトー・ランヴェルセ（gâteau renversé）とも呼んでいる。

さて、ちょっと面倒なこのひっくり返すという作業を、もっと簡単にできないものかと考え、容器の底に小さな出っ張りを作ってみた。そして容器を裏返しにし、その出っ張りをプッチンと折ると、そこから空気が入って、中の固まった溶液がお皿の上にポトンと落ちる。手も汚さず、力の程を考えながら型ごと上下に振ることもせず……。なるほどこれなら誰もが失敗なくお菓子を型からはずしてお皿に移すことができる。とんでもなくすごいアイデアではあるまいか。後から考えれば他愛もないことながら、まさしく天才的なひらめきといえよう。恐れ入りました、というほかはない。

いったい誰が思いついたのだろう。遡ると、「江崎グリコ」が昭和31（1956）年に「グリコ協同乳業」を設立している。後に「グリコ乳業」となるが、この会社が昭和47（1972）年に開発したものがここにいう「プッチンプリン」。以来延々半世紀、世界広しといえどもこれほどたくさんプリンを売り、プリンというお菓子の持つすばらしさを世に知らしめた企業もないのではないか。ちなみに先年このグリコ乳業は、〝グリコはひとつ〟の合言葉のもとに、本体の江崎グリコと一体となっている。

「チョコモナカ」――アイスクリーム界のスーパースター　昭和47年

森永製菓発売のアイスクリーム界の巨人。同社の案内によると、菓子メーカーならではのものを、との思いで開発した商品という。それにしても、お菓子のケースにアイスクリームを閉じ込め、手を汚さずに食べられるという、このアイデアは天才的といっていい。できてしまえば何でもないことだが、思いつくというのは大変なことなのだ。そのもなかのケースの内側にはチョコレートが吹き付けてある。チョコレート自体は油性のためこうしておけば、アイスクリームに含まれる水分がもなかに移行してこない。なるほどよく考えたものである。なお発売当初のものには、まだセンターには板チョコが入っていなかった。

次いで昭和55（1980）年になるとセンターにはチョコレートソースが入ってデラックス仕様になる。そして1992年になるとチョコレートが30％増量。1996年にはセンターのチョコがソースからパリパリタイプになり、もなかの山も18山に変更し、現在の形になる。1998年にはセンターのチョコを25％増量。さらに2000年にはバニラクリームを改良、2006年はセンターチョコを改良。その後もデザインを一新したり、さらにパリパリ感を出したりと改良に改良を重ねて、2022年には発売50周年。

一口に50年というが、これだけ続けるのは大変なこと。そうした努力あってこそ、アイスクリーム業界のメガブランド上位に常に君臨し、世代を超えて愛され続けていることを実感。何となれば、筆者のうちの冷凍庫にも、他種とともに必ずこれが定位置にある。

「白くま」――鹿児島発祥のフルーティーアイス　昭和47年

全国各地に様々な名物があるが、九州には「白くま」というかき氷がある。もともとは鹿児島を中心とした南九州で親しまれてきたものである。これは山盛りにしたかき氷に各種のフルーツなどをカラフルにトッピングして、上から甘いコンデンスミルクをたっぷりかけるもの。上から見たとき、白

マロングラッセ

プッチンプリン

チョコモナカ

熊に似ているとしてそのように名付けられたという。かき氷の味やトッピングの種類は店ごとに異なり、鹿児島のご当地スイーツとして遍く知れ渡るようになっていった。

ところでこれを大きく育てた企業がある。福岡県久留米市に本社を置く丸永製菓という会社である。同じ九州ということで、この白くまを取り上げ、九州名物をさらに広げて全国区にと、昭和47（1972）年にその名もずばり「白くま」という名のアイスを開発した。トロピカルフルーツと小豆がたっぷりの氷菓である。その努力の甲斐もあってか、九州といえば今や熊本のくまモンともども「白くま」の名を知らない人はいなくなったほどに名を上げた。ちなみにこの商品は、日本食糧新聞社より、第35回ロングセラー賞を受賞している。

ところで同社は、そもそもが和菓子からスタートした企業である。よって同社の製品には「あいすまんじゅう」や「おいももなか」、「御餅」といった、物もネーミングも和風のアイスが多くみられる。なお近年はファンタとタイアップして、シャーベットタイプの商品を開発し、猛暑に苛まれる真夏対策に打って出た。この先の展開がちょっと楽しみになってきた。

「あずきバー」――小倉アイスの進化版　昭和48年

井村屋の手掛けた和風のアイス。同社は明治29（1896）年に羊羹から出発した三重県の和菓子屋さんだが、そのキャリアは非常にユニークで、昭和24（1949）年には全国的なキャラメルブームに乗って津市にそれ専門の工場を建て、どうぶつキャラメルやのりものキャラメルなどの製造を始める。が、その後はまた和菓子専業に戻り、即席ぜんざいやゆであずきなどを手掛ける。また昭和39（1964）年には肉まんやあんまんを作り、その分野のオーソリティーとして名を上げる。そして昭和48（1973）年には、ミニスカートのユニフォームを着たお嬢さんがウェイトレスを務めるとして話題になった、パイ菓子を売り物としたアンナミラーズの1号店を東京青山にオープンさせるとともに、一方ではここに取り上げた「あずきバー」なるアイス商品の発売に踏み切る。

これは一般名称として広く知られる「小倉アイス」の進化バージョンともいえるもので、バータイプのワンハンドアイスである。日本の夏の暑さはことさらで、ことに30度を超すまでになると、乳脂肪の含有量の少ないもの、あるいはまったく含まないシャーベットやかき氷タイプのものに選択肢が移行していく。そうした需要を捉えて急伸。今や真夏の定番商品としての位置付けを不動のものとするまでに成長した。

なお通常の食べ物は、一般的には口当たりの良さなどを売り物にするが、ことこれに限っては、その堅さを特徴としている。そして近頃はそれがなお一層堅さを増しているという。そのわけは、甘さ控えめという近年の流れにあるとか。もともと空気の含有量が少ないところに持ってきて、甘さを控えるために水分量を増やしたため、氷結の度合いが高まったのだ。そしてそれがかえって特徴となり、人気を得ていった由。今や一方の雄たる「ガリガリ君」とともに、真夏の定番として、どこのお宅の冷凍庫にも置かれるようになった。

「キットカット」——今では受験や災害復興、各種スポーツのお守りに　昭和48年

「キットカット」という名の食品の登場は18世紀のイギリスで、初めは羊肉のパイを表す名称であったとか。その後、ヨークにあった製菓会社のロントリーがチョコレート菓子を開発し、1911年にこのお菓子の名称として「キットカット」の商標を登録したという。

そのロントリーは1969年に同業のジョン・マッキントッシュと合併してロントリー マッキントッシュとなり、そこと提携した不二家から昭和48（1973）年に発売されたチョコレート菓子が、かくいう「キットカット」である。なお、そのロントリー マッキントッシュ社はネスレに吸収され、そのネスレと不二家が合弁会社を設立してネッスルマッキントッシュとなり、そこからさらにネスレマッキントッシュとなり、このお菓子はそこに移管された。そのネスレマッキントッシュはネスレコンフェクショナリーと社名を変更し、後の2010年にネスレ日本に吸収された。少々ややこしいが、ともあれ今キットカットは、ネスレ日本の扱いとなっている。

さて、このキットカットだが、2008年頃より、〝きっと勝つと〟の語呂合わせから、縁起がいいとして受験のお守り代わりに用いられるなど、思わぬ方向からその需要に拍車がかかっていった。その後も同様の意味をもって、災害支援や様々な復興支援、あるいは高校野球をはじめいろいろな競技にも、応援グッズのひとつとして使われるようになっていった。

昭和49年

「サーティワン アイスクリーム」――選べるアイスクリーム登場

不二家が昭和48（1973）年に子会社としてビーアールジャパンを設立。翌年の昭和49（1974）年、アメリカのバスキン・ロビンス社と合弁会社を起こし、東京目黒にサーティワン アイスクリームの直営店を開設。次いで同年東京港区のナショナル麻布スーパーマーケットにフランチャイズの1号店を作り、その後の展開につなげていった。この選べるアイスクリームの登場は、わが国においては画期的な提案であり、高度成長の波に乗ってあまねく支持を取り付けていった。好みに応じてシングルでもダブルでも自在にできるオーダーに、ファミリー層は飛びついていったが、なにより三

白くま

あずきバー

キットカット

一種類もあるバラエティーの豊かさが人々の心を動かした。

それまで、アイスクリームの種類といえば、概ねバニラ、ストロベリー、チョコレートであったものが、チョコレートミントあり、ラムレーズンあり、あるいは様々なフルーツやクッキーとかマシュマロが入ったものまで、選ぶに迷う楽しさを知ったのだ。そして人気のフレーバーが話題になると、人気ものは一層売り上げを伸ばし、不人気順が取り沙汰されると、ではそれがどんなものかと興味がそそられてか、その売り上げが急上昇するなどの現象もみられるとか。

ともあれ、常に話題に事欠かないお店がサーティワンである。どちらさまも同じと思うが、ちなみに我が家でも、まず自分たちがそのファンになり、子供たちに引き継がれ、その後は孫たちに受け継がれている。

「パピコ」――チューブ型の氷菓　昭和49年

江崎グリコにより作られたブローボトルに詰められた氷菓で、手を汚さずに食べられるようにと考案されたという。2本でワンセットと小さいサイズが5セット（10本）のものがある。パピコという名前については特に意味はなく、明るく3文字で歯切れがいいとして付けられた由。

種類については、初めに乳酸ミルク味（現・ホワイトサワー味）が発売され、3年後にチョココーヒー味が発売されている。なお、ひとときチョココーヒー味がレギュラーで、ホワイトサワー味は夏季限定となった。そして2015年から秋冬に濃いホワイトサワーの販売が始まった。この世界では〝白い色の氷菓は売れない〟というジンクスがあったがそれを打ち壊し、また予想していた年齢層以外にも受けたことからチョココーヒー味も作られるようになったという。初めの頃はガリガリ食感であったゆえ、大人になった顧客は離れていったが、1998年、よりなめらかな食感のスムージータイプにしたところ、人気の回復が図れた。

なお、アイスクリーム業界には6メガブランドがあるとされているが、この「パピコ」はその一角を占めるほどのロング&ベストセラーとなっている。ちなみに8月5日は「パピコの日」に認定されている。

「ルマンド」——伝説のスイーツ誕生　昭和49年

薄く延ばしたクレープ生地をクシャクシャにしてココア風味のクリームを掛けたお菓子で、ブルボンの放ったホームランである。筆者、フランスにいた時、あちらでよくクレープダンテル（crêpe dentelle）というお菓子を食べていた。いうなればルマンドの原形のようなもので、口当たりも軽く、ひと箱などあっという間になくなるほどに次々と手が出て、当のフランス人たちも大好きなもののひとつである。

ただ美味しいのは美味しいのだが、食べる時にバラバラとこぼれるのが気にはなっていた。その日本バージョンがこれに当たるのだろうが、そのクレープダンテルをもっと細く小さくし、食べやすく工夫が凝らされている。さらには既述したように、ココアクリームをかけて味にアクセントをつけたりと、そこはいろいろと細やかな配慮がなされている。なるほどこうすればこぼれない。すばらしいアイデアで、研究されたあとがよく見て取れる。

このルマンドはたちまちにして多くの人の心を捉え、これをもって同社は一気にメジャーに成長を遂げていった。ちなみに筆者もこのルマンドにはまった一人である。

ところで、同社の企業概要をみるに、大正13（1924）年に新潟県柏崎市に設立した北日本製菓が起源という。そして平成元（1989）年には、ブランド名と社名の統一を図るため、会社名を株式会社ブルボンに変更した由。

かつて筆者、列車で日本海側を走った時、車窓から同社の工場を見たことがある。ズラーッと並んだ建物の壮観さに思わず見惚れてしまった記憶がある。まさしく〝北日本〟食品工業の名にふさわしい偉容であった。

昭和40年代後半

「チーズケーキ&チョコレートケーキ」――洋菓子界の新定番

手前ごとで恐縮ながら、筆者が帰国し独立開業したのが昭和48（1973）年で、その頃私は〝店長〟と呼ばれていた。「店長、これが今東京で一番人気があるチーズケーキですよ」といわれて口にして驚いた。甘いような、それでいて少し塩味も酸味も感じるような、実に意表を突く不思議なテイストのクリームである。そう、私からみたら妙な味付けをしたただのクリームで、「えっ、これがお菓子？」と、思わず聞き返してしまった。フランスから帰ってきて間もない私は、まだ日本のお菓子事情が分かっていなかったことにもよるが、いってみれば逆の異文化症候群である。それが「赤坂トップス」のチーズケーキであった。

早速同店を訪ねてみたら、お客様が次から次に訪れていて、ホントによく売れている。お菓子の本場とされるフランスでも見たことのないものに、戸惑いを隠せない衝撃を受けたことを、今でも鮮明に記憶している。

ところで私の開いたお店は、当初なかなか軌道に乗らなかったが、しばらくするうちに少しずつマ

サーティワン
アイスクリーム

パピコ

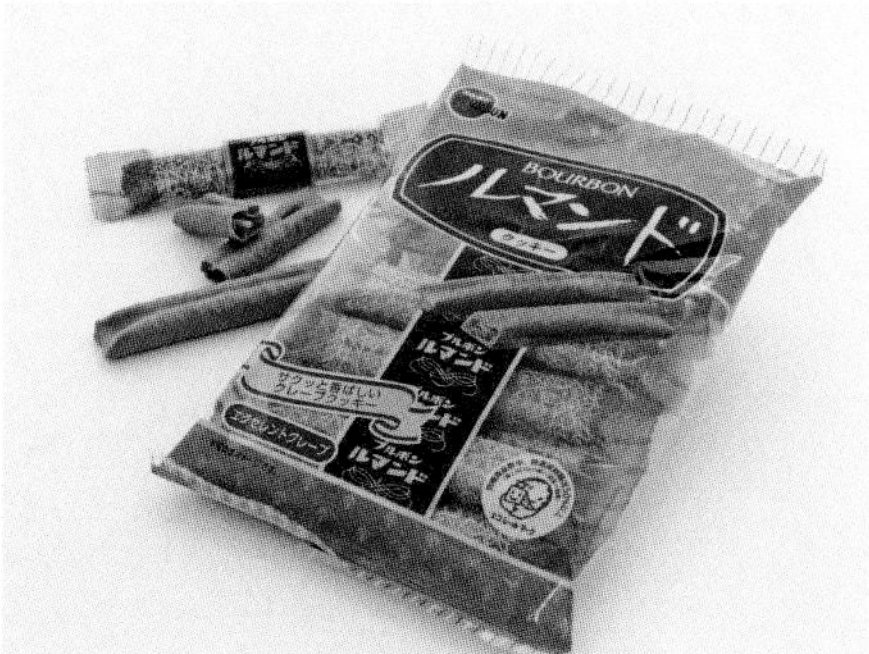

ルマンド

スコミの取材も受けるようになっていった。どうやらフランス帰りの新進気鋭のパティシエということで、いささか珍しがられた節もあったようだ。

そのうちにいろいろな週刊誌や女性誌、あるいはファッション雑誌からチーズケーキのお問い合わせがくるようになった。筆者が渡欧する前あたりより、日本ではチーズケーキが取り沙汰されてはいたが、概ね焼いたもの、いわゆるベイクド・チーズケーキであった。ところが今求められているものは、レアチーズケーキといわれる生菓子タイプのものである。求められるままに、トップスさんタイプとは異なるが、しかるべきものを作ってはお店に並べた。ただ、私の修業させていただいたフランスやスイスにもチーズケーキの類はないではないが、日本のようにひとつの大きなカテゴリーとして認識されているわけではない。あくまでもいろいろな乳製品のうちのひとつとして、様々なチーズを用いて作るものである。

またチョコレートケーキのもてはやされようにも、大いなる戸惑いを禁じ得なかった。これも先に記した「赤坂トップス」さんの影響が大きかったようだ。私どものお店にもチョコレートケーキのご要望が多数寄せられた。この種のものは、あちらで学んできた者にとってはお手の物で、世界にはチョコレートを使った様々な銘菓がある。そうしたものをベースに自分なりに工夫したいろいろなタイプのものを提案させていただき、その都度多くの誌面を飾らせていただいた。

ただ驚いたことがある。あるお菓子屋さんを覗いた時だが、トップスのそれと全く同じ形で、ぶどうのようなデザインのクリームの絞り方までがそっくり。またある人などは、〝うちのはトップスより丁寧に作っているし、仕上げもあっちよりきれいだ〟と。いくら何でもそれはトップスさんに悪いのでは……と思わず口に出かかったが、慌てて呑み込んだことがある。

チーズケーキ＆
チョコレートケーキ

それにしてもその「赤坂トップス」の、スイーツ愛好家とお菓子業界に与えた影響はそれほどまでに大きなものであった。

顧みるに、過去の数々のヒット商品もさることながら、全体像の中でのかくいうチーズケーキとチョコレートケーキのブームは、スイーツ・ヒストリーに永久に語り継がれるものであるといえよう。何となればそれまではお菓子屋さんのショーケースといえば、ショートケーキにシュークリーム、加えてプリンという、いわば定番御三家さえ置いておけばまず間違いなかった時代が長く続いた。

ところがこれを機に一気に状況が変わっていった。極端な話、かつての右代表はどうでもいい。その代わりチーズケーキ、チョコレートケーキを扱っていないなどとなると大変である。お菓子屋としての市民権すら与えてもらえない、というところまでこの波は世を席巻しきってしまったのだ。冷静になってみると、チョコレートにしろチーズにしろ、素材としてはその時に始まったものでもあるまいに、何で突如として注目を浴びるのか。まこと不思議の国ニッポンである。

多分ネーミングもよかったのかも知れない。深く考える事もなく今様に単純明快。たとえそれがムースであろうとパイであろうとスポンジケーキ主体であろうと、チョコレートさえ入っていればチョコレートケーキ。チーズにしても同じこと。焼いたものでも冷たく固めたレアタイプでも、またいかなる種類でもチーズと名のつくものさえ入っていれば、これすなわちチーズケーキとなってしまう。こんなところはあまり細かく物事にこだわらない、いわば若い世代のカジュアル的感覚といえるかも知れない。

ただこれまでどこのご家庭を見渡しても普段の食卓にさほど上らなかったにもかかわらず、これだけ短期間にこれほどお菓子に託してチーズに接した国民もめずらしいのではないか。裏を返せば、日本のお菓子屋さんはチーズ普及とその文化紹介に大変大きな足跡を残したという事も言えようが。

　ところでその後だが、一時期軽視された格好のかつての御三家も、しっかり見直されて再び主役の座に戻っていることも追記させていただく。日本人は長年親しんできたこれらもやっぱり好きだったのだ。

7　昭和50年代——フランス菓子一辺倒からの脱却

〔前期〕昭和50年代に入る頃から、小型で瀟洒なフランス菓子とは対照的に、アメリカンタイプと称する大型のカットケーキが流行し、お菓子好きの人々の選択の幅を広げた。またパティスリーにあきたりなくなった製菓業界は、一口サイズのチョコレート菓子への傾斜を深めていく。ただこれは本来形も中身もいろいろなバリエーションがあるものだが、中身がガナッシュと呼ばれる柔らかいチョコレートクリームでできているトリュフの名を付したものが独り歩きしていったのも、いかにも日本的な流行り方であったといえる。なお、このことがきっかけとなったか、バレンタインも一気に商戦としての位置付けを不動のものにしていった。一方おやつ菓子の分野では、「およげ！　たいやきくん」の歌がヒットし、たい焼きブームが起こる。

〔中期〕お菓子の主流を歩むフランスの傾向が、ヌーヴェル・パティスリーと称される、ムースを中心とした軽いものに移行してくる。これはフランスにおいてのミッテラン政権の誕生による労働時間の短縮に対応するもので、ショックフリーザー（急速冷凍機）の活用に合わせて生まれたものである。またこれらのテイストにトロピカルフルーツを使ったものが多用されたり、古典をその傾向に合わせてリメイクしたシャルロット等がパリで流行る。本場を注視している日本でもその流れはすぐさま次々と取り入れられていった。またバレンタインデーにチョコレートを頂いた男性からのお返しとして、ホワイトデーなるものが生まれる。

［後期］トラディッショナルから最新のものまで、一応フランス及びヨーロッパ菓子の習得を終えた日本の製菓業界は、新たな形態を求めていく。そして従来のようにあらかじめ焼成して袋詰めや缶入りにするのではないアメリカンタイプの焼きたてクッキー、出来たてをその場で提供する立食形式のアイスクリームやシャーベット、あるいはきれいな器に盛ってソースや飾りを添えて供するデザート菓子と称するものなどが、次々と提案され、ブームとなっていった。またアイスクリーム業界ではガリガリ君や高級志向からハーゲンダッツが誕生をみる。

「ハイチュウ」——フルーツのジューシーな味わいを追求したチューイングキャンディー　昭和50年

森永製菓発売のチューイングキャンディー。当時の高級志向の高まりを受けて、ハイグレードなチューイングキャンディーから「ハイチュウ」と名付けられた。ミルクキャラメルは、ミルクが入っていることによるたんぱく質の弾力性がミルクキャラメルの食感に貢献するが、「ハイチュウ」はゼラチンを使用することで食感を作っている。果実のジューシー感がおいしい「ハイチュウ」だが、発売以来さまざまなフレーバーで楽しませてくれており、これまで二一六種類以上の「ハイチュウ」が世に出た。現在は「すッパイチュウ」、「うまイチュウ」、「ハイチュウプレミアム」、「ハイチュウミニ」などもあり、加えて地域限定品も作られている。さらにハイチュウの名を冠したアイスなども作られている。

「きのこの山」――〝ファンシーチョコスナック〟というジャンルの確立　昭和50年

明治製菓（現・明治）が作ったチョコレートのスナック菓子。後に作られる「たけのこの里」と対になるものだが、初めにこの「きのこの山」が作られた。軸がクラッカーで笠がチョコレートになっている。いろいろの記述をみるに、そのそもそもは昭和44（1969）年に発売された同社の「アポロ」に始まるという。これはアメリカが打ち上げ、月に降り立ったアポロ宇宙船に見立てた円錐形の小さなチョコレート菓子だが、この製造ラインを使って何かできないかと考えたとか。そしてその円錐形を笠に見立てて、そこにクッキーの軸を差し込み、きのこの形にするというアイデアが生まれた由。次いでもっと食べやすくしようと考え、クッキーがクラッカーに置き換えられ、今の形に完成を見たとか。

こうしてできた「きのこの山」は爆発的なヒットとなり、製造ラインを増強しても追いつかないほどの大人気商品となった。

そして4年後の昭和54（1979）年には、その姉妹品として「たけのこの里」（同項参照）が作られ、日本において「ファンシーチョコスナック」というジャンルが確立されていった。ちなみに「たけのこの里」はクッキーが軸となっている。

「アメリカンタイプのカットケーキ」――フレンチ対アメリカン　昭和50年

この時期、フランス帰りのパティシエに注目が集まっていった。リアルタイムの情報を携えた、筆者を含む多くの若者が各地に散り、それぞれの地で華麗な花を咲かせていった。彼らはそれまでに伝えられてきたトラディッショナルなお菓子に加えて、現代感覚のパティスリー・フランセーズを積極

ハイチュウ

きのこの山

アメリカンタイプの
カットケーキ

的に手掛け、あか抜けたデザインで表現しショーケースに彩りを添えていた。ところがこれもいかにも日本的な現象なのだが、〝フランス菓子とは、小振りで瀟洒で美しくまとまっているもの〟とのイメージを、いつの間にかマスコミが作り上げていってしまった。すると今度はそのイメージがどんどん増幅され、女性誌やファッション雑誌に登場するもの、取り上げられるものは、ますます小振りになり、デザインも細かく、デリケートになっていった。

早い話が小さければ小さいほど高い評価が与えられ、どこそこのお菓子はすばらしい、いや、こちらの方が美しいと周囲もはやし立てていく。フランスのお菓子は、確かにそれまでの日本のそれよりも少々小ぶりではあるが、それほど小さいわけではない。その適度な大きさの中に、訴えんとするべき味がしっかり凝縮されて仕立てられているのがフランス菓子なのである。そうした本来のあり方を理解する間もあらばこそ、瀟洒で美しくまとめられているものに、より高い評価を与えていく。どうもこのあたりに、ともすれば深くなりすぎる日本人の思い込みがあるようだ。

ところで消費者の方だが、そんな評価も理解しながら、一方では食後の満足感に物足りなさも覚えていった。つまりきれいでデリケートな感覚はいいのだが、実際に食べた時に胃も心も十分に満たされないのだ。もっと食べたい、そんな不満にも似た気持ちが募ってきた時に、それを解消すべく、まるで見計らったようにタイミングよく大ぶりのお菓子が登場した。「イタリアン・トマト」通称〝イタトマ〟なるお店の提案による、アメリカンタイプと称するカットケーキである。しかもあらかじめ適度な大きさにカットされたのではなく、オーダーを受けるやその場その場でカットしてくれる。その場で切ってくれる演出だ。言ってみればそれだけのことなのだが、これが既存の売られ方しか知らないお客様の目には、実に新鮮に映った。そして「ストロベリーファーム」や「ココパームス」といったお店が続いていった。

　またアメリカンタイプという触れ込みもよかった。それまでのフランス、フランスという謳い文句に少々食傷気味になっていた耳にも心地よく響いたようだ。ただ、実際のアメリカでは、不遜承知で申し上げれば、もっと大雑把にというかざっくばらんに作られている。ところがこのたび提案がなされたものは、何とも丁寧に見た目にも美しく仕上げられている。これぞわが国の物作り精神の真骨頂といえようか。いうなれば日本人の美的感覚というフィルターを通して仕立て上げたアメリカ〝的〟なお菓子である。今までフランスをよしとして、それを追いかけてきたスイーツ業界は、かつてない程の衝撃を受け、それまでのやり方に少々行き詰まりを感じていたお菓子屋さんの中には、急遽宗旨替えするところまで現れたと聞き及ぶ。またこの新しい甘き波を感じ取り、同様のタイプのお菓子屋さんがあちこちに開業し、そのどれもが一様にスイーツ愛好家を集めていった。

　これを捉えてマスコミは〝フレンチ対アメリカン〟などと書きたてはやし立てた。言い得て妙。お菓子好きの方々の選択肢が広がるのは決して悪いことではないし、これからももっと意表を突くものが出てくるとは思うが、それにしても面白い捉え方だと感心したことを記憶している。

昭和51年　「およげ！　たいやきくん」――歌の世界とコラボ？

　昭和51（1976）年、突如としてたい焼きのブームが巻き起こってくる。前年暮れにフジテレビの子供向けの人気番組「ひらけ！　ポンキッキ」のオリジナルナンバーとしてリリースされた童謡、「およげ！　たいやきくん」が大ヒット。作詞が高田ひろお、作曲が佐瀬寿一のこの歌は、子門真人の独特の歌いまわしで、たちまち日本中の子供たちの心を摑んでしまったのだ。

街を歩いていても、いつもどこからともなく、〝♪ムアイニチ、ムアイニチ、ブォクラハテップアンノー〟の歌が聞こえてきた。抑制された日常から勇気を持って飛び出したら、とんでもなく自由な世界が広がっていた、というシチュエーションもよかったのだろう。またたい焼きという身近なものが主人公という設定もよかったのかも知れない。まぁ、ヒットすれば何でもよくなってしまうものだが、それにしてもレコードのシングル盤は発売前の予約だけで30万枚に達したといい、年明け早々には100万枚を突破し、結果500万枚以上の売り上げとなった由。そして昭和51年の第9回全日本有線放送大賞特別賞、及び第5回FNS歌謡祭最優秀ヒット賞を受賞した。またそれにまつわる関連グッズもよく売れたという。たとえば絵本やおとぎ話、あるいは後の2000年発行の『20世紀デザイン切手』第15集で切手の題材にまで取り上げられた。

当然お菓子の世界のたい焼きにもその効果は跳ね返ってくる。それを機に全国でたい焼きブームが起こって、それまであまり気に留めなかった方々までが、お子さんにせがまれてにせよ、自主的にせよこれを求めて口にした。

ところで、このブームの元になったたい焼き屋さんがあると聞き及ぶ。「麻布十番・浪花家総本店」がそれで、また鎌倉駅の近く、小町通りの横道に入ったところに暖簾分けのお店もある。そしてその浪花家総本店のたい焼きこそが、実はその「およげ！　たいやきくん」のモデルになったんだとか。伺うに総本店さんの創業は明治42（1909）年だそうで、その頃からたい焼きを作り続けて延々今日まで。たい焼き一筋百十余年。すごいの一語に尽きる。この種の商いの元祖的存在といってもよろしいか。

もちろん筆者もそのお店を訪ねそれを求めた。あらかじめそのように伺っていたことにもよろうが、いや、予備知識がなくても正直美味しいと思った。皮はもちろんパリパリ。8時間もかけて練り上げたというあんこは、その甘さも絶妙と大評判を博している。それにしてもあの歌はよく流行りました。うちの子供たちも、いえ、当時のお子さんたちは皆して歌っていた。ちなみにそのレコードのB面は「いっぽんでもニンジン」で、これも皆さんよく口ずさんでいた。

ところでそのお店のたい焼きだが、1個2個ではなく、1匹2匹と数えている。その後お菓子関連の歌では、だいぶ経った1999年の「だんご3兄弟」（同項参照）であったか。お菓子が歌の世界を引っ張っていた時代もあったのだ。

「クレープ」――立食スイーツにもフォーマルディナーにも　昭和51年

クレープとは、フランスを代表するアントルメ（デザート菓子）のひとつで、流動状のタネを薄くちりめんのように焼いたもの。パリ辺りでは多くは街角で、ほんの一坪ほどの囲いを作り、ジャムやバターを塗ったり、粉糖を振りかけて道行く人に供されている。大西洋岸のブルターニュ地方に行くと、ここはクレープの名産の地とされ、街中にクレープリーと称する店があり、メニューも豊富にそろっている。甘いものからチーズやハム、ソーセージ等を入れたものまで、ざっと数十種類。パリのような立食もないではないが、ここではちゃんと座ってのレストラン形式が主流となっている。

さて、昭和51（1976）年に入ってから、日本でもこのクレープがはやり始めた。まず横浜の元町通りに「ブールミッシュ」がカフェ形式のクレープショップを作り、ほぼ同時期に渋谷に「マリオンクレープ」が屋台風のクレープショップを開いた。また翌年の昭和52（1977）年には、原宿の竹下通りに「カフェクレープ」が開店。その後ブールミッシュは本業のお菓子屋の方に軸足を移し、マリオンクレープやカフェクレープは、クレープ専業として広く展開していった。そして後様々なところが参入し、各地の人の集まるところにはそうしたものが次々とできていった。歩きながら気軽に食べられるとして、特に若い人たちの間で人気を集め、女性誌やファッション雑誌もこうした風潮を取り上げていった。今風に言えば、ワンハンドフードの走りとでも言ったらいいか。そのうちにホテルやレストランでもしっかりとメニューに取り入れ、今ではすっかり市民権を得るまでになっている。

昭和51年

「チップスター」――全部同じ形のポテトチップス

ヤマザキナビスコが独自で開発したポテトチップス。２０１６年8月末日をもって同社がナビスコとのライセンス契約を終了した後は、同年9月1日より新会社のヤマザキビスケットから発売を継続している。通常ポテトチップスは、ポテトを薄切りにして作るもので、形も大きさもそれぞれ異なっており、それがまた不思議な魅力でもあるのだが、それを全く同じ形、同じ大きさ、同じ薄さに揃えてしまった商品が、ここに取り上げた「チップスター」である。

通常のものは、袋詰めにする時に壊れないように空気もたくさん含ませるため、結構な大きさにかさばってしまう。ところがそのバラバラな1枚ずつを揃えて作り、きちっと積み重ねると容量が極端に縮小され、コンパクトにまとまる。ポテトを薄切りにせずフレーク状にし、つなぎとすべき他の原料などは使わずに水をもってまとめ、いかにも自然に湾曲したような美しい形状に整形することによって、それを可能とさせたのだ。なるほど、これなら余分な空間はいらず持ち運びにも便利だ。しかもちょっとやそっとでは壊れない。すばらしい着想である。味付けも「コンソメ」、「のりしお」とい

およげ！　たいやきくん

クレープ

チップスター

った誰にでも受け入れられるバリエーションを揃えている。

なお、円筒形のパッケージだが、当初は蓋の部分にはプラスティック、底にはスティールが使われていたが、1992年より環境問題に配慮した「地球にやさしいチップスター」をテーマとして、100%紙製のリサイクル可能なものへと変更がなされている。こうした細かい配慮にあっては、業界を代表するリーディングカンパニーだけに、さすがと思わせるものがある。

「ポポロン」――小さなコロコロチョコレートシュー菓子　昭和51年

明治製菓（現・明治）から発売された、チョコレートクリーム入りの小さなシュー菓子。残念ながら2015年に終売となってしまったが、そのかわいらしさが受けてか、子供や中高生から大人に至るまで、幅広い人気を得ていた。バリエーションとしては、定番のチョコレートクリーム味のほかにいちごクリーム味などもあった。

ところで筆者は、以前横浜の都筑区にあった「ロンド」（前・明治パン）という同社の子会社を訪れたことがあり、そこでこのポポロンの製造現場を見学させていただいた。50メートルもの長さの巨大なトンネル式のオーブンから続々焼き上がってくるこれを拝見して、さすがにスイーツ界のリーディングカンパニーはスケールが違うと、その壮観さに只々言葉を失った。後日そのポポロンが終売と知り、またまた言葉を失った。いつの日にか、リメイクなりバージョンアップなりして再登場することを願って止まないが、さて……。

「pino　ピノ」――一口サイズのアイスクリーム　昭和51年

森永乳業の作る一口サイズのアイスクリーム「森永pino」は、昭和51（1976）年に発売され、その後「富士pino」となる。その後、昭和54（1979）年から30年以上にわたって「エスキモーpino」と呼ばれていたが、エスキモーブランドが廃止されて以降、最初の名称の「森永pino」に戻された。ピノとは、イタリア語で「松ぼっくり」の意味のpignaから付けられた名称。丸い台形の一口サイズで、爪楊枝などで突き刺して口に運べば、指が汚れないとして評判をとり、ロングセラー商品となっていった。

なおアイスクリーム製品に関しては、6メガブランドというものがあり、このピノもその中の一角を占める有力ブランドとして長く消費者の支持を取り付けている。そしてアイスクリームをチョコレートでコーティングするこうした技術が活かされて、後の2005年に同社から「PARM　パルム」（同項参照）というヒット商品が生まれている。

「フルーチェ」――家庭でできる即席デザート菓子　昭和51年

ハウス食品による即席デザート菓子。牛乳と混ぜるだけで果肉入りの冷製デザートを作ることができる。牛乳ならたいていのご家庭の冷蔵庫にあろうが、それを利用して完成させるという、秀逸なアイデアによるスイーツである。どんなフルーツにもペクチンという凝固させる要素が含まれているが、これをフルーチェの中に混入させておく。そして牛乳に含まれているカルシウムとこれが混ざるとゲル化反応を起こし、その溶液はトロッとした、ちょうど食べごろの状態に変化するというわけである。

「フルーチェ」という商品名については、「フルーツ（fruit）」または〝フルーツの風味がある〟という意味の英語の「フルーティー（fruity）」と、イタリア語でお菓子を意味する「ドルチェ（dolce）」とを合わせた造語という。昭和51（1976）年の発売以来マーケットに広く受け入れられ、半世紀近くにもなるロングセラー商品となっている。今日までにトロピカルフルーツ使用の「フルーチェアジア」や、ビタミンCを多く配合した「フルーチェCの果実」、パウチ容器に入った「フルーチェハンディタイプ」、黄緑色野菜を使った「ベジタブルフルーチェ」、あるいは果肉たっぷりの「贅沢フルーチェ」、甘さとカロリーを抑えた「フルーチェ Light」等々、いろいろなタイプのものが作られている。

「よっちゃんイカ」――駄菓子屋さんの新たなスター　昭和52年

大手企業から一転、今度はお子さんたちの世界をのぞいてみよう。札幌で「白い恋人」が生まれた翌年の昭和52（1977）年、子供たちの夢がいっぱい詰まっている街の駄菓子屋さんの世界では、「よっちゃんイカ」という、これまた希代の名品が産声を上げた。よっちゃん食品工業という会社が製造し販売しているお菓子で、子供たちの間では、通称「よっちゃんイカ」で通っている。ただ、原料にはいかだけではなく、他の材料も使っていることから、現在の正式名称は「カットよっちゃん」としている。同社の創業は昭和34（1959）年で、前身は〝するめ加工〟であったという。そしてその創業者は金井芳雄さんで、その方の愛称が〝よっちゃん〟であることから、現在の社名になったとか。

かくいう「よっちゃんイカ」なる商品は、いかと魚肉シートを一口サイズの食べやすい大きさにカットし、さっぱりした酸味に仕上げてある。そんなところが、そうした味を好むお子さん方から、絶

ポポロン

pino　ピノ

フルーチェ

大なる支持を取り付けたようだ。またこの姉妹品として、「Ｂｉｇカットよっちゃん」という大振りのものや、「カットよっちゃんしろ」、「カットよっちゃん辛口味」、「信玄80本入り」という三杯酢イカなどがある。

なお、こうした子供の世界には、ここに取り上げた「よっちゃんイカ」をはじめとしたさまざまな駄菓子界の雄が妍《けん》を競っている。終戦後に子供たちの夢を育んだオリオンの「ココアシガレット」、鍵屋製菓や松澤商店の「麩菓子」、紙芝居の景品から始まったという中野物産の「都こんぶ」等々、定番といわれるものだけでも枚挙にいとまがない（それぞれの項参照）。

これらも含め、何と何で御三家、あれを加えて四天王、これらで十傑と、その道の愛好家筋では議論もかまびすしく交わされそうだが、ざっと思いつくまま指折るに以下の如くである。

東豊製菓の「ポテトフライじゃが塩バター」、丸川製菓の「フーセンガム」、宮田製菓の「ヤングドーナツ」、スグル食品の「ビッグカツ」、菓道の「蒲焼さん太郎」、やおきんの「蒲焼さん太郎」（菓道のものと同名）、同「キャベツ太郎」、同「甘いか太郎」、同「酢だこさん太郎」、同「わさびのり太郎」、同「どんどん焼」、同「うまい棒」、同「ＢＩＧカツ」、同「コーンポタージュ」、チロルチョコの「チロルチョコ」、チーリンの「プチプチうらないチョコ玉」、有楽製菓の「ブラックサンダー」、オリオンの「ミニコーラ」、おやつカンパニーの「ベビースターラーメン」、同「ブタメン」、カクダイ製菓の「クッピーラムネ」、よっちゃん食品工業の「タラタラしてんじゃね～よ」、ヤガイの「おやつカルパス」、敷島産業の「徳用ふーちゃん」、西島製菓の「どりこ飴本舗　棒きなこ当」、村岡食品工業の「梅しば」、上間菓子店の「スッパイマン」、コリスの「そのまんまソーダフーセンガム」、太田屋製菓の「ふんわりわたがし」、ミナツネの「あんずボー」、同「みつあんず」、千成商会の「ひとくちソースカツ」、共親製菓の「さくらんぼ餅」、明治産業の「パチパチパニック」、一十珍海堂の「げんこつ紋次郎」、同「とんがりいか」、サンヨー製菓の「モロッコヨーグル」、中村製菓の「チーズあられ」、扇屋食品の「チーズおやつ」、ミサキヤの「すももくん」、丹生堂本舗の「ビックベアーズラムネブルー」、松山製菓の「フレッシュソーダ」、札幌第一製菓の「三温糖きなこねじり」、春日井製菓の「ぶどう糖たっぷりラムネ」、その他メーカー名省略で恐縮ながら、「ソースせんべい」、「すも漬」、「ひも飴」、「カレーせんべい」、「梅ジャム」、「たねなしほしうめ」等々数限りない。書き漏れ多々あるはご容赦願いたいが、これらを述べているだけで紙幅が尽きてしまいそうだ。

それにしてもネーミングも面白い。またこれらの中から飛び出して、メジャーになっていったものもいくつも見かける。逆にあえてメジャーにならないままのものや、「やおきん」のようにこの世界のメジャーになっていくものなども……。いずれにしても、これらはいつの時代も子供たちの夢を膨らませ続けてくれている。そう、どんな形にせよお菓子は〝夢〟なのだ。

ところで駄菓子といわれるものの原点は何だろうとふと考えた。筆者思うに、子供が握り締める小銭で買えるお菓子の数々？　してみると、駄菓子屋さんとは子供たちの甘き夢の殿堂か。

昭和52年

「ビックリマンチョコ」――シール集めに熱狂

ロッテが飛ばした大ヒットのひとつ。登場は昭和52（1977）年で、そのブレイクぶりはすごかった。命名の由来は〝人をびっくりさせること〟にあったとかで、そのびっくりすることをコンセプトとしたシールをおまけとしてお菓子の中に忍ばせた商品である。お菓子自体はチョコレートをウェファースで挟んだもので、当初のものにはチョコレートの中にアーモンドクランチが入っていたが、これについては時代によって適宜変更されている。

なお、同年10月に発売された初代のものは、「どっきりシール」入りで、誰かを驚かせるデザインとなっており、人気は博したが、まだそこそこのものであった。昭和54（1979）年の第2弾「新ビックリマン」は「立体どっきりシール入り」で、アーモンドクランチがこの時点でピーナッツに変更されている。そして昭和60（1985）年8月の一〇代目、「悪魔VS天使シール入り」で一大ブームになった。続いて昭和62（1987）年の「悪魔VS天使シール」が入った「ビックリマンアイス」、「ビックリマンスナック」が発売された。その後の1991年8月、一一代目の「新決戦スーパービックリマンチョコ」は「バイオ悪魔VSメカ天使シール入り」。さらには1998年7月に、復刻された「悪魔VS天使シール」が入った「ビックリマンチョコ伝説」発売等々、何年か置きにリニューアルされて次々と新しい商品が登場。ちなみに2020年5月は「悪魔VS天使シリーズ」35周年として、「悪魔だらけのビックリマンチョコ」、「天使だらけのビックリマンチョコ」が発売されている。愛好者を飽きさせない企画には頭が下がる。

ところでその最盛期にこんなことが新聞紙上を賑わせた。あまりに熱くなった子供が、買ったチョコレートを捨ててまでシール集めに夢中になったとか。これはさすがに行き過ぎと批判の対象となったが、そこまで燃え上がらせた企画力には恐れ入る。でもお菓子はやっぱり食べるもの。せっかく作ったものを捨てるなどしては、バチが当たります。

「一粒チョコレート菓子」――セピアの宝石　昭和50年代前半

リアルタイムのフランス菓子やアメリカンタイプと称するもの等いろいろ出てきて、スイーツ業界

よっちゃんいか

ビックリマンチョコ

一粒チョコレート菓子

はことさら華やかさを帯びていった。週刊誌や女性誌を開くたびに「おいしいケーキ屋さん見つけた！」式の記事が頻繁に誌面を賑わすようになり、ためにたかがお菓子もみるみる感性が高まっていった。それとお菓子屋さんといえば生菓子がほとんどの、いわゆるケーキ屋さんのイメージだったのだが、気の利いたところはそれだけではないと、あちら流にボンボン・オ・ショコラ（bonbon au chocolat）などというものを手掛けるようになっていった。一口サイズのチョコレート菓子である。

そう、ほかに何かないかと見渡したら、チョコレートの分野が未だほとんど手付かずだったのだ。そうか、こんなのがあったのか、と製菓業界挙げてこの分野に飛びついていった。これまでチョコレートなるものがなかったわけではないが、概ねが明治製菓や森永製菓、グリコ、ロッテといった大メーカーの手掛ける板チョコまたはそれに類するものであった。ところがスイスやフランス、ドイツ、オーストリア等々といったヨーロッパのお菓子先進国では、そうした一粒チョコレート菓子は街場のお菓子屋さんの手掛ける仕事の範疇なのだ。

ヨーロッパの人々はたいそうプレゼント好きだ。昔も今も、バラの花束とこうしたチョコレート菓子は、男性が女性に誠意を示す効果的な手法の一つということになっている。その他クリスマスや復活祭、お誕生日、あるいは季節のいろいろな行事のお祝いにと、それらはいつも最高のギフト商材になっている。

さてそのチョコレート菓子だが、本来は形も味もいろいろな種類があって、選ぶ時にも思わず指先が迷うが本領。にもかかわらず本質を理解する間もあらばこそ、トリュフだトリュフだと、中身がガナッシュという、柔らかいチョコレートクリームでできている、西洋松露《しょうろ》の名を付したものだけが独り歩き、否、独り駆け出していってしまったのも、いかにも日本的な流行り方であった。

一粒口に入れて、「あっ違う。チョコレートクリームじゃない。ホンモノじゃないよ、これっ」などといわれ、一生懸命作ったパティシエやショコラティエさんたちは大いに困惑したものだ。

少々専門的になって恐縮だが、一粒チョコレート菓子の中身は大まかに言って、かくいうトリュフチョコレートのセンターにみられるガナッシュと呼ばれるチョコレートクリームや、プラリネとかジャンドウヤと称するアーモンドと砂糖を練ったペースト、さらにはマジパン、ヌガー、フルーツ、ナッツ、リキュール等いろいろあって、それらが単体で使われるほか、多くの場合複合的に組み合わされる。結果、複雑にしてこよなき美味が生まれるわけで、セピアの宝石といわれる所以である。

また、よく金紙や銀紙に包まれているものがあるが、あれは〝中身がお酒やシロップといった水溶液ゆえ、一口で召し上がって下さいね〟という作り手からのメッセージなのだ。そうとは知らずに、いつもの習いで半分だけかじって、衣服を汚してしまう方をよく見受けるが、どうぞ気をつけられますよう。日本ではまだチョコレート文化の日が浅く、ただきれいだからと包まれていることも多いが、あちらのものを口にされる時は要注意である。

「バレンタインデー」――女性の願いをチョコに乗せて大ブーム

昭和50年代前半

前項で述べた、トリュフチョコレートのブームをきっかけに、製菓業界は一粒チョコレート菓子への傾斜を深めていくことになるが、またそのことをきっかけとしてバレンタインデーの大ブームが起こってくる。

ではここで、そのバレンタインデーというものについて少しばかり振り返ってみよう。

ヨーロッパでは暦の毎日が、いずれかの聖人の日となっており、それぞれの聖人はいろいろな職業の守護をしたり、様々な役割を持っている。

さて2月14日だが、この日は聖バレンタインの日とされ、愛の記念日とされる。聖バレンタイン（サン・ヴァレンティノ（San Valentino））はローマ帝国最盛期の175年頃、イタリアのテルニという町で生まれ、後に同地に教会を建てて司教になった。当時、皇帝クラウディウス二世は強兵策のひとつとして兵士たちの結婚を禁止していた。若者たちの熱い思いに理解を示したヴァレンティノはその命にそむいて多くの結婚を取り持ち、そのために皇帝の怒りを買い処刑されてしまったという。この殉教の死の記念日が今日的な意味合いを持つ記念日に結びついていったといわれている。

あるいは他説では、いろいろな病を治す奇跡を次々とおこして尊敬を集めたり、また彼の執り行いによって生まれたカップルはみなハッピーになった等々の話も数多く伝えられている。ただ彼の処刑については、その頃の時代背景によるところが大きい。当時ローマではキリスト教そのものが未だ正式に認められていなかったのだ。

すなわちすべての人は生まれながらにして平等であると説くキリスト教の教えは、皇帝崇拝を基幹とするローマの統治システムに反するものであった。このことも伏線にあってか、273年2月14日、ついに彼は捕らえられ殺されてしまった。後、313年にやっとキリスト教が認められ、1644年にはローマ教会の会議で、彼に聖人の称号が与えられ、さらに生まれ故郷のテルニの町の守護聖人とされるに至ったのだ。

こうした様々な話が集合し、ついにはパトローノ・デル・アモーレ（Patrono del Amore）、すなわち愛の守護聖人とされるに至った。時が移り、これらの諸説を元に、親子が愛の教訓と感謝を書き残したノートを交換しあう習慣とダブりながら、20世紀になってから転じて男女の愛の告白の日となり、次いで日本では、日頃の慎ましやかさ（？）の裏返しからか、特に女性から男性に愛を打ち明けてもよい日とされるようになっていった。

では何故この日にチョコレートを贈るようになったのか。実はロシア革命で祖国を逃れてきたヒョードル・モロゾフとヴァレンティン・モロゾフという親子が、日本でお菓子屋を開き、「バレンタインデーにチョコレートのプレゼントを」という販売促進のための広告を、昭和の初期に英字新聞に載せたのが始まりといわれている。

さてそんなバレンタインデーだが、昭和50年代前半より一気に火がついて、日本中がセピア色に染まっていった。今ではこの波はお隣の韓国をはじめとしたアジア圏はもとより、フランス、スイスといった洋菓子の本場の国々に広がりを持つまでになっている。そしてその後は義理チョコ、パロディーチョコ、あるいは友達への友チョコ、日ごろの自分へのご褒美のための自分チョコ等、姿や目的を変えて、結果、2月はついに〝チョコレートの月〟とされるまでに……。

「ホワイトデー」――返礼の美徳　昭和53年頃

バレンタインデーにチョコレートのプレゼントを受ける。頂き物をしたからには、そのままというわけにはいかぬ。義理を欠いては男が廃る。何かしらお返しをしなければ。そうしたことに特に律儀な日本人特有の礼節を尊ぶ心を巧みにとらえ、もはや外せぬほどの大きな催事にまで発展させたものが、ここに取り上げるホワイトデーである。

遡ると昭和43～44（1968～69）年頃、すでに「リターン・バレンタイン」と称して、チョコレートのお返しの動きはあったというが、確認できるところではもう少し後。昭和53（1978）年に、バレンタインデーの大ブレイクを横目に見て、ならばそのお返しにと、マシュマロを手掛けていた九州博多の「石村萬盛堂」というお菓子屋さんが仕掛けたのが始まりとか。そして本格的にその火が付いてきたのが昭和54（1979）年に入ったあたりからという。当初は「マシュマロデー」と言っていたというが、昭和55（1980）年に全国飴菓子工業協同組合が、いやいや〝チョコレートのお返しにはキャンディーを〟と働きかけ、その日を「キャンディーの日」と名付けて、改めてマーケットにアプローチをかけていった。

そのうちに誰が言ったか「ホワイトデー」の名称に落ち着き、今日に至った。理由については、「幸運を招く」とか「ラッキー」の意味を持つ白にちなんでその名がつけられたとも。加えてお返しのきっかけを作ったマシュマロは白い色を連想させるとも言われているが、実のところ、真相はよくわかっていない。いずれにせよ、誰かが言ったからこの名称になったのだが、その誰かが未だに不明。普通これだけ市民権を得た大きな催事になったら、いや、実はそれは私が、などと名乗り出てきそうなものだが、だれも出てこない。きっと奇特な方なのだろう。なんでもはっきりさせるより、こうしたファジーなことがあってもいいのかもしれないが。

諸々のいきさつはさておき、この仕掛け、お返しという行為を再認識させたという点では、その効果は絶大なものがあった。そして今では、バレンタインデーをしのぐほどの大きな商戦に成長を遂げるに至った。

「ビッグカツ」――駄菓子界の雄　昭和53年

「株式会社すぐる」の手になるヒット商品。同社は広島県呉市において昭和48（1973）年に「有

バレンタインデー

ホワイトデー

ビッグカツ

限会社スグル食品」として創業した企業で、その世界では名の知れた駄菓子メーカーである。

先ず1970年代前半に白身魚を主原料とした「おやつ串カツ」を発売。次いで昭和53（1978）年にそれを串なしにして大型化し、表題のごとくの「ビッグカツ」と名付けて発売した。当初は全くと言っていいほど売れず、創業者がご自身で全国の駄菓子屋さん巡りをしてセールスに歩いたという。その地道な努力が実ってか、その後の大ヒットにつながっていった。

また2005年には、地元のプロ野球チームである広島東洋カープ応援のために、「カープかつ」と名付けて売り出した。〝かつ〟を〝勝つ〟に掛けたもので、同地の帰省土産として大人気を博した。アイデアマンである創業者の面目躍如といったところか。さらには「所さんのニッポンの出番」（TBS、2015年5月5日オンエア）というテレビの人気番組でも取り上げられ、白身魚を揚げたフランスの冷凍食品に似ているとして、フランス人に支持された人気駄菓子第1位にランクされたりと、一気にこの分野でのメジャーとなっていった。

2022年7月8日オンエアのテレビ東京の「所でナンじゃこりゃ⁉」という番組でも、大ヒット中の不二家の「カントリーマアムチョコまみれ」（同項参照）と並んでこれが取り上げられ、その製造過程が映し出されていた。天下の不二家さんと肩を並べての紹介とは、まさに快挙といっていい。こうなると、もはや「駄菓子」などと呼んではいけないのでは、という気になってくる。それほどに偉大なる駄菓子界の雄がここに取り上げさせていただいた「ビッグカツ」である。

「蒟蒻畑の原型ゼリー」――蒟蒻がお菓子に　昭和54年

〝♪マンナンライフのコンニャクバタケ〟のコマーシャルソングはよく耳にされると思うが、この度はその歌でお馴染みのゼリー菓子について。それにしても、日頃おでんで親しまれている蒟蒻をお菓子に仕立てようとは、よくぞやってくれましたというしかない。それを手掛けているマンナンライフという会社は昭和39（1964）年の創業で、「鶴田食品工業」として昭和44（1969）年に法人化。そして昭和54（1979）年に健康食品販売会社として株式会社マンナンライフを設立し、「マンナンライフゼリー55ｇ」を発売。これが今日の〝コンニャクゼリー〟の原型となる。

さて、同社だが、こんにゃく芋を特産とする群馬県甘楽郡下仁田町のとなりの富岡市に本社を置いている。そして、こんにゃく芋から精製した水溶性の食物繊維のグルコマンナンに、様々な果汁で味付けを施した、「蒟蒻畑」という商品を販売している。味の種類としては、りんご味、ぶどう味、白桃味、温州みかん味、ピンクグレープフルーツ味、ライチ味、コーヒー味等がある。世の中の健康志向の高まりで時流に乗り、蒟蒻が身体にやさしいダイエット食品であることを伝えるテレビコマーシャルを頻繁に流し、また同時に流す〝♪マンナンライフのコンニャクバタケ〟のコマーシャルソングで一気に知名度を上げていった。

ただ、小さなお子さんやお年寄りが喉に詰まらせやすいことが指摘され、それを受けて後、口溶けをよくしたりクラッシュタイプを出すなどの改良を重ね、その後は健康食品のひとつとしてすっかり市民権を得て世の中に定着していった。

「ドンパッチ」——衝撃の食感　昭和54年

味の素ゼネラルフーヅ（現・味の素ＡＧＦ）から発売されたお菓子。細かく砕いたキャンディー状のもので、口に入れると、パチパチッと弾ける食感が大受けし、子供たちのみならず大人に至るまで大ヒットした。当時の親会社であるアメリカのゼネラルフーヅが開発した商品で、それを日本に導入したものという。名称については当のアメリカでは「POP ROCKS」という名での販売であったが、日本においては、口の中に入れた時の弾ける感覚や、それに対する驚きのままに、「ドンパッチ」という名になった由。

聞くところによると、実は失敗から生まれたものとか。炭酸入りのジュースを開発する折、偶然こんなものができてしまったという。これは飴の中に二酸化炭素ガスが閉じ込められていて、飴をなめるとその中に入っているガスが弾けて、このような状態を生むのだとか。それにしても、口に入れたとたんにくるパチパチッの衝撃と言おうか、あのインパクトは強烈だった。あまりに激しいので、幼児には危険と敬遠されるほどであった。筆者の子供も小さい時、これにはまって大騒ぎをし、請われた私はこれを求めて歩き回った。ところがいざ探すとなると、これがなかなか見つからず、困ったことを記憶している。後で聞くと、どちら様も同じようなことをしていたらしい。

ところでこのドンパッチ、今はすでに製造を終了しているんだそうな。さりながら、こういうのこそがいつの日にか弾けるように復活しそうな気がするのだが、どうだろう。

「たけのこの里」——〝きのこの山〟と対で　昭和54年

明治製菓（現・明治）によって作られたチョコレート菓子。先の昭和50（1975）年に作られた「きのこの山」と対をなす形で開発されたもので、この二つをもって、ファンシーチョコスナックというジャンルが確立された。「きのこの山」は軸の部分がクラッカーであるのに対し、「たけのこの里」の方は軸がクッキーで作られている。商品自体は同じような発想によるものだが、このようにあ

蒟蒻畑の原型ゼリー

ドンパッチ

たけのこの里

えて少しだけ違って作られたところに開発の妙がある。

一般にみて、こうしたお菓子類のライフサイクルは食べ始めたお子さんが成人するまでの20年とされており、この「きのこの山」も1990年代後半には売り上げにも陰りが見られ、低迷していった。そこである作戦が練られた。2001年に姉妹品の「きのこの山」とのライバル関係を強調した「きのこ・たけのこ総選挙」と謳ったキャンペーンを打って、意図的に注目を集め、結果この作戦が見事功を奏して人気の回復に成功を収めた。加えて先の「きのこの山」にあっては、商品そのものもチョコレートを2層にしたり、甘さを抑えて大人好みにしたりと、モデルチェンジを図って人気と売り上げの維持に努めた。

こうした過程をみると、商品作りは何よりアイデアであり、またその人気を維持するには、様々な作戦とそれを結実させるたゆまぬ努力が必要であるということがよくわかる。この「たけのこの里」の開発は、その典型といってよい好事例のひとつであろう。

ところでこの二つ、どのように評価が分かれたか興味の持たれるところだが、以下の如くであった由。すなわち「きのこの山」は軸がクラッカーゆえ、口中でチョコレートと混ざるのに少々時間がかかるので、じっくり味わう大人好みで、男女別では、噛む力が強い男性向きとか。一方の「たけのこの里」はクッキーゆえ割とすぐにチョコレートと混ざるため、味覚がまだ発達しきれていないお子さんでもすぐにおいしさを感じることができ、男女別では男性と比して噛む力の弱い女性向き、との〝研究結果〟が出たのだとか。言われてみれば妙に納得……。


「パイの実」——パイのなる木に実ったスイーツ　昭和54年

ロッテから発売の一口スイーツ。64層にもなるパイ生地で、チョコレートを包み込んだもの。パンの木という熱帯植物になる実は、焼くとパンのような風味がするという。それをイメージして作られたパッケージに詰められたこれは、あたかもそれが生《な》っているかのように思わせるスイーツで、命名の由来もそこにあるという。

種類としては、定番のチョコレートの他に、冬季限定のキャラメルミルク味があり、また地域限定バージョンとしては、たとえば東京ならバナナカスタード、信州はりんご、東海地区はみかん等がある。さらに期間限定としてはアップルパイやピーチパイ、マロンパイ、バニラアイスクリーム味が販売されている。なお、中にチョコレートを入れない、「おおきなパイのみ」というものも発売している。〝パイの実〟を〝パイのみ〟にひっかけたものだが、それにしても中身のない「パイの実」を作って「パイのみ」ねぇ。思わず〝座布団一枚〟とでも言いたくなるネーミングだ。

こうした溢れ出る遊び心が多くのファンを惹き付け、ロングセラーを続けている要因か。この先どのような遊び心が打ち出されるのか、楽しみが尽きない。

「うまい棒」――ベスト&ロングセラーの秘訣はバリュー　昭和54年

駄菓子界の雄たるやおきんという会社の手になる、名品「うまい棒」が誕生したのが、昭和54（1979）年であった。この分野のものを挙げだしたら切りがないが、そんな中でもこの「うまい棒」の人気は特筆に値する。そして今や同分野のエースとなり、その世界の牽引車の役割を担うまでになっている。ここまで存在感が高まると、〝駄菓子〟という言葉を何のてらいもなく使っていいものか迷うほどだが、ここではあえて親しみを込めてそのように呼称し、筆を進めさせて頂く。

　お値段も発売当初から10円を守り抜いてきた。そのあたりも長く子供たちの支持を取り付けてきた要因のようだ。今時10円で買えるものがどれほどあろう。その経営努力には頭が下がる思いがする。ただ、よろず物価の上がる中、２０２２年4月より税抜き12円に改定された。これは誰が見ても致し方のないところ。〝なくなってしまうよりは〟との同社のコメントがあるが、よくぞこれまで10円で踏ん張ってきてくれましたと感謝せねばなるまい。そして、それでも12円に抑えて残してくれた努力には敬意を払ってしかるべきであろう。

　その子供たちの夢を紡いできた「うまい棒」、近頃は駄菓子の分野のみならず、スイーツ界の名品として認識されてきた感がある。というよりは、「駄菓子」、「洋菓子」、「和菓子」、「流通菓子」、「スナック菓子」等々といった、これまでの分け方に無理が生じる時代になってきたようだ。駄菓子と流通菓子とどこが違う？　和風の洋菓子もあれば、その逆もある。そんないろいろある中での競争や淘汰も日々激しさを増している。その激戦を生き抜いてきたもののひとつが、この「うまい棒」である。その銘菓もまた日々進化を遂げているようだ。今後のさらなる変貌が楽しみである。

「グミ」――女子中高生にヒット　昭和55年

　今やグミは子供からお年寄りまで、男性も女性も嫌いな人はいない程に、お菓子の世界での通常商品となっている。これの登場は昭和55（１９８０）年で、明治製菓（現・明治）が子供向けのお菓子として作った「コーラアップ」が最初であった。当初よりそこそこの売れ行きは示していたというが、昭和63（１９８８）年に同じく明治製菓が出した「果汁グミ」が女子中高生の間で大ヒットし、マーケットが一気に拡大していった。

パイの実

うまい棒

グミ

ところで「グミ」なる商品だが、そもそもをたどると、果汁などをゼラチンで固めたドイツを発祥とするお菓子で、その語源もゴムを意味する同国語のGummiに由来するという。ところで、筆者は職業柄、個人的な所用や仕事も含めて海外に出向く機会も多いが、行く先々でいろいろなものを口にする。洋菓子類はもとよりだが、グミ類のおやつ菓子も好んで買い求める。ところが、すべてを食べつくしているわけではないので断言はできないながらも、総じてあちらのものは食感が固く作られているように思う。元来日本人は柔らかいものを好む傾向にあるので、常々個人的には〝もう少し食べやすかったらいいのになぁ〟などとも思っていた。多くの方の反応もおそらく同様のものと思われるが、そうしたことを勘案してか、日本人好みのソフトな食感のグミが登場した。

これは、開発した明治製菓（現・明治）の研究と努力の結果と思われるが、改めて思うに、あれはヒットすべくしてヒットしたお菓子ではなかったか。その日本のグミだが、お菓子の世界においてしっかりと市民権を得た後も、とどまることなくますます進化を遂げ、今やバラエティーに富んだすばらしい商品群に成長しているところがすごい。

「ヌーヴェル・パティスリー」――飽食の世に新しい流れ　昭和50年代中頃

フランスに起こったヌーヴェル・キュイジーヌ（新しい料理）の流れを汲んで、ヌーヴェル・パティスリー（nouvelle pâtisserie）と称する波が起こってくる。ヌーヴェル・パティスリーとは〝新しいお菓子〟という意味である。

現代人は美味なものに囲まれた、いわば飽食の状態にある。これらの人々に満足を与えるべく供するお菓子としては、やはり当然の如く、より軽く、口当たりよく、胃に負担をかけないものが要求されてくる。そうした性格を備えたスイーツ類が、すなわちヌーヴェル・パティスリーと呼ばれるものである。

具体的な軽さということで捉えるなら圧倒的にムース（後述）系統のものが中心となってくる。加えて口当たり等を鑑みるとスフレ、バヴァロワ、クレーム・カラメル（カスタード・プディング）、ブランマンジェ、パルフェ、さらには細かな気泡を持つビスキュイ（スポンジ）生地への見直し、軽いが深みを持つジャポネ（Japonais）系統の生地（プログレ（progrès）やシュクセ（succès）とも呼ばれる、粉末アーモンド入りの生地）などがあげられる。またヌーヴェル・パティスリーを素材面から見るなら、従来入手が困難であったトロピカルフルーツの使用なども、その流れの中での特徴のひとつとしてあげられる。そしてさらに付記するなら、素材同士の旧来になかった組み合わせによるものなども、やはり新しい手法としてその範疇に捉えることができるだろう。

こうしたニュースとその流れは、すぐさま日本にも伝わり、日本の調理界はマスコミも現場も、やれヌーヴェル・キュイジーヌだ、ヌーヴェル・パティスリーだと、それ一色に染まっていく。ただ、その前にもうひとつのきっかけがあった。それが次に述べることがらで、フランスのミッテランによる社会主義政権の誕生である。

「ムース」――フランスの革新政権誕生がきっかけ　昭和50年代中頃

前項で既述したヌーヴェル・パティスリーを代表するものとして、ムース（mousse）なるものがある。ムースとは、フランス語で〝苔〟という意味と〝泡〟という意味を持っている。お菓子の場合は当然後者をとっているわけだが、いずれにしても苔のように柔らかく泡のように軽いお菓子である。

柔らかくする素材としては、多くの気泡を持つメレンゲ（フランス語ではムラングという）や泡立てた生クリームがあり、これを主体として種々の味付けをしたものだ。

これまでお菓子を作るにあたって、保形成を与えるためには、焼くなり煮るなり蒸すなりといった加熱の手法がとられてきた。ところが近年に至って冷却手段が進歩し、お菓子作りの間口も大きく広がった。すなわちムースをはじめ、これまで固めにくかったり、固めるのに時間を要したものも、容易に製作できるようになったのだ。冷やして固めるものゆえ、常温ないし口中に入れればすぐに柔らかくなる。これが飽食状態にある現代人の求める嗜好、味覚、感覚にぴったりと一致するわけで、これらの傾向を持つものを中心としたお菓子群は述べた如くヌーヴェル・パティスリー（新しいお菓子）と呼ばれるほどに、現代の流行となったのだ。

ところで、大概は何ごとにもきっかけというものがある。飽食の世にあって、いずれはこうしたムース類が世を席巻したとは思うが、実はこんなことがあったが故に、ムースに世の注目が集まり、様々な種類が手掛けられ、ある時を境にスイーツ界は一挙にムース一色になっていったのだ。

そのある時とは昭和56（1981）年、フランスにおいてのミッテランによる社会主義政権の誕生であった。ド・ゴール、ポンピドウ、ジスカール・デスタンと続いた政権による疲弊に対し、フランス人は変化を求めたのだ。

大統領に就任したミッテランは次々と改革の手を打っていく。その中のひとつに労働時間の短縮があった。これは一般的に考えれば働く人たちにとっては望むところではあろうが、少量多品種を旨とする製菓業にとっては大きな問題となる。そこで考えた末、多くのお菓子屋がショックフリーザー（急速冷凍機）の導入をもって時短に対処することにしたのだ。すなわちたとえば毎日三〇種類の生菓子をつくっていたとすれば、1日五〜六種類ぐらいに絞ってそれを1週間分まとめて作り、ショックフリージングしてストックし、毎日必要な種類を必要な量だけ解凍してそれにちょっと飾るなどの手を加えて店頭に出せばいいのだ。こうすることによって手間のかかる少量多品種から大量少品種へと製作シフトを変え、労働時間の短縮に業界挙げて対応していった。

ところでその時のお菓子だが、当然急速冷凍に向き不向きがある。たとえば、多くの気泡を持ったものなどは、まさにうってつけである。何となればどんなに冷やしても、気泡は固まらないし、すみやかに解凍できて、フォークもすぐに入る。また生鮮のフルーツ、たとえばイチゴやフランボワーズといったものなどは、急速であろうと緩慢であろうと、一度凍らせると組織が破壊されて、解凍後はグチャグチャになってしまう。ところが最初からピュレ状にし、泡立てた生クリームやメレンゲ（ムラング）とあわせておくと、形は残らないが、味は気泡と共にお菓子の中にしっかり閉じ込めることができる。

こうして、いずれはなったであろうムースの時代があっという間に訪れて、スイーツ界を席巻してしまった。そして気付けばお菓子屋さんのショーウインドウには、イチゴやフランボワーズ、マンゴー、ショコラ、カフェ、プラリネ等々、ムース系のお菓子のオンパレードとあいなった次第。

お菓子の進化や発展、変革には王者権者のわがままや戦争、宗教等々に加えて、政治や経済も大きな要因のひとつなのである。

ところで、業界視察の名目でフランスを訪れた日本のお菓子屋さんたちはこれをみて、そうか、飽食の時代、これからはムースなのかと、瞬時にこの流れを取り入れて、北から南まであっという間にムース一色に染まっていった。本当はその裏にいろんなことがあったのだが……。

昭和50年代中頃

「シャルロット」――進化して復活

ムースを中心としたヌーヴェル・パティスリーの波がフランスを席巻していた折、突如あるお菓子が浮上してきた。シャルロット（charlotte）という華麗なアントルメ（デザート菓子）である。ビスキュイ・ア・ラ・キュイエールという、いわゆるフィンガービスケットの器にムースを流して固めたものので、久しく世に出ていなかったものだ。かように忘れられていたものが、何かのきっかけをもって、眠りから覚め再び世に姿を現す。それも一皮剝けた形で装いも新たに……。だからこの世はおもしろい。ではこの機会にそのシャルロットというお菓子を少々検証してみよう。

大型のデザート菓子で、その形がリボンやレースをあしらったボネット調の婦人帽シャルロットに似ているところからこの名が付けられたという。シャルロットには本来冷たくして供するものと温かくして供するものの二種類あるが、今日ではシャルロット・リュス（charlotte Russe＝ロシア風シャルロット）と呼ばれる冷たい方が一般的になっている。温かい方はフルーツ主体で、りんごを使うシャルロット・ド・ポンム（charlotte de pomme）や杏を使ったシャルロット・ダブリコ（charlotte d'abricot）、桃を使ったシャルロット・ド・ペーシュ（charlotte de pèche）などがある。これはロシア風より先に作られたというが、共にフランスのアントナン・カレームという、偉大なる料理人にして天才製菓人といわれた人の手によるといわれている。

さてロシア風の方だが、これは述べた如くのもので、カレームがロシア皇帝との縁で作ったためにロシア風と呼ばれるようになった由。彼はナポレオン戦争後にパリに入城してきたロシア皇帝の接待役を果たしたり、またその際大いに気に入られて、後にロシアに招かれたりもしている。そうした折

ヌーヴェル・パティスリー

ムース

シャルロット

のどこかでこのお菓子がひらめいたか、あるいは手がけたかしたものと見える。はたまたノスタルジーがからんでのことかも知れない。また彼は自らの著書『パリの王室製菓人』の中で、「私がパリに店を構えている時に思いついたもので、最初に作ったものは警察長官と外務大臣の家に届けた」とも述べている。また彼の著書に度々シャルロット・ア・ラ・パリジエンヌ（charlotte à la Parisienne）という名前が出てくるが、これはロシア風と同じ製法で、自分がつけた名前であるともいっている。

カレームの手になったものが、今なおお美食家の心を捉えて離さない。世に天才製菓人といわれる所以である。後世に名を残す、どんなことにせよ大変なことである。そんな希代の銘菓が突如、ヌーヴェル・パティスリー（新しいお菓子）として浮上してきたのである。それも現代風に口当たりよく、装い新たにおしゃれになって……。

「ガリガリ君」――真夏の覇者　昭和56年

赤城乳業による真夏の覇者「ガリガリ君」が登場したのは昭和56（1981）年である。そもそもをたどると、昭和39（1964）年に同社が開発した「赤城しぐれ」と名付けたかき氷が大ヒットしたことがきっかけになったという。その後、子供が遊びながら片手で食べられるかき氷ができないものかと思案を重ね、かき氷をアイスキャンディーでコーティングすることを思いついた。こうすることで溶けにくく、棒が抜けない現在の形が出来上がった。

通常、摂氏22〜23度くらいの時には乳脂肪をしっかり含んだアイスクリームが求められるが、30度を超すとクリーム状のものはやや敬遠気味となり、乳脂肪の少ないものやシャーベット系が求められ、さらに気温が上がるにしたがって、さっぱりとしたかき氷の方に移行していくという。したがって、暑くなればなるほど、ここにご紹介した「ガリガリ君」や井村屋の「あずきバー」のようなさっぱり系の商品にウェイトがかかってくる。熱くなった身体が本能的に早く冷やそうとするからなのだろう。

近年は地球の温暖化傾向に拍車がかかり、日本の真夏は赤道直下以上の酷暑となってきた。よって同社のこの商品は、今や同時期においては、他の追随を許さぬ〝絶対王者〟として、その地位を不動のものとしているようだ。

昭和56年

「焼きたてクッキー」——匂いにつられて

昭和56（1981）年、突如焼きたてクッキーが登場した。クッキーなるもの、古くよりあちこちで十分すぎるほど作ってこられ、少しも珍しいものでもなくなっていた。が、たいていはあらかじめ作られ、袋詰めか缶入りのセットになっての販売であった。それがその場で作る〝焼きたて〟での提供。これは新鮮だった。今までありそうでいてなかった売り方に皆が飛びついた。1970年代よりアメリカでこの販売形態が注目を浴びていたが、日本ではモロゾフという製菓会社がいち早く積極的に仕掛けていった。百貨店の名店街やショッピングセンターの同店からはその焼く香りが流れてきて、おいしそうな匂いにつられてか、お客様が吸い寄せられるように集まり、それを求めて長い長い行列ができていった。

それと対抗するように翌年、〝ステラおばさん〟のニックネームで、アントステラというブランドの同じく焼きたてクッキーが展開をはじめ、続いて同様のスタイルのお店があちこちに続々と誕生していった。商いというものはなかなか大変で、いかなるものにせよ常に新しいものが求められる。かように新商品の開発は物作りにとっては必要不可欠な永遠の課題である。そして必ずと言ってよいほど言われるのが、〝新商品はもう出尽くした〟である。ただそう言われながらも、新商品とやらは必ず出てくるものなのだ。その場合、ホントにその言葉通りに新しく開発されたものもあるが、ちょっと切り口を変えただけで、いわれるところの新商品になってしまうこともある。この度のようにクッキーという素材そのものは決して新しいものではないが、あらかじめ作っておいて缶入りや袋詰めにするのではなく、その場での焼きたてという方式にはだれも取り組まなかっただけ。コロンブスの卵ではないが、最初にそのことに気付き、実行した人はやはり称賛に値しよう。

ただ、移ろいやすいのもまた人の心。あんなに飛びついてくれたのに、しばらくたったらもう誰も並んでくれなくなってしまった。せっかく焼きたてのおいしい風味に接したのだから、もう少しゆっくり楽しんでいただきたかったのだが、お客様の心はもう次なるものを求めて動きだしていく。今当時の面影を残しているのは、〝ステラおばさん〟ぐらいになってしまったようだ。この上はこの〝おばさま〟にすこしでも健康で長生きしてもらうしかないか。でもいつの日か、何かをきっかけとしてまたこの類のものが燃え上がってくるかもしれない。一皮むけた形で。などと思っていたら、なんとホントにそのようになっていった。

だいぶ後の2021年になってからだが、森永製菓から、冷凍クッキー生地が発売されたのだ。「ムーンライトクッキー生地」と「チョコチップクッキー生地」の二種類をもって。これは完成された状態の冷凍クッキー生地で、これなら材料を買い集めたり、計量や混ぜるといった面倒な作業はする必要がない。しかも自宅のオーブンに入れるだけで、いながらにしてその焼きたてが食べられる。なんという便利さ。それにしても人の英知には限りがないことをつくづく教えられた一品である。それとやっぱり新商品は出尽くしてはいなかったのだ。

昭和56年 「半生菓子・ダッコワーズ」――アントルメがお日持ちギフトに

フランス菓子にはいろいろなアントルメ（デザート菓子）があり、それを構成する様々な生地やクリームがある。そんなもののひとつに、卵白に砂糖を加えて泡立てたメレンゲ（フランス語ではムラングという）と称するものがある。他のクリームにそれを混ぜてより軽いクリームを作ることにも使われるが、そのメレンゲだけを乾燥焼きにしてもすばらしいお菓子になる。フランス人たちはこうしたメレンゲ菓子が大好きだ。あるパティシエが、これをもっとおいしくすることができないかと、いろいろと試してみた。そこで彼はそのメレンゲに粉末アーモンドを混ぜて焼いてみたところ、それは驚くほどに風味高い味わいになった。次いで今度は、この生地にコーヒー味やプラリネ（アーモンドペースト）味のクリームをサンドして新しいアントルメを作ってみた。希代の銘菓・ダッコワーズ（dacquoise）の誕生である。

ところで、これをさらに工夫し、片手で食べられるような小型サイズのお菓子に変身させた人がいた。いうところのワンハンドスイーツである。そもそもの考案者は定かでないが、日本で最初に手掛けたのは、福岡で16区というお菓子屋を営む三嶋隆夫氏であった。

日本のお菓子屋さんは勤勉で常に向上心を持っており、いつももっと何か新しいものはないかと模索している。そんなところに持ってきての新型のダッコワーズの登場である。これはいいと、あっという間に全国に広まっていった。同氏によると、考案したのは昭和54（１９７９）年の由だが、自店開業の昭和56（１９８１）年からこのお菓子を手掛けているという。ちなみに同店ではこれをして

「ダックワーズ」と称している。

「雪見だいふく」――冬向けのアイスとして開発した大福アイス　昭和56年

ロッテの発売による和テイストのアイス。薄い求肥でアイスを包み、大福のように丸い形に整えたもの。温かみのある大福と冷たいアイスクリームの取り合わせの妙で、発売と同時に人気を集めた。なお、この開発の陰にはいろいろな伏線があったとか。まず前年の昭和55（1980）年に、アイスをマシュマロで包んだ「わたぼうし」というものがヒットし、これをもとに生まれたのが「雪見だいふく」であったという。加えて、博多の銘菓「鶴乃子」（石村萬盛堂）というお菓子がヒントになっている由。

大福とアイスの意外な組み合わせが話題となり、また障子越しの窓から雪を見ながら、こたつに入って食べる冬のアイスとして「雪見だいふく」と名付けた演出が受けて、商品としてしかと定着していった。

なお、ロッテは11月18日を「雪見だいふくの日」と制定している。これについては、11月を語呂合わせで「いい」とし、パッケージのふたを開けて縦に見たとき、付属の専用フォークと二つの雪見だいふくで18に見えるところから、としている。

「おっとっと」――海の仲間のミニスナック菓子　昭和57年

森永製菓より発売された、様々な形をした魚介類の小さなスナック菓子。語源は、お酒を注いだり注がれたりする時に言う「おっとっと……」という語と、お魚を表す「おとと」という語との掛け合

ガリガリ君

焼きたてクッキー

半生菓子・ダッコワーズ

わせからという。いろいろな種類が作られているが、おっとっとうすしお味には、イカ、カニ、カメなど海の仲間の形があり、またベジタブルおっとっと・コンソメ味にはトマト、かぼちゃ、ほうれんそうなどの大地の仲間の形がある。こうなるとおとと関連だけにとどまらず、何でも有りとなってくる。なおテイストについては既述のうすしお味、コンソメ味の他に、現在は中止されているものもあるが、青のり味、餃子味、ラーメン味、たこ焼き味等々さまざまなものが作られてきた。長い間にはかようにいろいろなものが作られてきたが、それだけ広く深く皆さんにご愛顧いただいてきたということか。

さて、この「おっとっと」にはライバルも作られていた。現在は発売されていないようだが、その名も「さかなかな」。こちらはハウス食品からのもので、スナック菓子ではなくチョコレート菓子。で、この読み方だが、逆さ読みにすると「なかなかさ」だとか。そこまで考えての命名だとすれば、恐れ入るしかない。それはさておき、「おとと」と「さかな」はライバルというより〝なかまかな〟。

「パックンチョ」——ネーミングも秀逸　昭和58年

ユニークな名前のこれは、森永製菓から発売されたお菓子である。クッキー生地の中にチョコレートクリームが詰められている。昭和58（1983）年の発売以来今日に至るまで、一貫してディズニー・キャラクターを、そのお菓子の表面及びパッケージのデザインに使っている。森永製菓は昭和35（1960）年にキャラクターの使用許諾契約を結び、長年ディズニーキャラクターのお菓子を発売していた関係からの企画であったという。よって東京ディズニーランドの開園日であった同年4月15日が、このお菓子の発売日となっている。

雪見だいふく

おっとっと

パックンチョ

なお、通常は40種にも上るディズニーのキャラクターがデザインされているが、たまにハート形のものがあるとか。ディズニーファンやコレクターの人たちにとってはこうしたものがたまらない魅力となっているようだ。味のバリエーションとしては、基本はチョコレートとイチゴの二種類となっている。

ところで面白いのはこのネーミングの「パックンチョ」だ。考えて考えて考え抜いた末か、あるいはひょんなことから思いついたのかは定かでないが、こうした企画力がロングセラーの秘訣といえよう。同業として感心させられることの何と多いことか……。

なお、これより以前の昭和54（1979）年に明治製菓（現・明治）から「こんにちはパンダ」という、パンダの図柄をあしらった同様のものが発売されており、またパックンチョの翌年にはロッテから「コアラのマーチ」（同項参照）という同種のものが出されていることも、併せてお伝えさせていただく。

「カロリーメイト」――食事代わりに　昭和58年

大塚製薬から発売されたもの。栄養調整食品とされているこれは、若い人たちを中心として簡便な食事代わりとして重宝に摂られている。ところでこれは果たしてお菓子として扱っていいものか、意見の分かれるところだがどうだろう。ちなみに1991年カルビーより発売された「フルグラ」（後述）も同様のものといえばいえようが、本書では一応それもスイーツ類の仲間として扱ってみた。よってここでも、もちろん異論もあろうが、お菓子の仲間の一つとして扱うこととする。

発売元の大塚製薬曰く「バランスよく栄養を手軽に摂る」のコンセプトのもとに開発したとのこ

と。そしてスコットランド発の伝統的なお菓子であるショートブレッドからの着想とも言っている。ということは、やはりお菓子の分野としての扱いも間違いではないということか。その内容としては、人の生存に不可欠な栄養素である、たんぱく質、脂質、糖質の他、一一種類のビタミン類、六種類のミネラルがバランスよく配合されている。なお、ゼリータイプの方は、たんぱく質、脂質、糖質、及び一〇種類のビタミン、四種類のミネラルとなっている。また、昭和58（1983）年11月にはドリンクタイプのコーヒー味、昭和59（1984）年4月にはブロックのフルーツ味を発売。その後もチョコレート味や新しい形状のものを出すなど、進化を遂げつつ今日に及んでいる。

ところで冒頭に挙げた〝手軽な食事代わり〟もさることながら、災害時における〝非常食〟としても熱い視線が送られている。ちなみにこの「カロリーメイト」は、先に発売された「ポカリスエット」と並んで、同社を代表する商品となっている。

「りくろーおじさんの焼きたてチーズケーキ」——雨の日も行列　昭和59年

それまでにもチーズケーキは十分流行ったのだが、ここにきてまた新しいバージョンのチーズケーキがスイーツファンの心を惹き付けた。大阪に誕生した「りくろーおじさんの店」の作る焼きたてのスフレタイプのチーズケーキだ。そしてこれを求めて、連日長蛇の列ができた。雨の日もこうもり傘の列がどこまでも、どこまでも。確か当初は18センチのワンホールで500円であったか。この大きさでワンコインはバリューがある。しかも焼きたてのホカホカ。これで人気が出ないわけがない。

創業者は西村陸郎という方だそうで、お店の名前もここからきているという。何でも創業は昭和31（1956）年というから、けっこう古くから商いを営まれているようで、最初は「千鳥屋」という屋号だったそうだ。それが昭和59（1984）年、思い切って趣向を変え、ガラス越しに作るところが見えるようにし、そこでこの焼きたてスフレチーズケーキを始めた。これが大当たり。

かくいう筆者も評判を聞きつけて新幹線でこれを求めに行ったことを憶えている。遠くの方からその行列が見えると、心がときめいてきた。そして長時間並んで手に入れ、そのホカホカを手に、また新幹線で帰ってきた。それはもう感動ものであった。それからほどなく、あちこちの商業集積ではこれに類するものが次々とオープンしていった。伺うと、開いた当初から、すぐに行列ができ、一日フル回転で毎日着実に50万円売れたという。これだけ数字が読めればデベロッパー側も大喜びで、多少の無理はしてでも場所を作って提供してくれる。ただ、そのブームはそれほど長続きはしなかったようで、ほどなくそれらの場所は別のお店なり、違う売り場に衣替えをしていった。

ところが、本家の「りくろーおじさんの店」は、その後もしっかりお客様の心を捉えて離さず、この拙著をしたためている2022年の今に至るも盛業を続け、いやそれどころか発展をし続けている。あっぱれ。さすがというほかはない。今、改めて同店を検索してみたら、なんとこれを求めてドバイからいらした方もあるとか。大阪発のお店が、今や全国区はおろかインターナショナルにまで……。ご当主の〝陸郎おじさん〟に心からエールを送りたい。

「ハーゲンダッツ」――高級アイス路線を継承　昭和59年

昭和46（1971）年に登場したレディーボーデンによって敷かれた高級アイスクリーム路線は、1980年代にそのブランドがひと時途絶えた。明治乳業とアメリカのボーデン社のライセンス契約が切れたことによってだが、その路線を引き継いだのがハーゲンダッツで、ハーゲンダッツ ジャパ

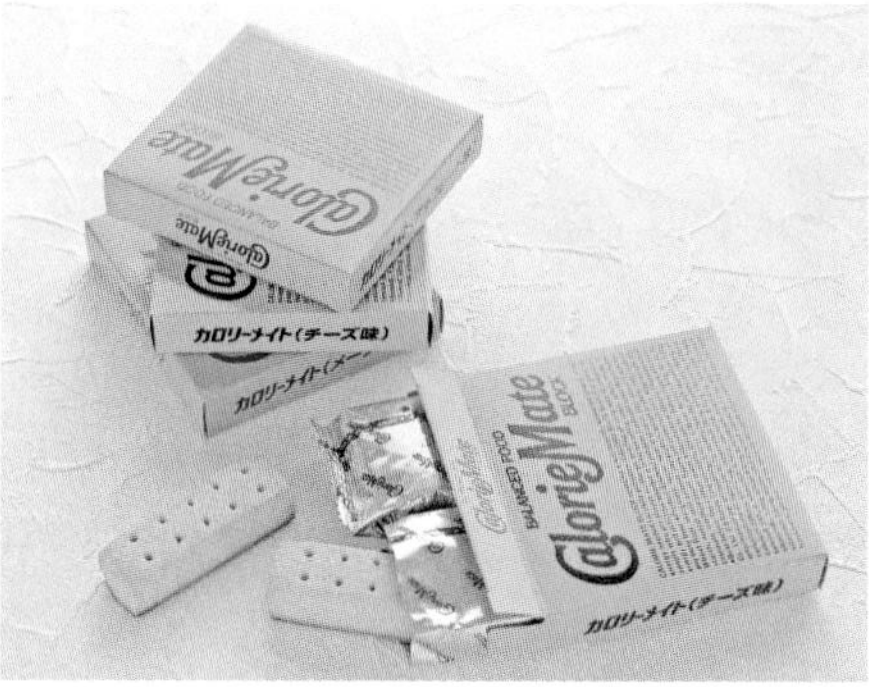

カロリーメイト

りくろーおじさんの
焼きたてチーズケーキ

ハーゲンダッツ

ンの立ち上げは昭和59（1984）年であった。

同社は1920年代にポーランドからのユダヤ人移民のルーベン・マッタスと妻のローズ・マッタス夫妻が、ニューヨーク市ブロンクス区でアイスクリームの行商を荷馬車で行ったのが始まりであるという。1983年にオイルズベリー社がこの経営権を取得し、後の1999年に同社とネスレのアイスクリーム部門が合併し、アイスクリーム・パートナーズSAとなった。現在は2001年にそれを取得したゼネラルミルズ社の下に運営されている。

そうした経緯を持つハーゲンダッツ ジャパンは、日本におけるアイスクリーム業界の高級路線を継承し、確立していった。

「カントリーマアム」——新食感・2重構造クッキー　昭和59年

不二家から発売のクッキー。アメリカンタイプの大型で、コンセプトは「焼きたて手作り感」としている。製品についてはクッキー自体を和菓子のように2重構造にし、外側はさっくりと、内側は餡のようにしっとりとさせている。この食感を出すため、通常のクッキーより時間をかけてじっくりと焼き上げるなどの工夫を凝らしている。なお、お菓子好きで少しばかりマニアックな方は、これをわざわざ再加熱して焼きたての風味を味わっておられるとか。いろいろな楽しみ方があるものである。

ところで「カントリーマアム」とは「田舎のお母さん」という意味があり、1970年代にアメリカで流行り出した焼きたてクッキーにヒントを得て開発された由。また発売当初は、お客様から「中がしけっていた」とのクレームも少なからずあったというが、割って中を見せるというコマーシャルを打って理解を求めたなどのエピソードもある。新しい試みには何事によらず苦労が付きまとうものだ。その後も順調に顧客の支持を得ていき、看板商品の「ミルキー」、味を違えた一粒ずつの「ルックチョコレート」などとともに、同社における有力な主力製品のひとつに成長を遂げていく。

なおこの「カントリーマアム」は2020年、新バージョンの「カントリーマアムチョコまみれ」(同項参照)として、再び世の脚光を浴びることになる。

「コアラのマーチ」——ロッテからのヒット&ベストセラー　昭和59年

昭和59(1984)年3月にロッテから発売されたチョコレート菓子。同年10月、オーストラリアからコアラが贈られることになり、それに先駆けて作られたもので、サクサク食感のビスケットの中にチョコレートが入っていて、そのバランスが絶妙との評判が高い。そしてそのひとつひとつにコアラの楽しい絵柄がプリントされており、そうしたかわいらしさが多くの人々の心を捉えていった。

その絵柄には男の子の「マーチくん」と女の子の「ワルツちゃん」、あるいは「友コアラ」もいて、その数三六五種類ともいわれている。中にはスポーツやお仕事などシリーズ化されているものもある。また眉毛のあるコアラや盲腸の手術痕があるコアラを見つけるとハッピーになるという噂もある。ただ前者に関しては、ラッパを懸命に吹いた時にできる眉間の皺で、後者はケガをした傷跡なんだとか。さらには鼻血コアラなんていうのもあるが、これは口をすぼめた図案がそのように見えて名付けられたものという。しかしながら、2003年にはその呼び名も面白いとして、改めて「まゆげコアラ」、「盲腸コアラ」、「鼻血コアラ」として正式名になったとか。

またパソコン時代の現代において、摘まんだ時に指先が汚れないのがいいとされ、それもロングセラーの大きな要因といわれている。

「カラムーチョ」──お酒と楽しめるポテチ　昭和59年

湖池屋発売の、チリ味を効かせた辛味のポテトチップス。それまでポテトチップスは、高度成長期という世の中にあって、家族みんなで楽しむものであったが、そんな中にあって、大人がお酒と一緒に楽しめるものを作ろうと開発されたものがこれであった。開発担当者がアメリカ視察中に、あちらの人が楽しんでいるチリ味に着目し、これをベースにガーリックやオニオンなどを加えて辛味の効いたものを作り上げた。そしてネーミングも、〝辛い〟にスペイン語の〝もっと〟という意味の〝ムーチョ〟をつなげて「カラムーチョ」。

初めは昭和59（1984）年に細切りタイプのスティック状のものを発売したが、ほとんど売れなかったという。だがそのうち情報発信基地でもあるコンビニで評判が立ち、一転大ヒットにつながっていった。ものめずらしさに惹かれる若者の心を摑んだためといわれている。次いで昭和61（1986）年にはスライスタイプのポテトチップスを発売。その後は味はもとよりのこと、パッケージもリニューアルをしたりと様々な改良を施しながら、今日に至るロングセラー商品に仕立てていった。

カントリーマアム

コアラのマーチ

カラムーチョ

8　昭和の終焉――スイーツのジャンルを次々網羅

生菓子、贈答用乾き菓子、あるいは手作りチョコレートや新しい提供の仕方としてのアイスクリームやクッキーと、様々なジャンルを次々と網羅していったところで、比較的手薄であった半生タイプの焼き菓子に注目が集まった。エージレス（脱酸素剤）やアンチモールド（粉末アルコール製剤）使用といった新しい保存方法の開発を背景として、マドレーヌやフィナンシエなどが、自家需要やギフト商品としてのシェアを拡大していった。

一方では、より瀟洒にと小型化し、高級化していった反動と、食後の満足感の訴求から、大振りにして低価格を特徴とした、大型のシュークリームなどに人気が集まっていった。また女性のお菓子研究家たちによるお菓子展なども盛んにおこなわれるようになり、甘味文化がより広く深く知らしめられ、お菓子のファン層の拡大につながった。

製菓業界全体としては、国際化がより深められていき、それがさらに花開く平成の時代へとつなげられていく。

「いちご大福」――和と洋のびっくりコラボ　昭和60年頃

文字通り〝イチゴを入れた大福〟で、和洋折衷のお菓子として、昭和60（1985）年頃にブームを巻き起こした。イチゴはショートケーキをはじめ、洋菓子に使うものとばかり認識していたところに、これをあしらった大福の提案がなされた。これは面白いとして、各地に波及し、ついには定番商品に仕立て上がってしまった。出来上がってしまえば何ということもないのだが、こうしたことを思いつくこと自体が、実は大変なことなのだ。そして、かように市民権を得た後、これについては〝実は手前どもが最初に〟というところがいくつか名乗りを上げてきた。ちなみに元祖を名乗るのは、東京新宿区住吉町の「大角玉屋」でこちらの商品名は「いちご豆大福」、同じく東京板橋区の「一不二」、群馬県前橋市の「金内屋」、三重県津市の「とらや本家」、同じく三重県伊賀市の「欣榮堂」、滋賀県大津市の「松田常盤堂」等多数に上っている。なお、いちご大福の製法特許は「大角玉屋」と「一不二」が取得している由。

また商品としては、赤い小豆餡使用のもの、白餡使用のもの、あるいは餡を使わずイチゴだけを入れるもの、イチゴとホイップした生クリーム使用等、いろいろなタイプのものが作られている。そもそもがいずれにあるにしても、洋の素材とばかり思われていたイチゴを和菓子の代表格のひとつの大福に、思いつきか思い切ってかはさておき、使ってみた勇気は称賛に値する。

「ジャンボシュークリーム」――大好きなものを思いっきり！　昭和60年

瀟洒で素敵と騒がれ、どんどん小さくなっていったフランス菓子の反動から、アメリカンタイプと称する大型のカットケーキがもてはやされていったが、それと呼応するように、大型のシュー菓子、ジャンボシュークリームが登場。あっという間にマーケットを席巻していった。小川啓三氏営むところの銀座コージーコーナーの手によるものであった。

日本人の好むテイストは、ふんわり、しっとり、クリーミーである。この三要素をしっかり備えたこのお菓子に、人々はこぞって飛びついた。フランスで作られるシュー菓子は皮をしっかり焼いたもので、フランス帰りのパティシエは、総じてこのパリパリシューを手掛けていた。そして中のカスタードクリームも同じくフランス風にやや堅めに煮上げていた。マスコミもまた、そのテイストをこれぞフレンチと持ち上げていた。そこへもってきての日本人が本来大好きな、ふんわりと、そしてしっとりと焼いたシュー皮に、トロッととろけるようなクリームをたっぷり詰めた大型シュー。このインパクトは強烈だった。これが本物のフランス菓子かと、せっかくなびいてくれたスイーツファンの方々も、こぞってそちらに向きを変えてしまった。

ある時私が会社から外出しようとした折、私どもの女性スタッフが言った。

「社長、どちらに？」

「ちょっと渋谷の店まで」

「あ、でしたら渋谷のコージーコーナーでジャンボシュークリーム、買ってきて頂けないでしょうか」

「…………」

遠慮のないフランクさが私どもの会社のいいところではあろうが、とっさに返す言葉が見つからない。もちろん要望には応えてあげたが、私自身改めて食べてみるとやっぱりうまい。この一品をもってコージーコーナーは一気に大手へと駆け上っていった。一時のブームは落ち着いたようだが、ともあれこのジャンボシュークリームの出現は、スイーツファンに味覚や食感の選択の幅を広げる役目を担ってくれたようだ。

昭和60年

「マドレーヌ、フィナンシエ」――贈答品の主役に

　マドレーヌやフィナンシエ、パウンドケーキといったものは、焼き菓子ではあるがクッキー程乾いているわけではなく、それなりに水分を含んでいるため、日持ちの点で心もとなく、お中元やお歳暮といったお遣い物や地方発送には不向きとされてきた。ところがエージレスと称される脱酸素剤の開発で日持ちの期間も延長でき、一躍百貨店等の商材としての主役に躍り出てきた。脱酸素剤とは、小袋に収めた微粉末の鉄で、お菓子をパックする時にこれを同封しておけば、鉄ゆえ袋の中の酸素と結びついて錆びていく。こうして袋の中を無酸素状態にすることによって、お菓子の酸化を防ぐことができるというわけである。

　生菓子以上に日持ちはするがクッキー程ではなく、地方発送するには不安を伴い、カビ等の心配のぬぐえなかった半生菓子といわれたものは、こうすることによって日持ちも飛躍的に延ばすことができるようになった。こうして一気に贈答品の主役に躍り出たマドレーヌやフィナンシエ、その他の半生菓子類は、多くのお菓子屋を商店から企業へと脱皮させる原動力となっていった。

　なおこれには続きがある。いかに機械であっても完璧とはいかず、不備を生ずる場合がある。お菓子を包む際のシールである。これは熱蒸着で封をするが、まれにうまくいかず、袋の生地がよれたりしてピンホールができることもないではない。するとそこから空気が入ってきて、無酸素状態ではなくなり、カビを発生させることがある。これに対してはどうするか。今度はアルコール製剤なるものが開発された。微粉末化されたアルコールである。これを小袋に収めてお菓子の袋に一緒に入れておく。すると微粉末のこれは徐々に気化して、お菓子の周りをアルコールで包んでいく。こうすれば外

から空気が入ってきても、すぐにはカビは生えてこない。知恵者というのはいるものである。

ところでこの粉末アルコールはどうして生まれたか。かつて南極観測船で越冬隊員がかの地に渡った折のこと。運ぶ資材に限りがあり、お酒類などは積んでいくことはできなかった。男たちが一滴のお酒もなく一冬を過ごすのは辛い。ならばアルコールを粉末にしてしまえばいい。氷はその辺にいくらでもあり、それを溶かせば水になり、これに粉末アルコールを混ぜれば、おいしいかまずいかはさておきとりあえずお酒は造ることができる。そんなことで開発されたものがこれであり、その知恵と技術を使って作られたものがここにいうアルコール製剤というわけである。人の考えることに際限はないようだ。

昭和60年
「ホブソンズ」――カリフォルニア発の高級アイス

1983年にアメリカ・カリフォルニアのサンタバーバラに誕生した高級アイスクリーム店がホブソンズ。そして昭和60（1985）年2月に初の海外ライセンス契約を日本と行い、その年の10月に、東京西麻布に日本の1号店がオープンした。レディーボーデンに始まった高級アイスクリームはその後ハーゲンダッツに引き継がれ、その波がこのホブソンズにつながった。オープン時は同地に長い行列が作られ、大きなニュースとなった。同店は、各種のお菓子やフルーツをお客様の好みによって自在にブレンドすることを特徴としており、写真にみられるように、カラースプレー等のトッピングを施すこともでき、自分だけのオリジナルアイスクリームを作ることができるとして人気を集めていった。

いちご大福

ジャンボシュークリーム

マドレーヌ、フィナンシエ

「作りたてジェラート」——〝固まらない〟がおいしさの秘訣　昭和61年

焼きたてクッキーブームが収まってしばらく経った昭和61（1986）年、今度は作りたてジェラートのブームがやってきた。クッキー同様、アイスクリームの類もあらかじめ工場で製造し、流通システムに乗って各所にシフトされてきたものであった。それが、その場で作りたてが供される。これも驚きであった。百貨店の食料品売り場やその出入口あたりに、そのお店は設けられた。店頭には作られたアイスクリームやシャーベットを盛るコーンが、重ねられて堆《うずたか》く何本も積み上げられ、見る人の目を奪った。その店舗演出もよかったが、アイスクリームフリーザーからできたての各種の氷菓が、コーンやそれ用の容器に盛られる様子も外から見え、その臨場感もよかった。言ってみればソフトクリームの提供感覚なのだが、それがアイスクリームやシャーベットの類であることに、人々は新鮮さを感じとったのだ。

こうした氷菓は、通常は個別の容器に充填された後、一度冷却凝固されてから出荷され、その固まったものを我々は手に取って口に運ぶ。しかしながら、冷却凝固される前は全体が完全に固まりきらない状態ゆえ、細かい氷の粒同士がまだくっつかず、したがって至極滑らかな口当たりとなる。この新食感も受けた。さらに言うなら、結果論かもしれないが、このネーミングも耳に心地よく響いた。アイスクリームとかシャーベットとせずに、あえてそれを意味するジェラートなるイタリア語を持ってきたところに、より新鮮さを感じ取ってくれたのかもしれない。何にせよお客様受けがよくヒットすれば、結果何でもよくなってしまうものだが、この形態は、何か新しいものはないかと模索するスイーツ愛好家やそれに応えんとするデベロッパー側の心をしかと捉えた。そしてそれこそあっという間に全国に広がり、気付けばどこにいってもあの山盛りコーンのプレゼンテーションを目にするようになっていた。またそのお陰もあってか、それを機に氷菓を表すジェラートなるイタリア語も、広く一般に市民権を得るまでになっていった。

昭和62年

「オレオ」――真っ黒がおいしい

ヤマザキナビスコ（現・ヤマザキビスケット）の発売によるクリームサンドのココアビスケット。真っ黒の色が特徴。そもそもは1912年にアメリカのナショナルビスケット社（現・ナビスコ）によって作られたもので、さらに遡ると、1908年に販売していたサンシャインビスケット社のハイドロックスクッキーの模倣品であったという。ちなみにオレオの名前の由来については諸説ある。ひとつはフランス語で金を意味するorからきたというもの。他はギリシャ語で美しいとか素敵な、またはよくやったを意味するoreoから。さらには試作品が山のようにできたところから、同じくギリシャ語で山を意味するoresからというもの等々である。

日本では山崎製パンがそのナビスコと業務提携して起こしたヤマザキナビスコが昭和46（1971）年に「ナビィ」という商品を販売し、翌昭和47（1972）年には「オレオ」と「スイス」（バニラ味のビスケット）の二種類を組み合わせた「オレオスイス」を発売した。が、「ナビィ」、「オレオスイス」とも1970年代後期には販売を終了。昭和62（1987）年、同じヤマザキナビスコから改めて「オレオ」として発売し、以降30年に亘るロングセラー商品となった。よってここではその昭和62年をその起年とさせていただく。

なお、2016年にライセンス契約が終了し、その後はモンデリーズ・ジャパンが販売を継承した。また社名変更したヤマザキビスケットでは、その後継として「ノアール」を製造販売して今に至っている。その真っ黒な色を美味しい色と認識させるなど、味覚文化の幅を広げるために果たした同社の貢献は甚だ大きいものがある。

昭和63年

「生チョコ」――どこそこの石畳み

バレンタインが大ブレイクしているさ中のこと。各社さまざまに創意工夫を凝らし、お客様にいろいろな提案をし、このブームを盛り上げていた。トリュフトリュフと大騒ぎをする一方で、中身がバラエティーに富んだボンボン・オ・ショコラ（bonbon au chocolat＝一粒チョコレート菓子）が改めて認知され出し、義理チョコやパロディーチョコが世を賑わしたり……。

そんな折四角いサイコロ形の、「公園通りの石畳」という名のチョコレートが突然脚光を浴びた。本来カバーすべきチョコレートがない、中身だけのチョコ。よって当然口溶けは抜群。仕掛けたのは神奈川県平塚市の「シルスマリア」というお店であった。これは新鮮、これぞ生チョコと同業他社からも〝どこそこの石畳〟と類似のものが続出し、あそこが本物、どこが一番、いやいや、実はその始まりはそこではなくて等々、甘くかまびすしい議論が百出。でもホントは既述のごとくに平塚のシルスマリアさんが最初であったという。ブームを先駆ける、大変なことである。追いかけるのは簡単だが、同業として敬意を表する。

それにしても、生チョコという表現も面白い。カバーするチョコレートがないから、より生っぽいということなのか。言われてみれば何となく分かるような気もするが、よく考えるとやっぱりよく分からない。でも作る方も売る方も、また買う方々もそれで納得して、生チョコ生チョコと大騒ぎをして楽しんでいた。さりながら、どんなきっかけにせよ、結果味覚の幅を広げることに役立ったのだか

ホブソンズ

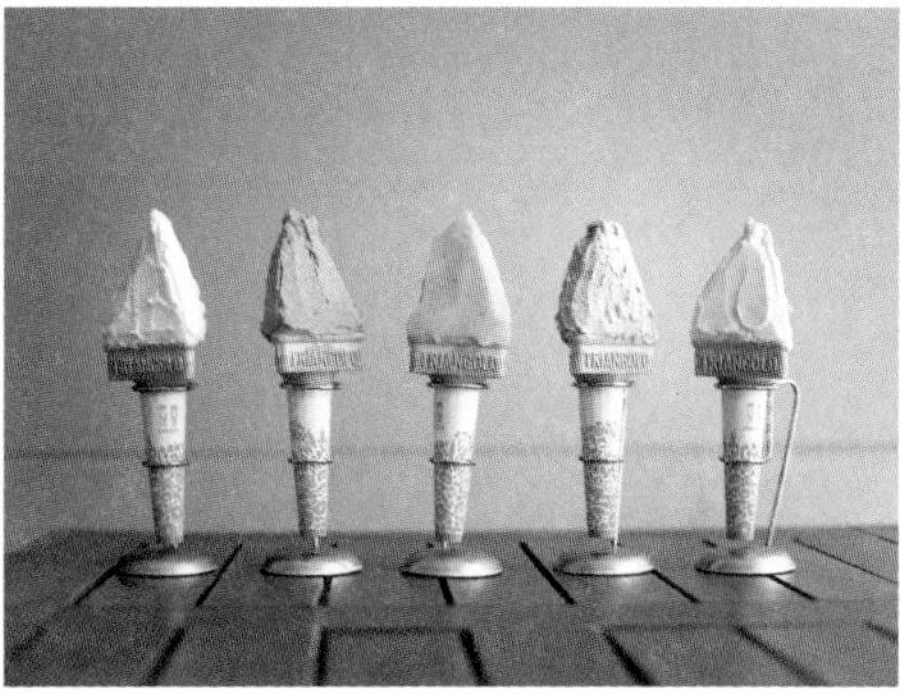

作りたてジェラート

オレオ

らヨシとするべきか。

ところで、それからしばし後の1992年、明治製菓（現・明治）から「メルティーキッス」という名の商品が発売された。あれはまさしくここに取り上げた生チョコの類で、溶けはじめる温度を通常のチョコレートよりも5度低い23度に設計しているために冬季限定で売り出されたものである。口溶け抜群のこの逸品は、たちどころにスイーツファンの心を虜にした。それにしても街の一菓子店が天下の大企業を動かしたこの一例、アッパレというほかはない。

生チョコ

第III部

現代

9　1990年代――スイーツ文化の国際化&次々登場の流行菓

昭和天皇のご崩御により、元号は平成と改められる。また皇太子さまのご成婚もあり、国中が祝賀に包まれる慶事もあった。また経済面においては、消費税が導入（1989年）されたりと国自体も新しい体制を整え始める。その一方、外の世界では湾岸戦争（1991年）が始まったり、うちにおいては阪神・淡路大震災が起こったりと、多事多難に見舞われもした。

そんな中、お菓子の世界にあっては、日本の製菓業界の国際化が進み、海外でのコンクールの活躍の場もさらに増えてくる。国内においては、バブル絶頂期から崩壊へとその背景も急変し、名店や大手といわれたところのいくつもがマーケットから撤退を余儀なくされていった。また諸々の事情に合わせてお菓子の傾向もまた変化を遂げていく。例えばギフトに重きを置いた商品構成もバブル崩壊後はひととき低価格帯中心に衣替えをして社会の動きに対応していく。なお、それが落ち着くと一転してさらなる高級化路線に走ったりも……。

またこれまでのフランス菓子主導からよりインターナショナルな感性へと切り口の幅が広がっていく。そしてマスコミの影響も強く受けながら、ほぼ毎年のように流行のお菓子が作られていった。また1998年以降はパティシエという語が市民権を得るほどに製菓人がアートの担い手として認識されるようになってくる。

「ダブルソフト」――衝撃の食パン　１９８９年

本書はお菓子類に筆先を求めたものだが、その和洋菓子も意欲的に扱うパン業界のガリバーこと山崎製パンに敬意を表して、同社のビッグヒット商品となった食パンを取り上げてみる。同社の打ち出した新食感の食パン「ダブルソフト」である。

世にお目見えしたとたんに大ブレイク。これまでに経験したことのない〝衝撃の柔らかさ〟が、たちまちのうちにパン好きの人たちの心を鷲掴みしてしまったのだ。同社の案内によると、その特徴は、発酵種を使用してコクのある味わいを引き出し、短時間で焼き上げることでミミまでソフトに焼き上がり、真ん中から縦に分けられる食べやすさにある、といっている。まさしくそのとおりであった。またこれを一口含んだとたんに、これまでの食パンのイメージがガラッと変わったとの声も聞き及んでいる。それ以降、同業他社からも一斉に趣向を凝らしたものが発売されていった。この一事を見ても、それが及ぼした影響の大きさがわかろうというものである。なお２０２２年１月１日には、ダブルソフト・プレミアムを発売している。これは先のもの以上に上質の小麦粉を使用し、かつバターや卵を加えて文字通りプレミアム感を出している。われわれの食卓に欠かせない食パンは、この先どのように進化を遂げていくのか楽しみである。

「チーズ蒸しパン」――原材料メーカーの仕掛け　１９８９年

いろいろなものがいろいろな経緯をもって流行っていく。１９８９年、「チーズ蒸しパン」なるものが人々の口の端に上っていった。それまでチーズケーキというものは十分すぎるほどに親しまれていたが、それはあくまでお菓子の世界のことで、チーズパンというものは、ありそうでいて実はまだ作られてはいなかった。いやあったかもしれないが、取り沙汰されるまでには至っていなかった。そこへもってきての登場である。それも蒸すという手法をもってして。ヨーロッパのお菓子作りにあっての加熱凝固については、焼くなり煮るなりの手法は常套手段だが、蒸すという手法はほとんどない。イギリス発のプディング（プリン）は蒸して作るが、あえて探してもそのくらいで、言ってみればレアケースだろう。対して東洋ではこの作業は至極頻繁に行われている。中華料理や中華菓子、東南アジア諸国やインド辺りでも日常作業といっていい。

さてこの度のパンだが、焼いたものも十分おいしいが、蒸しパンもヨーロッパ文化にはないそこはかとないやさしさを持っている。そのパンをチーズ味にしてさらに蒸して仕立てる。この意表を突く仕掛けに新しいテイストを求めるマーケットは素早く反応した。お菓子や料理と比すに、限られた素材にして応用範囲もさして広くないパンの世界における、目の覚めるようなヒットである。

さて、どんなものにも仕掛け人がいる。このチーズ蒸しパンにあっては、「カネカ食品」という会社がその仕掛け人と聞いている。これを作るにあたって、同社は自らが開発したそれ向きの素材を使うと、誰がやっても上手においしく仕上がるとしてマーケットに仕掛けていったのだ。

流行というのは、あるお菓子屋さんがすばらしいものを開発すると、周りもそれに倣い、大手がそれを受け止めて量産体制を敷き、地方の隅々までいきわたらせる、という流れが普通であろう。ところがこの頃から少々様子が変わり、そのおおもとは川上産業で作られるようになっていったのだ。ここに見られるように、原材料メーカーの研究室で、ある材料を開発し、それを使って製品に仕立てた後、マーケットに仕掛けていく。大手がそれに則って世に打って出る。後から街のお菓子屋さんなりがそれを追いかけていく。どうもこの辺りから川下産業と川上産業が入れ替わっていったようなきらいがある。次なるティラミスもまたしかり。

1990年

「ティラミス」──フランス菓子に風穴を開けたイタリア菓子

その時代時代によっていろいろなものが流行るが、お菓子の世界も例外ではない。我が国は明治よりこちら、キャンディー、マシュマロ、ビスケットといった、いわゆる量産型のお菓子はアメリカをお手本にした大企業の手掛けるところとなり、ケーキの概念で捉えられている生菓子類は、フランスをお手本にした街場のお菓子屋さんの商うジャンルとされてきた。よって気が付けば北から南まで、どこも一様にフランス菓子何々屋の看板がかかってしまった。まれにドイツ菓子やアメリカンタイプと称する大型菓子が気を引くこともあろうが、大勢としてのフランス優位は変わらない。

ところが1990年に入ってよりこのフランス一辺倒がいくらかばらけてきた。例えばお菓子といってもフランスばかりじゃない、イタリアだってあるよとの提案を受けて、それこそ燎原《りょうげん》の火のごとくあっという間に広がっていったのがここに取り上げるティラミス。その勢いあまりにも強すぎたためにしぼむのも早かったが、それはともかく、いろいろな国に目を向けさせる効果は絶大だった。なんとなればこれを機に、後述するが、クレーム・ブリュレで一度フランスにもどったものの、次にアメリカ映画の『ツイン・ピークス』からチェリーパイ、いきなりフィリピンに飛んでナタデココ、イタリアに帰りパンナコッタ、香港からはマンゴープリンと、まるで世界漫遊食べ歩きのごとく、視野もマーケットも広がった。

さてティラミスに戻ろう。エスプレッソに浸したビスキュイをベースに、イタリアのロンバルディア地方で作られているマスカルポーネの名のフレッシュチーズを使って作る。語源をみるに、ティラ（tira）はイタリア語で「引っ張る」という意味のティラーレ（tirare）。ミ（mi）は「私を」、ス（su）は「上に」で、私を上に引き上げる、つまり私を元気にし、陽気にさせてという意味を持つ。一説によると18世紀のヴェネツィアで、夜の街で遊ぶための栄養補給源のデザートであったと伝えられている。また別説では、このお菓子に含まれている強いエスプレッソのカフェインが興奮をもたらすための命名ともいわれている。

ところでこれは、前述のチーズ蒸しパン同様、実はある企業の仕掛けで流行らせたものだったのだ。実名挙げると「不二製油」という食品関係の原材料メーカー。同社は大豆たんぱく等の研究では傑出した実績を誇る企業で、チョコレートに関しても我が国のトップメーカーとして知られている。その同社でマスカルポーネタイプの〝マスカポーネ〟というものを開発。これをもってティラミスを作り、世に仕掛けていったのだ。この作戦は見事に当たり、街のお菓子屋はもとより、大手の製菓会社、ホテル、レストラン、喫茶店等々あらゆるところに広がって、ご記憶にあるごとくの、ティラミスがなければ夜も日も明けないほどの大ブームを巻き起こしたのである。

ただ惜しむらくは、そのブームの絶頂期に大事故が起こってしまったことである。地方都市のあるお菓子屋さんが、押し寄せるご注文に応えるべく、冷蔵庫に収まり切らぬほどに準備した。ものが生ものゆえ真夏に常温のところに置かれれば、当然のこと品質に異常をきたす。それを召し上がったお客様が体調を崩され、ついには犠牲者が出てしまった。新聞にも三面・五段抜きの大きなニュースとして報道され、さしもの大ブームもあっという間にしぼんでしまった。食べ物を生業とし、同じフィ

ダブルソフト

チーズ蒸しパン

ティラミス

ールドに生きるものとして慚愧《ざんき》に堪えない辛い出来事であった。夢を壊すようなことは決してあってはならない、の意を強くした次第である。

「まるごとバナナ」――オムレツケーキの進化形　1990年

山崎製パンから発売されたヒット商品。昭和40（1965）年頃流行ったオムレツケーキの進化形で、そのオムレツケーキはショートケーキの進化形とされている。それ以前を遡ると、昭和30（1955）年頃より秋田の「たけや製パン」が「バナナボート」の名で販売しており、また長野県飯山市の「大黒屋」という菓子店では昭和50（1975）年頃より、ご当地スイーツとして「バナナボート」の名で販売している。かように、柔らかいスポンジケーキにクリームと具材を包むというケーキ類は各地にあり、そもそもの発祥はつまびらかではない。

なお、山崎製パン製の「まるごとバナナ」は、先の「たけや製パン」が山崎製パンと業務提携したことを機に受け継がれたともいわれているが、それはさておき、こちらも発売以来スイーツファンを引き付けて止まず、以来今日に至るまで、同社のヒット商品の一角を占め続けている。また、パリの高級住宅街として知られる16区には「パティスリー・ヤマザキ」という同社の菓子店があるが、そこでもこの「まるごとバナナ」は売られており、在留邦人のみならず、現地のフランス人にも好まれるもののひとつとなっている。

「フルグラ」――シリアル市場を席巻　1991年

カルビーからの発売によるシリアル食品。なお「フルグラ」とは、発売当初の名称フルーツグラノーラを短縮した呼称で、グラノーラとは、燕麦や玄米、トウモロコシ等を主とした穀物加工品とナッツなどを糖蜜と一緒に混ぜて焼いたもの。シリアルとは、それに用いる穀物や穀草類のことで、豊穣の女神・ケーレス（Ceres）を意味するラテン語である。その種のものでは、オートミールやコーンフレークなどがよく知られている。かくいうフルグラもその類のもので、いくつものドライフルーツをミックスし、程よい甘さと香ばしさを与え、かつ食物繊維もたっぷりと含ませてある。ただ、それまでの日本では欧米ほどにはまだ十分に認識されていなかったのか、発売当初は売り上げもなかなか伸びず、些かの苦戦を強いられていたという。ところが2010年から16年頃にかけて、一気にマーケットが広がっていった。

手軽に摂れる栄養補給源としてせわしい現代生活にマッチしたことにもよろうが、こうしたものを食事代わりに摂るということに抵抗感を持たない、既成概念に縛られない若い世代にフィットしたのであろう。その後は幅広い世代の支持も取り付けていった。今ではこうしたシリアル食品もすっかり世に定着するまでになっている。

「クレーム・ブリュレ」——雑誌『Hanako』が仕掛け人　1991年

見ようによっては、我が国は仕掛けの利く面白い国で、アメリカンドリームならぬジャパニーズドリームの実現も可能なところがある。前述のティラミスしかりで、仕掛け方次第ではその企業に大躍進の機会をもたらす。またそうしたエキサイティングな提案を歓迎し楽しんでくれる消費者心理も、マーケットに熱く大きな効果をもたらす要因といえよう。

そうした消費者心理を巧みにつかみ、燃え上がらせる手段としては、活字媒体も大きな力を発揮する。『anan』や『non-no』といったファッション雑誌がもてはやされる中、グルメ志向もファッションのひとつとして捉え、そうした情報を先取りするような雑誌『Hanako』もその存在感を増していった。

　1991年、その『Hanako』が仕掛けていった。イタリアのティラミスの次は、再びフランスに戻ってクレーム・ブリュレだと。これは〝焼いたクリーム〟という意味のフランスのデザート菓子のこと。カスタードプリンと同様のものだが、牛乳の半分量を生クリームに置き換え、全卵のところを卵黄だけにして作る。いうなれば〝贅沢プリン〟である。普通のプリン（プディング）の場合はカラメルソースだが、こちらは上面にグラニュー糖または赤砂糖をふりかけ、コテまたはガスバーナーで焼く。ソースではなく、本物のカラメルにするわけである。カスタードプリン自体は日本人の大好きなもののひとつだが、それに満足することなく、さらにグルメになった人達に受けたのは、そんな点にあったものと思われる。

　なお、この起源には諸説ある。一つは17世紀以前よりスペインの北東部カタロニア地方の家庭で作られていたという、クレマ・カタラーナ（crema catalana）がその元になっているというもの。他にはイギリスで17世紀に作られていたバーントゥ・クリーム（burnt cream）がその元という説。その他、フランスのポ・ド・クレーム（pot de crème）という、壺に詰めたクリームを、リヨンの巨匠ポール・ボキューズが皿盛りデザートにする際に手を加えたのが始まりともいわれている。

　さて1994年当時だが、『Hanako』片手に訪れるお客様のご要望には、サービス業としてはお応えする義務がある。〝ティラミスの次はこれか〟と私どもも含めて多くのお菓子屋さんが、クレーム・ブリュレ作りに勤しんだ。そう、お菓子作りは夢作りゆえに。

まるごとバナナ

フルグラ

クレーム・ブリュレ

1992年

「チェリーパイ」——アメリカ映画から

「えー、まだティラミスだって。オックレテルーッ」

「ウッソー、クレーム・ブリュレよねぇ、今は」

「フルーイ、そんなの。何てったたってチェリーパイよー、『ツイン・ピークス』の」

こと甘いものとなると若いお嬢さん方の会話はひときわ弾むようである。雑誌の特集が他《よそ》に移ればそれも消え、映画が終わればたちまちにしてうたかたの露。ところでその『ツイン・ピークス』とは？　そしてそのチェリーパイとは？　デビット・リンチ監督によるもので、それに先駆けてテレビドラマも作られている。世界各国で大ヒットとなり、ご存じの向きも多かろうと思う。さりながら筆者、その当時は開いた自店もまだ定まりきらず、話題の映画ゆえ見なければと思いつつも、とうとうその機会を持てずじまいに終わってしまった。よって今更偉そうに物言えた立場にはないが、なかなかいい内容で話題に上がるだけのことはあったものと聞き及んでいる。さて、その中ではコーヒーを飲むシーンとともに大きくカットされたチェリーパイが映し出され、それをみると誰しもが今すぐにでも食べたくなるほどの訴求力があった由。

ただその割には、そのチェリーパイもさほど人目を惹かず、ひと時話題をさらったが、映画が消えると同時にほどなく消えて行ってしまった。まぁあまたある中で取り沙汰されただけでもたいしたことではあるのだが。そして続いて登場してきた不思議な歯ごたえが謳い文句のナタデココやユニークな響きのパンナコッタなるデザートに置き換わっていった。これらについては後述するが、それにしても、いずこからか探してきてそれなりに仕立てていくわけゆえ、仕掛ける方とて結構大変なのだが、それもまたひと時の夢とかき消え、瞬時にして冷める消費者やマスコミはためらいもなく次なるターゲットへと視点を移していく。流行はもとよりはかないものと、これまた冷めてはミもフタもないのだが、とまれ平和にして豊かな時代になったものではある。

さまざまなブランドを渡り歩いたと思うや、ある日突然お揃いの紺ブレで身を包んだり、いっせいにムースでクルクルやソヴァージュなびかせるのと同じ感覚のようなものなのか。彼女たちにとってみれば、お菓子を食べるのもゲーム感覚。そして何より大切なファッションの一部なのだろう。何にせよお菓子に陽が当たり、その選択肢が広がるということは、食文化の一端に携わる身としては、少なからず喜びとしたいところではあるが。それにしても突如イタリアが出てきたり、フランスに戻ったり、はたまたアメリカに飛んでも行ったり、欧米に探しあぐねれば一転フィリピン、次はどこと、ずいぶんとインターナショナルになったものである。国際化を標榜して久しいにもかかわらず、こうしたケーキ類の世界においては、なぜかこれまでフランス菓子フランス菓子と、料理界共々概ねフランス一辺倒できたもののゆえに、当事者としては思うこと様々である。

「タピオカココナッツミルク」——第一次タピオカブーム　1992年

タピオカを入れたものは、何度かブームを起こしている。その元をたどると1992年に遡り、当時のエスニックブームの煽りを受けての登場と思われるが、これをして「第一次タピオカブーム」と呼んでいる。この当時のものはその後に流行ったタピオカミルクティーとは異なり、甘みを付けたココナッツミルクに、タピオカパールと称される小さな白い粒のタピオカを入れたもので、「タピオカココナッツミルク」と呼ばれていた。

　ただ、この時期は年ごとに人気ものが入れ替わるほどのスイーツブームのさなかで、例えば既述のごとくの1990年の「ティラミス」に始まり、1991年は「クレーム・ブリュレ」、1992年は「チェリーパイ」、翌年は「ナタデココ」や「パンナコッタ」と次々に新しい流行が作られていった戦国時代。そんな中でのタピオカデビューであったが、やや埋もれた感がなきにしもあらずで、さほどのインパクトも与えられぬ間に、次なるものに人々の関心が移っていってしまった。が、後から振り返るに、後々大きく取り沙汰されることになるタピオカ系のもののデビューがこの年であったことは、しかと記憶に止め置くべきことと思われる。

「ナタデココ」――フィリピンから　1993年

　1993年には「ナタデココ」のブームがやってきた。ヨーロッパもさりながら、足元の東洋にだってすばらしいものがあるとの提案に、甘いもの好きの目が一斉にフィリピンで親しまれているナタデココなるデザートに向けられた。何にでも始まりがあるが、この仕掛けにあっては大手ファミリーレストランのデニーズといわれている。そしてそれを開発したのは市島章三という人であった由。同氏はその後に、アロエの健康食品化にも取り掛かり大成功を収めたとか。すごい方がおられたものである。

　ところで、この不思議な食感に最初に飛びついたのは女学生たちであった。

「えー、何これー」

「うそー、えー、面白ーい！」

「ナニナニ、あ、ホント、ウキャーッ」

チェリーパイ

タピオカココナッツミルク

ナタデココ

なーんてことで、あっという間に広がっていった。

それを伝え聞いて雑誌やテレビが取り上げ、ブームに拍車をかけていった。やはりマスコミの及ぼす影響力は大きいものがある。

それにしても、我々日本人は、もともと寒天のようなものを好むところがあり、同様の食感を持つこうしたものに馴染む下地はあったようだ。

なおこのブームにあっては、原材料メーカー各社もだいぶ力が入ったと聞いているが、何にも増して各商社が一斉にフィリピンに飛んでいったことに驚かされた。それがためにかの地では大騒動が起こり、国際問題にまで発展したことは、反省材料として石に刻まねばならぬところとなった。何となればあれは、ココナッツの中の胚乳を絞ったココナッツミルクをナタ菌で発酵させて作るもので、日本の商社が一時に買い付けに押し寄せたものだから、現地の人たちも大慌て。急ぎ対応すべくなけなしの資金を投じてそれなりの設備をした。ところがそれが調った時にはすでにブームは去った後で、あれだけ目の色を変えてやってきた商社の足も、あっという間に遠のき、彼らにとっては莫大な借金だけが残ったという次第である。

日本の経済力の他国に及ぼす影響の大きさと、世界の経済は一国のみならず、すべてに連動するということを改めて思い知らされたできごとであった。このこともあって以降は、一時に巻き起こす流行というものをひとときは自粛しようという動きが出たほどに、業界あげて反省ムードが漂った。

「パンナコッタ」――発音の面白さから　１９９３年

ナタデココが流行った同じ年、再びイタリアに戻って「パンナコッタ」というお菓子も大きく取り沙汰された。〝パンナコッタ、なんてこった！〟なんてことで、発音の面白さも手伝って、人々の口の端に上っていった。

パンナコッタの発祥は、詳らかではないようだが、北イタリアのピエモンテ州というのが有力とのこと。同地は酪農が盛んで、乳製品主体のパンナコッタが生まれるには最適の環境にあるからだとされている。かつては卵白を加え、その凝固力を使っての作り方が一般的だったようだが、今日では概ねゼラチンで固める方法がとられている。

改めて見てみるに、人の考えることにあまり変わりはないと見え、この種のものは各国に散見する。ただ、似たようにも見えながらも、それぞれに異なった趣があるところが面白い。例えばイギリスではカスタード・プリン（正しくはプディング）、フランスではブランマンジェ、あるいはドイツのバイエルン地方を発祥とするババロワ等々。東洋に目を向ければ中国にも杏仁豆腐があり、これもそうしたものの仲間のひとつといえよう。当のイタリアでもこのミルクベースの生地に様々なフルーツやソースをあしらって、いろいろなバリエーションのパンナコッタが楽しまれている。

なお、これについての仕掛け人だが、いろいろ探ってみたが今のところ見当たらない。誰かが最初に目をつけ、取り上げたからこそその周辺にも伝わり、そのニュースを受け止めた人がこれは面白いと仕掛けていったはずなのだが、その誰かがわからない。ただ、これは我が社にとってグッドニュースだとして取り込んでいった業種がある。乳製品主体のデザートゆえ、当然乳業メーカーである。その業界の各社をはじめ、他産業からの参入組も含め、こぞってパンナコッタパウダーなるミックス粉を開発し、貿易商社は海外から同様のものを輸入してマーケットの拡大に力を注いでいった。これを使えば今話題のパンナコッタがこんなに簡単に作れると喧伝にあい務め。その功あってか、ひと時スーパーでもコンビニでも消費者の食欲をそそるべく彩られた様々なパンナコッタがその棚を席巻していった。

「なめらかプリン」――新たな創作、日経の流行番付にも　1993年

プリン、正しくはプディングだが、これはいつでも日本人の大好きなもののひとつである。それがこの頃少々タイプを変えて、とろけるような食感のソフトタイプが世を席巻していった。題して「なめらかプリン」。それまでまま真面目にお菓子の道を歩んできたわれわれパティシエにとっては、いささか衝撃的な出来事であった。なんとなれば修業中というか、まだ未熟な時などによく起こすことなのだが、本来固まるべきものが固まらない。大変なことなのだ。

実はカスタードプディングのようなお菓子は、含まれている卵黄の加熱凝固によって全体に保形成が与えられるのだ。これが固まらないということは、まず材料の計量ミスが考えられる。次に温度設定か焼成時間の間違いあたりだろうか。そんなことでの失敗作とも捉えられるものが、〝口当たりが今までにないソフト感覚だ〟なんてことで「なめらかプリン」の名で流行っていく。常識を飛び越した信じられない出来事である。昔だったら〝何だ、ちっとも固まってないではないか〟などと言われて麵棒のひとつも飛んでくるところであろう。常識なんていとも簡単にひっくり返るものだ。これを手掛けて世に出したのがまたびっくりで、何と名古屋のとんかつ屋さんを手掛けていたチタカ・インターナショナル・フーズが運営していたイタリアンレストランであったとか。デザートにお出ししたプリンがどうした弾みか柔らかくでき、それがお客様にいたく喜ばれたのが始まりであったと、どなたかから伺った。いつどこでホームランが飛び出すか分からないところに商いの面白さと驚きがあ

る。

かくいうなめらかプリンはパステルの店名のもとに広く展開していき、その年末の『日経新聞』の〝今年流行ったもの〟のランキングに並み居るお菓子屋さんをよそに、堂々と紹介されるに至った。恐れ入りました、というほかはない。ただもっと驚くべくは、その後もずーっとファンを引き付け続けて今日に及び、今や並み居るお菓子の中にしっかりと位置付けられるまでに市民権を得ていることだ。甘味世界における新たな創作にして傑作、それがかくいうなめらかプリンである。

「黒ごまプリン」&「白ごまプリン」――プリン文化の幅を広げる　1993年

あるひとつのものが取り沙汰されると、必然的にその周辺にも光が当てられる。前項で述べた「なめらかプリン」の大ヒットにより、プリンそのものが華やかなスポットライトを浴びるようになっていったのだ。柳の下の泥鰌《どじょう》というわけでもないのだろうが、そこにある別の種類のプリンに注目が集まった。というより、もっと何か面白いものはないか、とのお客様のご要望、あるいはそうしたニュースを求めるマスコミの好奇心が生んだスイーツが、ここに取り上げた「黒ごまプリン」に「白ごまプリン」だったのかもしれない。どちらが先だったろう。ごまといえば真っ先に浮かぶのが黒っぽい粒ゆえに、たぶん黒ごまの方が先にできて、それと対の形をとるように白ごまの方が作られていったのではないか。

いずれにしてもこの二つがスイーツ界を席巻していった。それも前述の「なめらかプリン」タイプのソフト感覚のものが提案され、受け入れられていったのだ。口当たりは今様のトレンド。しかもごまというテイストは、本来日本人の好きなもののひとつにして、昔よりなじみの深いもの。加えて言うまでもなくごま入りゆえ風味も高く身体にもいい。受け入れられる条件は最初からそろっていたようだ。そんなこんなで、ある意味、先のなめらかプリンの進化版のような形で広まっていった。ただし前者を超えるほどのインパクトはなく、したがって日経新聞に取り上げられるまでには至らなかった。

私事で恐縮ながら、その少し後から私は「キユーピー3分クッキング」という番組を持たせていただき、毎週土曜日が私の出番となっていた。都合6年にわたり務めさせていただいていたが、長くやっていると、ネタ作りに汲々としてくることがある。3分クッキングというくらいゆえ、昔はそうだったのだろうが、今は正味6分半である。でもこの間に作り方から材料の説明、そのお菓子の故事来歴をお伝えしようとすると、けっこう忙《せわ》しなくなってくる。例えば一つの生地に一つのクリームで組み立てて仕上げるぐらいだと、見ておられる方にも分かりやすい。が、そうした比較的簡単なものは大体やりつくしてくる。いくつもの生地やクリームを使って、というならいくらでもできるが、そうなると見ておられる方が分からなくなってしまう。そんな時にこうしたネタがあると大助かりだ。作り方も複雑ではない。しかもおいしい。そんなわけでなめらかタイプも黒ごまプリンも白ごまプリンもしっかりとご紹介させていただいた。これらを最初に手掛けて下さった方に、紙面をお借りして、遅ればせながら御礼を申し上げたい。

「シフォンケーキ」——ふわふわ食感の決定版　1994年

生菓子タイプが続いた後、今度は焼いたもの、といっても半生タイプのお菓子、シフォンケーキが脚光を浴びた。シフォンとは「薄い絹織物」という意味で、その呼称のごとくソフトで滑らかな食感

パンナコッタ

なめらかプリン

黒ごまプリン＆白ごまプリン

を特徴とした焼き菓子である。これが作られたのはアメリカで、カリフォルニア州のハリー・ベーカー（Harry Baker）（1883〜1974年）という人の考案といわれている。これまでにないまったく新しい食感はたちまち評判を呼んだが、その製法は長らく極秘とされていた。そして1948年にそのレシピは大手食品会社のゼネラル・ミルズに売却され、それを機にたちまちメジャーなお菓子として、あまねく知れ渡るようになっていった。

ところで、極秘とされていたあのフワッフワ感は、いったいどのようにしたらできるのか。ベーキングパウダーやイースト菌の発酵等でも多数の気泡は得られるが、シフォンケーキについては、卵白の持つ起泡性を最大限利用しているのだ。またリッチな味に仕立てる油脂はバターではなくサラダオイルを使っている。バターは焼き上げ、お菓子として完成した後でも冷やせば固まるが、サラダオイルはどうなろうとも固まらない。加えて作り方にもサプライズな工夫が凝らされていた。どんなものでもフワッと膨れた後は、必ずいくらかはしぼむもの。ところがこれについては、ひとひねりある焼き型が用いられていた。実は型の内側の表面が横目の肌合いに作られていたのだ。

普通お菓子の焼き型というのは、焼成後に取りはずしやすいように、表面をツルツルにしたり、縦目にしたり、あるいは昨今などはテフロン加工やシリコン加工にしたりするものだが、わざと生地の型離れが悪いようにする。しかも型の中央にも穴をあけて、大きなリング状に作る。こうすると、膨れ上がって型の表面に付着した生地がしぼんで落ち込もうとする時に、内側からも引っ張られ、結果膨れたままの状態が保たれる。後から見れば何でもないことのようだが、そんなちょっとしたことを思いつくこと自体が大変なことなのだ。そして今、このお菓子はプレーンなものからチョコレート味、コーヒー味、あるいは日本風の抹茶味など、いろいろなバリエーションが楽しまれ、世界のどこの地でも、人々にすっかりなじまれるまでになっている。

さて、こんなお菓子を日本でも流行らせてみようと思いついた企業があった。「日本油脂」という会社で、2007年に社名変更して「日油」になった企業である。同社はメレンゲ生地に対して消泡性を抑えるシフォンケーキ専用の油脂を開発し、それをもって市場に打って出たのだ。気泡を主体とするものは、決して難しいものではないが、常に同じ状態で作業を行うことは、なかなかに難しいものがある。それを解決した研究成果はすぐに現れた。市場が素直に受け止めたのだ。これをもってシフォンケーキはこの年のスイーツ市場の牽引車となっていった。

こうしてみると、すべてではないにしても、この頃の流行のパターンというものが、なんとなくお分かりいただけよう。

チーズ蒸しパンの項でも少し触れた如くで、今までは例えばどこかのお店なり、シェフの作るお菓子がおいしいとして評判が立つ。すると週刊誌などがそれを取材して書き立てる。そしてテレビ等の電波媒体にも乗って、一躍知られるところとなる。街のケーキ屋さんも各店競ってそれを扱い出すや、大手もその開発に乗り出し、生産体制が整うと同時に全国にあまねくその美味がいきわたる。これが流行といわれるものの常識的な定形であった。ところがこのあたりの流行ははっきり申してその定形に当てはまらない。すなわち原材料メーカー等の研究室で、ある特殊な製菓材料を開発する。あるいはさらに踏み込んで、それを用いた最終製品までもそこで完成させてしまう。それをもって製菓製パン業界の大手とタイアップを行い、一気に全国展開を図っていく。街のケーキ屋さんが、遅れてはならじと追随していく。すべてがそうとは限るまいが、どうも概ねそんな形でなされてきたような気がしてくる。

とまれ食の分野の美味と楽しさの提案に対し、ここに挙げさせていただいたところのみならず、例えば旭電化、ミヨシ油脂、リボン食品等といった原材料メーカーや乳業メーカー各社の貢献はかくのごとく大きなものがあったのだ。なお言わせて頂けば、そうした原材料メーカーも企画上手、手掛ける企業も乗せ上手、また何よりもお客様もことのほか乗り上手。こと商いに関しては、日本はどこにも増してエキサイティングな国といえようか。

「明治エッセル スーパーカップ」――アイスクリーム界のホームラン　1994年

アイスクリーム界には6メガブランドというものがあり、これにハーゲンダッツを加えて7メガブランドともいわれている。ちなみにその6つとはここに挙げた「明治エッセル スーパーカップ」（明治）、「モナカジャンボ」シリーズ（森永製菓）、「PARM パルム」（森永乳業）、「ガリガリ君」（赤城乳業）、「pino ピノ」（森永乳業）、「パピコ」（江崎グリコ）と言われている。なお「モナカジャンボ」については、「チョコモナカジャンボ」と「バニラモナカジャンボ」の合計としている由。そして2021年度ではそのトップとなっているのが、明治発売の「明治エッセル スーパーカップ」。

同社の案内によると、もともとは昭和59（1984）年に発売したエッセルというブランドのものがあり、その名を継いだものという。エッセルとは〝エクセレント〟と〝エッセンシャル〟とを合わせた造語とのこと。つまり〝最高に素晴らしい〟という意味で名付けたのだそうな。そして美味しいものを思いっきり食べたいという欲求に応えるべく大型の容器入りで、そのフレーバーも通年ものの他に季節限定もあり、2ヵ月ごとに入れ替えを行い、また2002年にはミニサイズ6個入りの「エッセル スーパーカップミニ」を出したり、2006年には、より付加価値を高めた「エッセル ターボカップ」を、さらに2016年には「エッセル スーパーカップ Sweet's」として「苺ショートケーキ」を出すなど、常にいろいろな形でお客様に新しい提案をし続けている。この不断の努力が、消費者の嗜好を引き付け続けている秘訣のようだ。

「ブラックサンダー」――〝おいしさイナズマ級！〟&〝若い女性に大ヒット中！〟　1994年

有楽製菓発売によるココア風味のクランチチョコレート。同社の売れ筋商品であった「チョコナッツスリー」の食感をもっと重くしたもので、子供向きではなく、若者に照準をあてての開発であったとか。最初のキャッチコピーは「うまさ本物！　スーパーチョコバー」だったが、2000年のリニューアル時には、「おいしさイナズマ級！」と直し、2003年のリニューアル時には、商品の表記を「BLACK THUNDER」からカタカナ表記の「ブラックサンダー」に変えるとともに、「若い女性に大ヒット中！」を加えたという。

なお、当初はコンビニ等の販路を持っていなかったため、九州の駄菓子屋等で試験的に販売しており、なかなか売り上げも伸びず、1年間ほど販売を休止していたこともあったとか。そこで考えた末、若者の集まる大学の生協で販売をはじめたところ火が付き、京都大学生協のお菓子部門で売り上げ1位となり、その後セブンイレブンに採用された。次いで他のコンビニにも販路が開かれ、一気にメジャー級になっていく。特に体操界のチャンピオンの内村航平さんが大好物とのことで、認知度が急上昇。ロンドンオリンピックの前には「ブラックサンダー断ち」が話題となり、また個人総合で金メダルに輝いた時、内村選手の母親が花束代わりにブラックサンダーをプレゼントしたことから、出荷量も急増したという。

　なお、2013年からは「一目で義理とわかるチョコ」なるキャッチコピーを作り、義理チョコキャンペーンを打って「義理チョコショップ」を開き、大きな反響を呼んでいる。普通は控えるべき言い様を逆手にとっての打ち出し方には驚きを禁じ得ない。ちなみに台湾では「黒雷神《ヘイレイシエン》」の名で展開され、大人気商品となっている。これには2014年に起きた台湾の学生運動のシンボルカラーが黒であったことによるとも伝えられている。

「アルフォート」——〝午後の楽しい時間に〟　1994年

　ブルボンから発売のチョコビスケット。お菓子の愛好家にあって、チョコレートもビスケットもお嫌いな方は居られないと思うが、その二つを組み合わせたものがこれで、チョコレートの表面には帆船のデザインが施されている。ところでアルフォートという商品名の意味だが、「冒険」や「夢」、あるいは「ロマン」といったものをイメージした造語なのだとか。象られた帆船模様も、そうしたものを表すデザインということのようだ。〝午後の楽しい時間に〟をキャッチコピーとして売り出されたが、午後といわずいずれの時間帯にあってもよくお買い求め頂けたようで、同社のロングセラー商品に育っていった。そして2003年には「アルフォートミニチョコレート」が作られている。

　なお、チョコレートにはミルク、バニラホワイト、ビターといった種類があり、味覚の幅を広げている。また姉妹品としてはラング・ド・シャで薄い板チョコを挟んだ「ブランチュール」シリーズが出されている。さてこのお菓子だが、2014年に意表を突く形で漫画となった。タイトルは何と「古本の或宝堂《あるほうどう》」。それにしても、アルフォートが〝あるほうどう〟とは……。

シフォンケーキ

エッセル スーパーカップ

ブラックサンダー

「マンゴープリン」――香港返還を機に　１９９５年

１９９５年はマンゴープリンが大流行りをする。プリンとはいうものの、マンゴーの果汁をゼリー状に固めた冷製デザートの類であったが、でもなぜこの年にこれが急に浮上してきたのか。

実はイギリスが１８９８年に中国との間に99年間の香港の租借契約を結んだ。返還期日の１９９７年が迫ってきて、世界的にそのことに注目が集まった。必然的に香港に目が向けられ、同地のいろいろなことが取り沙汰されるようになっていった。食の分野またしかり。改めて見てみると、あの辺りは日本よりだいぶ南に位置していて、当然冷たく口当たりのいいものが好まれる傾向にある。そんな中にマンゴープリンなるものがあった。これはいいとして日本に紹介された。いや、意図的にどなたかがもって来たのか。いずれにしても、そんなことが契機となって、香港返還の２年ほど前の１９９５年、わが国に上陸を果たした。

ただよく見ると冒頭申し上げた如く、プリンとはいうものの、その実蒸し焼きにしたプディングではなく、マンゴーの果汁をゼリー状に固めた冷製デザートの類だったのだが、あまり細かいことは追及せずに、マンゴー味で口あたりがよく、見た目もプリンみたいだという分かりやすいネーミングでそのままスイーツファンの間に広まっていった。真っ先に姿を現したのはどこだかわからないが、横浜の中華街辺りでは早々とどこのお店でも並べられていたのを記憶している。今はさほどに騒がれなくなったが、もちろんその中華街では今でもしっかり売られている。

「じゃがりこ」――お菓子なの？　ご飯なの？　１９９５年

カルビー発売のジャガイモを主原料とした、大ヒットのスナック菓子。同社発売による「かっぱえ

アルフォート

マンゴープリン

じゃがりこ

びせん」、「ポテトチップス」、「フルグラ」に次ぐメガヒット商品のひとつである。一度ふかしたジャガイモを細い棒状に形を整え、油で揚げたもので、カップ麺のような容器に入れられている。女子高生たちがかばんに入れて持ち歩けるようにとのコンセプトをもとに開発された由。

同社の案内によると、その名については、開発チームの男性の友人の利加子さんという方が、実に美味しそうに食べていたという話で盛り上がり、「じゃがいもりかこ」、「じゃがりかこ」、「じゃがりこ」となっていったとか。なるほど、いろいろな命名の仕方があるようだ。それにしても分かりやすいネーミングで、利加子さんのみならず、女子高生はもとよりのこと、男女を問わず、大人からお子さんに至るまで、どなたにも愛される、〝国民的なスナック菓子〟に成長していった。

ところでこれは、それだけでちょっとした食事代わりにもなってしまう。お菓子なのかご飯なのか。それこそがスナック菓子の本領なのだろうが、開発者の狙いが正しく的中した見本、お手本のような商品が、ここにいう「じゃがりこ」である。

「アロエ使用の食品」――アロエは万能・健康ブーム　1995年

1993年にナタデココというものを開発してヒットを飛ばしたのは、市島章三という方であったことは、同項ですでに述べたが、アロエ関連の食品についてもこの人の仕掛けであった由。そしてこのアロエがらみのドリンクやお菓子類を含む食品が、この年1995年から世を席巻していった。

ところでアロエとは？　調べるに、ツルボラン亜科アロエ属の植物の総称で、多年草または低木及び高木となる多肉植物とある。いろいろな種類があるようだが、概ね葉は肉厚で先がとがり、葉縁には鋸葉またはトゲがある。なお、これは古代オリエントや同じく古代のギリシャ・ローマ時代には、すでに薬用として栽培されていたという。中国の明時代の『本草綱目』にも皮膚病の薬として取り上げられていた。日本でも江戸時代には薬草として知られていたという。またいろいろある中でのキダチアロエというものについては、俗に〝医者いらず〟とも言われ、やけど、切り傷、虫さされ、あるいは胃腸の病や便秘等にも効用ありとされてきた。そんなアロエに目をつけ、健康食品への転用を思いついたのが、市島章三氏だったのだ。そしてこれをもっていろいろなものが展開されていった。例えばジュース、健康ドリンク、自然化粧品、あるいはお菓子を含む健康食品等々。

ところでそのアロエだが、本来は無味無臭のもの。よってそのままでは特徴がなさすぎるとして、やや甘酸っぱいような味付けをし、さわやかに感じる香りも付けてドリンク等に使用した。刷り込みや思い込みというのは怖いもので、今ではそれがアロエの風味としてあまねく認知されてしまっているようだ。でもまぁおいしくないよりはおいしい方がいいに決まっているのだが。

1996年

「モナ王」――もなかアイスの雄

1995年にロッテ冷菓（現・ロッテ）から発売された氷菓で、文字通りもなかの皮にアイスを詰めたもの。「モナ王」とは、もなかアイスの王道ということからのネーミングのようだ。分類上では、「バニラ」と「宇治抹茶」はともにラクトアイスにくくられている。ラクトアイスとは乳固形分3％以上、乳脂肪分は0のものをいう。ちなみに分類上の「アイスクリーム」とは乳固形分15％以上、乳脂肪分8％以上のものと定められている。よってここに挙げたものはともに、言われるところのアイスクリームよりはさっぱりした味わいとなっている。

また、かつてはパッケージにアントニオ猪木のイラストやボブサップ、あるいは千葉ロッテマリーンズのマスコットのマーくんなどが使われ話題を呼んでいた。なおロッテ冷菓は２００２年にロッテスノーとなり、２００８年ロッテアイスになり、２０１８年ロッテに統合されたため、現在ではロッテの製品となっている。ちなみにこのモナ王の競合商品は森永製菓のチョコモナカジャンボだが、ともにこの種のアイスの代表格としてそれぞれのファンを引き付けている。

「カヌレ・ド・ボルドー」――フランスの修道院菓子　１９９６年

１９９６年の代表菓を挙げるとすれば、なんといってもカヌレ・ド・ボルドーではあるまいか。前年の１９９５年頃からお目見えしていたが、目立ってきたのが１９９６年からといっていい。各地にいろいろ求め、そして探しあぐねると帰って来るのはやはりフランスか。しかしながらフランスといってもパリだけではないと、今度はその美《うま》し国の地方探しが始まった。その先陣を切るかの如くに取り上げられたのがこれであった。

カヌレとはフランス語で〝溝付きの〟とか〝波形の〟の意味で、縦に12本の溝が入った縦長の型で焼くお菓子である。いわれについては諸説あり、17世紀のボルドー地方の修道院で、物納された原材料をもって作られたというものや、16世紀に同じく修道院で姉妹の修道女が棒状に作った焼き菓子が元になって進化したもの。他はもう少し古く、12〜15世紀のことで、当時はイギリスの支配下にあったため、同国のマフィンやプディングが元になって、今の形に変化していった、等々の話が伝えられている。いずれにしてもその後立ち消えていたが、１７９０年に復元され、今日ではボルドーのスペシャリテとして親しまれている。外側が黒に近い焦げ茶色でパリッと焼き上がり、中が白っぽく、もっちりとした半生タイプで、その不思議な食感を特徴としている。

アロエ使用の食品

モナ王

カヌレ・ド・ボルドー

それまで見かけなかったパリでも、1995年のちょっと前ぐらいより何となく目にするようになり、パリっ子もおもしろがってポツポツと求めるようになってきてはいたが、日本で考えるようなブームとは少々ニュアンスが異なっている。まぁ珍しがられて買われていたという程度のものであったろうか。ところが何かないかと鵜の目鷹の目だった誰かがこれを見つけて、さっそく日本に紹介した。そして申したごとくのユニークな色彩とこれまでになかった食感が興味をそそったか、女性週刊誌等にも書き立てられて、たちまちのうちに広まっていった。そしてカヌレ・ド・ボルドーの会まで作られ、それに入会しない店の品は正式とは認めない云々の話にまで広がっていった。

ところでこうしたお菓子は、それ用の型がなければその通りには作ることはできない。そこでこれはいけると見たほぼ日本中のお菓子屋さんが、その型を道具屋さんや輸入業者さんに、一斉に発注するものだから大変な騒ぎとなった。どこのお店でも一回に50個や100個ぐらいは仕込むだろうゆえに、全国のお菓子屋さんの発注数は、トータルするととんでもない数になる。降ってわいたようなこの突然の日本のブームで、フランスはおろかヨーロッパ中からカヌレの型が姿を消し、ひと頃は入荷待ち1ヵ月あるいはそれ以上。はたまたあってもプレミア付きの貴重品となった。

むろん今でも使っているところがないではないが、その多くはそれぞれのお菓子屋さんの物置か倉庫のどこかに眠っているはずである。あの熱に浮かされたような熱気はどこへ行ってしまったのか。せっかくおいしいものを見つけたのなら、もっと長く楽しんで頂きたいと願うは、筆者のみにてはあらぬはず（注・そんなことを思っていたら2022年末になって再び取り沙汰されてきた）。

「カリソン」──フランス・プロヴァンス地方の銘菓　1996年

『南仏プロヴァンスの12か月』という本が英国紀行文学賞を受賞した。各書評によると、オリーヴが茂り、ラヴェンダーが薫る豊かな自然と、多彩な料理やワイン等の食文化及び個性的な人々に筆を運んだ、珠玉のエッセイである。おそらくはこれによってと思われるが、南フランスに光が当たった。そしてその地のスイーツや食べ物に関心が寄せられる。そこで浮上したのが、カリソン（calisson）というお菓子である。

これは同地、エクス・アン・プロヴァンスのスペシャリテとして知られた銘菓である。両角がとがった細長い形をしており、下側にウェファースを敷き、中身はアーモンド比率の高いマジパンで、表面に白い糖液でグラッセをほどこしたものだ。なおその誕生に関しては諸説あるようだが、ひとつは1473年のレネ王の再婚の宴席にまつわるもので、王妃ジャンヌに心を寄せていた料理人が彼女のためにこれを手掛けたという。ということは、何らかの嫉妬心がこれを生んだということか。

また、次のような話も伝わっている。1629年、この地域にペストが流行り、その沈静化を願って陪席判事のマルトゥリー（Martelly）は、主だった人たちを集めてミサに出席し、同地の守護聖人にささげる儀式を毎年行うことを誓った。そして1789年のフランス革命まで、この誓いを忘れないために、毎年9月1日に市の鐘を鳴らしていた。そのミサにおいては大司教によって祝福されたカリソンが、賛美歌が歌われる中、集まった人々に配られたという。そんな謂れを持つカリソンが、1冊の本の受賞をきっかけとして、遠く離れた日本でも改めて紹介されることになったのだ。マジパンという素材には、今までさほどなじみがなかった人たちも、これによってそのおいしさに触れ、ファンになったという声も少なからず耳にした。

「マーブルデニッシュ」——結婚式の引き出物市場を席巻　1996年

１９９６年京都に、山本正典《やまもとまさのり》という人が「グランマーブル」という会社を立ち上げた。メイン商品は小ぶりの四角い食パン型だが、食パンではなく「マーブルデニッシュ」と名付けたもの。ラインナップもいろいろあり、例えばチョコレート味やコーヒー味、抹茶味等々、種類と色の異なる複数のデニッシュペストリーの生地を、マーブル模様に織りなして食パン風に四角に焼き上げたリッチなパンである。

コンセプトは「京都・伝統・文化・クリエイティブを応援する」との由。お値段もそれなりの高価なプライス帯に設定し、その評判を高めていった。そして何とブライダル産業に打って出たのだ。結婚式の披露宴には、例えば花瓶とかティーセットといった形として残る「引き出物」と、食べてなくなってしまう「引き菓子」が付き物である。後者は松竹梅や鶴亀などのおめでたいデザインの和菓子の練り切りや羊羹、幸せの年輪ということでのバウムクーヘンなどが定番商品として使われていたが、ここにそのマーブルデニッシュが割って入って、いつの間にかトップクラスの受注を受けるまでに評価を高めていった。素晴らしい大活躍である。長年に亘って築かれた定番の牙城を崩すということは大変なことなのだ。

なお、２０１５年頃より食パンブームが起こってくるが、その先駆けとなったのが、この「マーブルデニッシュ」であったとみていいのではないか。

「ベルギーワッフル」——本国から勲章　1997年

１９８０年代後半あたりからはほぼ毎年のように流行のお菓子が現れてきたが、この１９９７年は

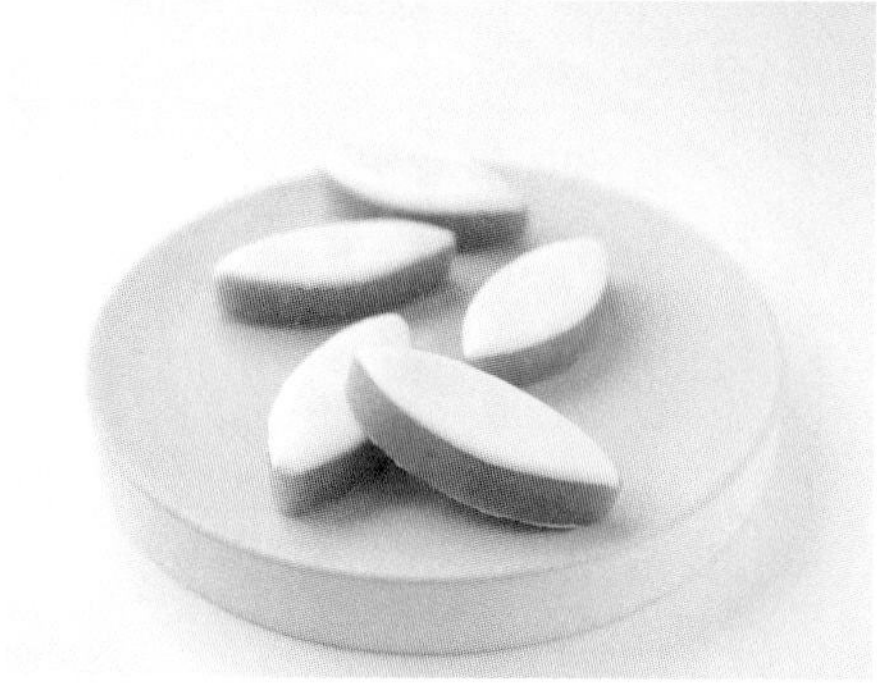

カリソン

マーブルデニッシュ

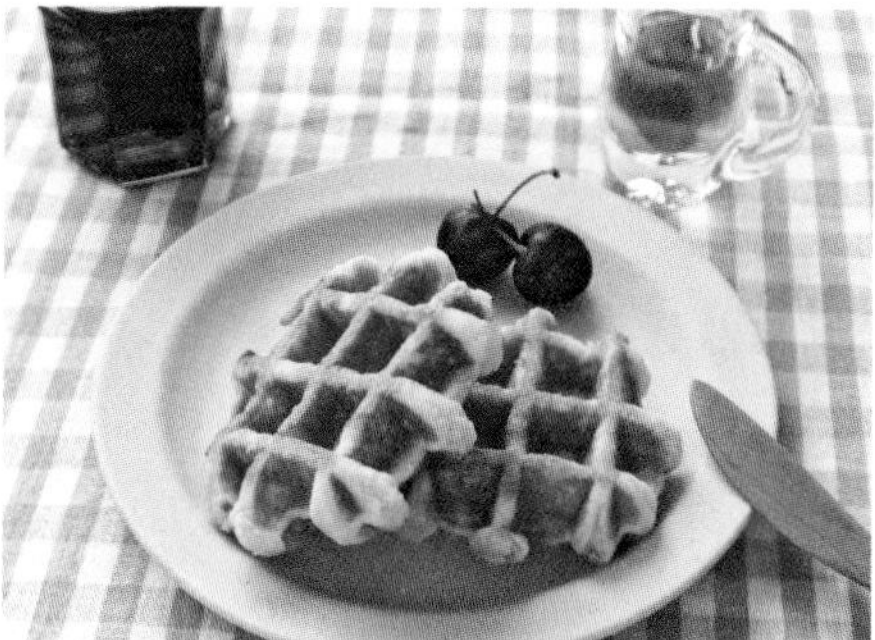

ベルギーワッフル

ベルギーワッフルであろうか。実際にはベルギーは仏・独・蘭語が公用語ゆえ、ゴーフルともワッフルとも言っている。もっともゴーフルもワッフルもまたウェファースも語源はともに一緒である。

さてこのベルギーワッフルだが、これもまた突如として現れあちこちに展開していった。元をたどると、大阪・梅田の「マネケン」というベルギーワッフル専門店が、昭和61（1986）年に出店した「新阪急八番街店」が行列を作り、話題を呼んだのがきっかけという。そしてしばらく置いた後の1997年に一気に火が付いた。これには在日ベルギー人の方たちもさすがにびっくりしたという。本国でも街角にはワッフル屋さんが点在し、道行く人も気軽にそれを求めているが、日本で思うほどのべつ幕なしに食べているわけでもない。ところが日本ではお客様がこれに群がり列をなして求めている。あまりのブレイク振りに、それを率先して扱っている企業に対し〝我が国の名誉を高めし貢献度合い、甚だ大なるものあり〟として、在日ベルギー大使館を通じて本国より勲章が贈られたとか。ベルギー政府もなかなか粋なことをするものである。

ところで当のベルギーでは大きく分けて二種類のタイプのものが作られている。首都ブリュッセルあたりのものは、イーストを用いたゆるいタネで作り、外はパリッとしているが、中はフワッとした食感で、四角く焼き、バターや粉砂糖等さまざまなものをつけて楽しむ。もう一方のリエージュタイプは、同じくイーストを用いた発酵種だが、中に大粒のザラメ糖を入れて重く堅い食感で焼き上げる。このリエージュタイプにもまた二種類あり、やや堅めのクッキータイプと、クリームなどを間に挟むソフトタイプがある。日本で流行っていったものは、リエージュタイプの堅い方であった。

ちなみにパリの街角で焼かれ親しまれているゴーフルは、似たような売り方がされているが、もっと柔らかいタイプであり、バターやジャムが塗られたり、粉砂糖がふりかけられている。冬の凍えるように寒い時など、人々はこの焼きたてにフーフー言いながら舌鼓を打つ。美味しいし持つ手は温まるしで、そこに住む人たちにとってはたまらないパリの風物詩の一つである。

ところであの時できた各駅前等のワッフル屋さんは、いつの間にか大方がたい焼き屋さんかたこ焼き屋さん（後にはタピオカドリンク屋さん）などに衣替えをしてしまった。もっともあちらのワッフル屋さんは日本のそうしたところに相当するもの故、元に戻っただけのことなのだが。それにつけても、いつの日にか日本のたい焼きやたこ焼きがあちらでブレイクでもしないかなぁ、などと思ってみたが、どうだろう。夢の広がる話だが。

「クイニーアマン」――フランス・ブルターニュ地方から　1998年

1998年はクイニーアマンと、それに引っ張られるように同じ地域で親しまれていたファーブルトンというお菓子が取り沙汰された。

まずクイニーアマンだが、層状になったパイ生地を甘いカラメルでパリパリに焼き固めたようなお菓子で、フランスのブルターニュ地方の銘菓である。フランスという国は大体六角形をしているが、その左端の上の方にこんなお菓子がある。誰がこんなところのものを見つけてくるのか不思議でならないが、きっとパリパリとした甘い食感が今までになく斬新に映ったためかもしれない。〝ん？　これを日本で知っている人はまだそれほどにはいないはず。ならばひょっとしてひょっとするかも〟なんてことで持ち込んだのかもしれない。で、結果ひょっとしてしまったわけで、お菓子屋さんからパン屋さんに至るまで、かなりのところがこれを扱ってくれた。

なお、同地ではこれをクイニャマンと発音している。せっかくなので、これについてもう少し詳しく見てみよう。フィニステール県ドゥアルヌネ市の銘菓で、１８６０年頃に同地のイヴ・ルネ・スコルディア（Yves-René Scordia）というパン職人によって考案されたという。伝えられるところによると、当時小麦粉が不足し、逆にバターが余っていた。そこで彼は小麦粉を節約し、結果バターの比重が非常に高いパン生地を作った。当然うまくいかなかったが、生地を無駄にするのも忍びないとしてそのまま焼いてみた。こうしてできたのがクイニーアマンだという。ちなみにその小型のものはクイニェット（kouignette）とも呼んでいる。今改めて思うに、こんなにもバターをふんだんに使って作るこれは、なんとも贅沢なお菓子である。

「ファーブルトン」――同じくフランス・ブルターニュ地方から　１９９８年

次いでファーブルトンについてみてみよう。

これも少々変わった口当たりの銘菓で、先のクイニーアマンと抱き合わせのような形で紹介された。こちらも同じくフランスのブルターニュ地方で親しまれているお菓子である。ファーとは〝おかゆ〟のことで、「ブルトン人のおかゆ」の意味である。この地域には一般にいうフランス人とは異なるブルトン人という人たちが住んでおり、独特の文化を持って暮らしている。このお菓子もそうしたもののひとつで、その名が示す通りそもそもは小麦粉を牛乳で煮込んだおかゆだったが、時とともに生クリームや卵が加わり、そこにプラムやレーズンなども入っていき、今日のお菓子が完成されていったようだ。なお、入れるフルーツはリンゴ等地域によって異なったものが使われている。

もっちりとした独特の食感が目新しいとして、申したごとくにこの年１９９８年に、同じブルターニュ地方の銘菓クイニーアマンとともに日本に紹介されて流行を見た。ただクイニーアマンほどには取り沙汰されなかったゆえ、口にしそこなった方がおられるかもしれないが、そうした方々は、もし何かの機会をもってフランスのブルターニュ地方にお出かけの節には、ぜひとも本場物のファーブルトンをご賞味あれ！

「エッグタルト」──ポルトガルの銘菓、マカオ返還を機に　1999年

振り返るに、1999年はエッグタルトが世を騒がせていた。本来ポルトガルから中国政府に返還されるた銘菓なのだが、ちょうどマカオが長期借款の期限を迎えて、ポルトガルから中国政府に返還される折であった。先に行われた1997年の、イギリスから中国に返還された香港と同じケースである。この年1999年にマカオの返還も実施され、香港と同様に一国二制度が導入された。後にその体制は事実上解消に向かっていくが、ともあれそうした国際的なニュースを背景に、このお菓子の存在が知られるところとなる。

パイ生地を器にしてカスタードクリームを詰めて焼いたタルトレットの一種で、シナモンパウダーを振りかけて食べるお菓子である。一見どこと言ってなんの変哲もないように見えるが、実は底に敷くパイ生地にひと工夫がなされている。普通パイ生地は層状に延ばしたものをそのまま型に敷いて焼くが、これに限ってはそのパイ生地を延ばして海苔巻きのように巻き、それを薄い幅に輪切りにして底生地とする。すると層が縦目となって火通りがよく、歯切れよく出来上がる。中に詰めるクリームは、ポルトガル人の大好きな卵黄たっぷりのカスタード。

同国は大航海時代の一方の雄であった。力をつけたところには食を含めた様々な文化が入ってくる。パイ生地もカスタードクリームも、当時は非常に進んだ食べ物だったはずで、それがどこにも増

して早くよりこの国に入ってきたのだろう。そんな彼らの栄光の時代をしかと引き継いでいるのが、このエッグタルトなのだ。

ちなみに母国ポルトガルでは、それはパステル・デ・ナタ（pastel de Nata）と呼ばれている。それが同国領のマカオで、「エッグタルト」という分かりやすい名前で親しまれており、それが返還を機に注目を集めたというわけなのだ。

ついでながら申し上げると、ポルトガルの首都リスボン市内にベレンという地区がある。大航海時代を偲ぶ巨大なモニュメントの建つテージョ河岸近くだが、ここに面した老舗のものは、パスティス・デ・ベレン（pastéis de Belém）の名で売られている。あまたある中でも、同店のものは絶品の評が高い。聞きつけた筆者、大勢のお客さんに倣い並んでこれを求めた。今にあっては素朴だが、当時は革新的であったろう香りと温かさがじかに伝わってきた。そしてそこにはポルトガルの栄光もしかと息づいていた。

「だんご」――「だんご3兄弟」でお団子が大ブレイク　1999年

昭和51（1976）年の「およげ！　たいやきくん」という歌のヒットからたい焼きが大受けしたように、この年、1999年は表題のごとくの「だんご3兄弟」という歌が大ヒットした。NHK教育テレビの「おかあさんといっしょ」のオリジナルナンバー「今月の歌」として発表された童謡で、タンゴ調のリズムがお子さんたちに受けたようだ。なんでもその年の3月3日に発売されるや、3日目で出荷枚数が250万枚を突破する大ヒットになったとか。その流れとともに全国のお菓子屋さんでお団子が引っ張りだこになったという。作っても作っても売れちゃったんだそうな。

クイニーアマン

ファーブルトン

エッグタルト

お団子はもともと私たち日本人には、なじみの深いものではあったし、これのお嫌いな方はいらっしゃらないはず。「みたらし団子」、「草団子」、「花見団子」等々、餡や醤油味で味付けしたものなど、甘いものから、ちょっとした食事代わりになるものまで、多様なラインナップを誇って、長年に亘り親しまれてきたものだ。ところで、どんなものでもきっかけがあれば潜在需要は掘り起こされるもので、そんなところにこんな歌が流行れば、当然お団子需要に火がついてくる。物の道理であろう。

当時、百貨店やスーパーの和菓子屋さんの前で、お子さんたちがぴょんぴょん飛び跳ねている光景を目にしたことを覚えている。離れたところからそれを見て、何をしているのかなぁと近づいて分かったのだが、そのお店のショーケース上にカセットが置いてあり、そこからこの「だんご3兄弟」の歌がエンドレスで流されていたのだ。あの調子のよいタンゴのリズムも、お子さんたちによかったのだろう。それに合わせてのぴょんぴょんだったのだ。そうしたら買い物を済ませたらしいお母さんがやってきて、そのお店のお団子をお買い求めになられていた。〝ああ、やっぱり売れているんだ〞との思いを強くした。今この拙文をしたためている間も、その歌とメロディーが筆者の頭の中を駆け巡っている。

「明治のフラン」――マスコミが煽るグリコの「ムースポッキー」との対決　1999年

江崎グリコの看板商品のポッキーの向こうを張って登場した明治製菓（現・明治）のフラン。コーティングするチョコレートは、ムースタイプの柔らかいもの。対するグリコもほぼ同時期の2000年1月に新しいテイストの「ムースポッキー」を発売している。当時はこの二つを比較した意見が続出。新聞やマスメディアを賑わしたことは記憶に新しい。

実はこのフラン、その前年の1998年にテスト販売がなされ、その結果たいそうな手応えを感じたことから、その翌年に当たる1999年から本格的な販売に踏み切った。それがたちまちにして大ブレイクし、各地で売り切れが続出。いくら作っても間に合わないほどの大人気となった。対するグリコのソフトタイプのムースポッキーも同じく売り上げ急上昇で、ともにこの年のスイーツ市場の牽引車となった。

1999年

「カラメルテイストのお菓子」――各スイーツを横断

この年は、なぜかカラメルテイストのお菓子が流行っていった。生菓子関係では、カラメル風味のムース（mousse）、カラメル使用のアントルメ（entremets＝デザート菓子）、カラメル味のチョコレートエトセトラ。理由はよくわからない。普通どんなものでも、何かのきっかけがあるなど、大体の察しはつくものなのだが、これに関しては皆目見当がつかない。ただ、いろいろと思いを巡らせてみるに、この少し前あたりから、取り立ててというほどでもないが、フランスにおいて何となくカラメルを使ったプティガトー（petits gâteaux＝小型の生菓子）やグランガトー（grands gâteaux＝大型のケーキ）類が目につくようになってきたように思う。例えばムース・オ・キャラメル（mousse au caramel＝キャラメル風味のムース）とかキャラメル・オ・ポワール（caramel au poire＝キャラメル風味の洋梨）とか……。そんなところを誰かが捉え、ちょっと大げさに、〝今フランスではカラメルテイストがトレンドだ〟などと思い込んだかして、仕掛けていったのではないか。

このテイストは、今までなかったわけでもなく、決して珍しいものでもないが、おいしい味覚のひとつではある。筆者も嫌いではない。いや、むしろ好きなもののひとつである。よってこの流れは歓迎すべきものと捉えていた。手前ごとで恐縮だが、私はたいていは車で移動しているが、運転中は何か口寂しい。よって車の中にはいつも不二家のミルキーか榮太樓の梅ぼ志飴、あるいはサクマ式ドロップスなどとともに森永ミルクキャラメルも置いてある。そんなことで日頃よりキャラメル味にも親しんでいるが、それはさておき、私どもの製品にもあるセンターがキャラメル風味のガナッシュでできたボンボン・オ・ショコラ（bonbon au chocolat）は、プラリネ味やジャンドゥヤ味（ともにアーモンドと砂糖のペースト）とともに欠かせないもののひとつになっている。生菓子においてもいつもというわけではないが、時折そのテイストのものがラインナップに加わっている。

それにしても、この年はいつも以上にお客様がこれをお求めにいらして、当方も切らしてならじと丁重に対応させていただいた。よそのお菓子屋さんを見ても同様とお見受けした。何にせよお菓子にこうして光が当たり、話題になるというのは、それを生業とする者にとっては喜ばしいことと、ありがたく受け止めている。それにしてもねぇ、なんでまた急に思いついたように「キャラメルテイスト」が受けだしたのだろう。世の中にはわからないことが時たま起こる。だから商いもまた面白いのだろうが……。

「ポリフェノールを含む食品」——ワインもチョコも　1999年

この年、これも何が動機となったかよくわからないが、ポリフェノール効果があるとしてそれを含む食品にスポットライトが当たった。ポリフェノールについて改めて調べてみると、いろいろな植物に含まれている苦みや色素の成分で、自然界には五〇〇〇種類以上もあるのだとか。で、これはビタミンCやビタミンEと同様に抗酸化作用が強く、また活性酸素などの有害物質を無害なものに変える

だんご

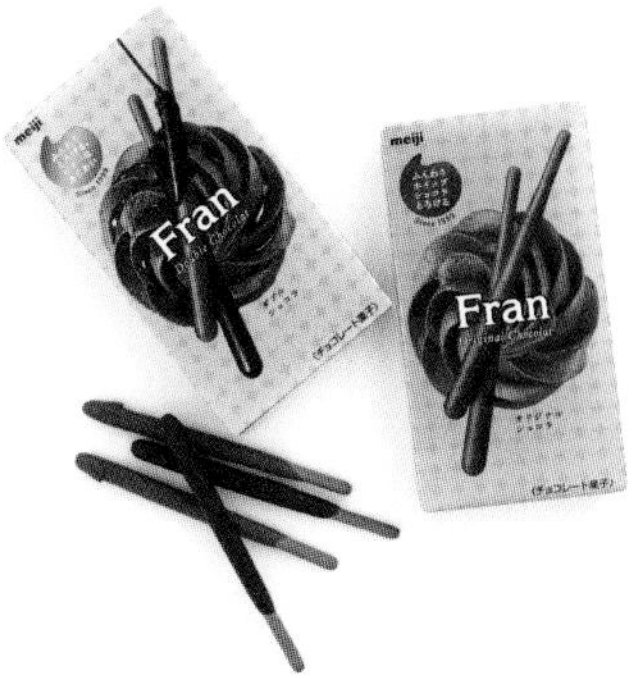

明治のフラン

カラメルテイストのお菓子

作用を持ち、動脈硬化などの生活習慣病の予防に役立つといわれている。調べるほどにいいことずくめで驚く。なおこれは、種類により独自の機能があるそうだが、水に溶けやすい性質があるため、比較的短時間で効果を発揮するが、その効果は長期間持続はしないため、こまめに摂取する必要があるという。

これを受けて食品業界では、特にそれを多く含むとされるワイン業界とチョコレート業界が勢い付いた。アルコール類の取りすぎは身体に良くない等の理由で、比較的静かにしていたワイン業界だが、このことによって色めき立ち、反転攻勢に打って出た。スーパーや百貨店でも特設のワインコーナーを設け、大々的にＰＯＰを飾り試飲サービスなどを行っていたところも見受けられた。

一方チョコレート業界もこれを機に攻勢をかけてきた。私どもの主要なマーケットである百貨店等の名店街では、「メリーチョコレート」さんなどが、盛んにポリフェノール効果を謳ってお客様に積極的にアプローチをかけていた。そしてそれがきっかけとなったか、カカオ成分の含有量の高いチョコレートがもてはやされていった。通常は50〜60％程度だが、70％、75％、さらには80％、もっと高くて90％なんていうものまで現れてきた。カカオ成分が高ければ高いほど、当然苦みが強くなる。そして90％近くになるとカカオの風味はさらに直接的に強烈に訴えてくるが、それをおいしいと感じてくれるまでにもなってきた。このポリフェノール効果のブームは、味覚の幅を広げる効果も確かにあったようだ。

「爽」——口溶けスッと爽快　１９９９年

１９９９年当時ロッテにより製造販売されたカップ入りの氷菓。２００２〜１０年はロッテスノー

ポリフェノールを含む食品

爽

（旧・雪印乳業）が製造し、２０１０～１８年はロッテアイスの製造となっている。ラクトアイス（乳固形分が３％以上のものをいう。ちなみにアイスクリームは乳固形分15％以上で乳脂肪分８％以上のもの）の中に微細氷を混ぜ込んでシャリッとした食感を出したもので、他のものと比べ、25％ほどカロリーを抑えこんでいる。よって文字通り〝爽やか〟なものに仕上がっている。

そしてこの製品のキャッチコピーは、表題に記したごとくの〝口溶けスッと爽快〟を謳っている。微細氷がもたらす口溶けの良い食感とさっぱり感を打ち出したマーケティングも功を奏したか、この爽快感がマーケットに受け入れられ、発売以来着実にファンを増やし続け、その後は同社を支える大きな柱に成長していった。

「パールミルクティー」——第二次タピオカブーム　１９９９～２０００年

１９９９年から２０００年にかけては、お菓子の範疇に入るか否かはさておき、パールミルクティーがブレイクした。顧みるに、この手のものは１９９２年に「タピオカココナッツミルク」の名でデビューは果たしていたのだが、その時はまださしたるブームにまではなっていなかった。よって筆者の意識の中にもさほどにはなかったといっていい。

ところでこのいわば再デビューに当たっては、実はこんな裏話が……。

筆者の運転中に携帯電話が鳴った。今であったら運転中に電話で話すことはご法度だが、その時はそうしたこととの規制前であったゆえそのまま出ると、さるテレビ局のディレクター氏からであった。

「あっ先生ですか。よかった、つかまって。ちょっと急ぎなのですが、パールミルクティーについて少しばかりコメントをいただきたくて……」

　さて、と困った。今ならすっかり知れ渡っているが、実は恥ずかしながら私、その時これについては、申したごとくに、まださほど十分な知識は持ち合わせていなかったのだ。しかしながら立場上詳細分からずとは言い難い。そこで「ああ、それですか、今運転中でちょっと手が離せないので、後ほどどこちらからお掛け直しいたします」。

　なんてことを言って電話を切った。ホントに手が離せなかったことも確かだが、さあどうしよう。運転を家内に代わってもらい、若いお嬢さんなら知っているに違いないと当たりを付けて私のお教室の生徒さんの何人かに電話を掛け始めた。三〜四人目あたりであったろうか。

「あっそれ知ってる。台湾から始まってシンガポールに飛び火して、香港経由で今、原宿で流行ってるの。紅茶の中にタピオカっていう、カエルの卵みたいなのが入っていて、太めのストローでチュルチュルって吸うと、口の中にグニュグニュって入って、その感触がたまんなーいって感じで……」

「あっそう、原宿でね、チュルチュルでグニュグニュでたまんなーい……。なるほど、うんうん、どうもありがとう」

　隣に身内がいて、よそのお嬢さんとお話しするというのも亭主としてはいささかなりと気を遣うところだが、そんなことを言っている場合ではない。とにかく助かりました。すぐにテレビ局に電話を掛け直して、聞いた通りのことをお伝えし、収録日には一応急ぎ裏を取ったとはいえ受けた教えをほぼそのままに……。今思いだしても冷や汗もの。それにしても若い方はホントによくご存じである、こうしたニュースは。〝今の若いもんは〟などと軽々しくは決して申すまじ。とまれかように、八方気を配っているつもりの私どもでさえもがうっかりすると見逃しかねないほどに、いろんなものが突如として現れ勝手に流行っていってしまう。少しも気の抜けない世の中になってきた。

2000年

「ラスク」――フランスパンが生んだ名品

　従来からの感覚では、ラスクとは堅くなってしまったパンやスポンジケーキの表面に練った砂糖を塗って乾燥焼きしたもの、と相場は決まっていた。つまりある商品の二次使用として作られていたものだったのだ。いろいろある中で、特にバゲットと呼ばれるフランスパンなどは、焼きたてはおいしいが、一日置いただけですぐに堅くなってしまい売り物にならない。そこでパン屋さんはよくこれをスライスして、練った砂糖を塗って焼き直し、袋詰めにして、廉価で販売していた。

　山形の「シベール」というパンとお菓子を扱う会社では、いっそのことこれを、パンの二次使用ではなく最初から商品として仕立てようと考えた。フランスパンは、ご存じの通り、切るとその断面は大小の穴がランダムに空いている。パンとしてはそれだからおいしいともいえるのだが、ラスクとしては商品の状態にばらつきがあっては困る。そこでいろいろと研究を重ね、どこを切っても均等の状態になるべく改良してラスクに仕立て上げた。これが大ヒットし、2005年にはジャスダックに上場を果たすまでになった。企業としては大成功である。

　ところで本書においては、このラスクの流行を何年のところに記すべきか迷ったが、最盛期となると、この上場を果たした2005年ということになるのだろうか。だが、あえてここでは、ラスクとして世に問うた頃、すなわち2000年として記してみた。何となればこの思いつきと思い切りがブームを巻き起こしたがゆえに。ご異論は甘受する。なお、この手の先陣を切った「シベールのラスク」は全国にその名を馳せ、2008年には売り上げのピークを迎えたが、その後各社が同様のものを手掛けるようになり、その中の一社「ガトー・フェスタ・ハラダ」という会社にマーケットが入れ替わっていった。

同社のそれは、シンプルな味わいを特徴としたシベール製とは異なり、ホワイトチョコレートを塗るなどした高級感あふれるイメージに仕立てたものであった。しかも包装のデザインもパッケージも名店街などでも十分通用するほどの垢抜けしたものにし、デイリー商材からギフトに重きを置いた戦略を取ってきたのだ。そこにまたさらなるブームの火が付いた。以降、ラスクといえばガトー・フェスタ・ハラダのイメージが定着し、百貨店でも一等地に出店を果たし、催事を打てば行列をなし、いつの間にか二次使用の製品であったラスクはギフト商材のメイン商品へと格上げがなされていった。

よってラスクブーム立役者は誰かと問われれば、まず第一にはそれを開発した山形の「シベール」。続いてそれを確立した「ガトー・フェスタ・ハラダ」を挙げねばなるまい。この2社によって日本の今様のラスク文化は作られたのだ。

「メロンパン」――本物のメロン入り　2000年

先にも記したが、あるひとつのものが紹介されると、それをもとにアイデアを凝らし、アレンジを重ねていろいろなものを開発していく。日本人の持つ素晴らしい特性といえようか。ここに取り上げさせていただいたメロンパンなるものもそんなもののひとつである。ただしこれが最初に作られたのは、いつだかわからぬほどの昔であったという。筆者の実家も明治の初めの頃にパンをもって起業し、戦後より洋菓子に軸足を移していった。よってメロンパンについても何らかの情報があってしかるべきとも思うが、これについては口伝ひとつ残ってはいない。

ただ、これまでのものは、表面に斜めの筋を交差させて網目模様風にし、いかにもマスクメロンの外側のように作られていた。思うにメロンは高価なものゆえ、誰もがいつでも食べられるものではなかった。そんなものを思いっきり食べてみたい。そうした想いをパンに託して作られた代物がこのメロンパンではなかったか。パンの形ひとつから、さして豊かではなかった昔の日本の姿が垣間見えてくる。

さて今の時代、確かにまだメロンは高価なものとの認識はあるが、かつてほどではない。食べようと思えば手が出ないものでは決してないし、リーズナブルな価格のものも出回っている。そうした背景のもとに、形だけではない本物のメロンを使って作るメロンパンが登場した。これは受けた。最初に作ったのは西武百貨店に入っていたルノートルというパリの名店ブランドのお菓子屋さんのパンコーナーと聞き及ぶ。もしかしたら、どこかに最初に作られた方がおられるのかもしれないが、ともかくも当時、西武池袋店のルノートルの売り場にメロンパンを買う行列ができていた。改めて思うに、メロンが入っていないのにメロンパンというのも面白いが、日本の生んだメロンパンの進化形を手掛けたのがパリのお菓子屋のルノートルであったというのももっと面白い。その自由な発想に喝采を送りたいし、それに本物のメロンを入れようと思い立った方にも更なる敬意を表したい。

なお、このメロンパンだが、その後もいろいろと趣向を変えては世に出てくる。例えば2003年にもまた、大騒ぎするほどには至らなかったが取り沙汰されている。その他、2018年に第四次タピオカブームで、タピオカミルクティー（同項参照）が流行り、その際、「タピる」などという言葉が使われたが、その伝で2019年には台湾メロンパン（同項参照）がスイーツ好きの人の耳目を集め、「メロる」などという語も使われるほど、そのメロンパンに注目が集まってもいった。

パールミルクティー

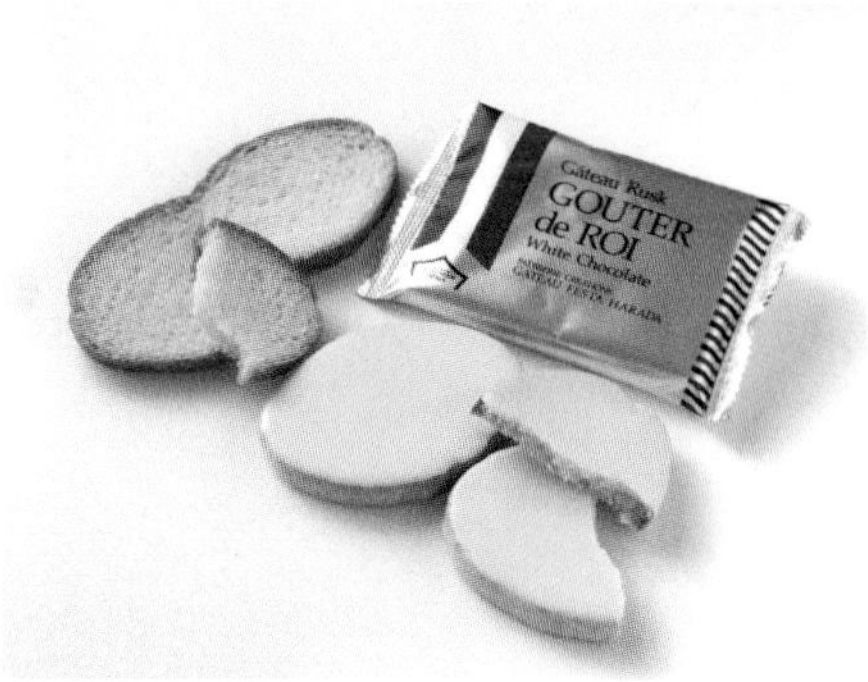

ラスク

メロンパン

２０００年
「豆乳使用の食品」――身体にやさしい

今までなかったわけではないが、２０００年あたりから豆乳に光が当たってきた。健康志向ゆえであろうか。ところで今さら言うまでもないが、わが国はそもそも豆の文化である。そのことに最初に気付かせてくれたのは、筆者がパリに住んでいた時だった。いつもフランスの食文化を自慢している仕事場の同僚に、日本食のすばらしさってやつを教えてやろうと思い立った。どうやって税関を通り抜けたのか、日本から来た友人が納豆を差し入れてくれた。その頃すでにインスタント味噌汁が作られており、醤油（ソヤソース）とともにパリにある唯一の日本食料品店で手に入った。

同じく同胞の友人が羊羹をプレゼントしてくれた。満足のいくほどでもなかったが、それなりに準備を整えて同僚の前で、我流ながら和食もどきを披露した。「おい、ヨシダ。このミソスープは何でできてるんだ」、「アリコ・ブラン（大豆）だよ」、「ナットウってなんだ」、「特殊な菌で作るアリコ・ブランの加工品だ。言ってみればチーズ作りと同じようなもんさ」、「ソヤソースも確かアリコ・ブランだったな。ところでこのデザートは？」「これはヨーカンと言って、まぁフランス菓子のパート・ド・フリュイ（pâte de fruit）みたいなもんさ。材料はアリコ・ルージュ（小豆）だけどね」。アリコとはフランス語で豆のこと。聞かれる度に同じような答えしかできず、我ながら語彙の不足を指摘されるのではと心配になったほどである。この時〝そうか、日本は豆の文化なのか〟と改めて気付かされた。

そう、そんな豆の恩恵に与っている我々は、それから作られる豆類の加工品にも長年親しんできたのだ。栄養面や効能についてては今更縷々《るる》申し上げるまでもないが、社会全般に健康志向が高まってきた折、自分たちにはこんなものがあったじゃないか、と思い起こさせてくれたのが、かくいう豆乳だったのだ。そうした下地をもとに、各メーカーが次々とそれ仕様のスイーツを提案し、マーケットを賑わせていった。いわく豆乳プリン、豆乳ケーキ、豆乳クッキー、豆乳スコーンに豆乳アイス、その他お汁粉、チーズケーキ、ブランマンジェ、ヨーグルト、ゼリー、ドーナッツ、マフィン、エトセトラ……こうなるとまさに豆乳製品のオンパレードである。せっかく再認識がなされた素材だけに、できたらこのまましっかり定着していってもらいたいものと、つくづく思った次第。

「マクロビオティック」――健康志向極まれり　2000年

高まってきた健康志向の総仕上げの感のある社会現象が「マクロビオティック」。マクロビオティックとは？　調べるにマクロとビオティックという2語の合成語で、語源は古代ギリシャ語のマクロビオスで、「健康による長寿」とか「偉大なる生命」といった意味である。顧みるに18世紀のドイツでクリストフ・ヴィルヘルム・フーフェラントという人が「長寿法」という意味あいで使い始めたという。さて現代だが、玄米や雑穀、全粒粉を主食とし、野菜や穀物、豆類等の農作物、海藻類などを副食とする食事法を指す語として認識されている。また季節に応じて作られるその地域のものを食べることを基本としている。いわば地産地消の典型といえようか。

ただ、われわれスイーツを生業とするものにとっては、少々困惑するようなこともしかと指摘されている。例えば砂糖は原則使用しない。ではどうする？　米や甘酒、メープルシロップ等に置き換えよと。また肉類や卵、乳製品もダメ。これはキツイ。糖類はメープルシロップ等で究極何とか賄うとしても、卵や乳製品が使えないとなるとどうしたものか。アレルギー対策と全く同様の研究課題である。

　反面、何となくだが納得させられることも少なくない。すべてに当てはまるかどうかはわからないが、〝皮や根も捨てずにひとつの食品は丸ごと摂取することが望ましい〟などの決め事である。まだ食べられるものまで平気で捨てる風潮に浸っている身には耳が痛い話であろう。それにしても、これをすべて完璧に実践するとなると、今の世にあってはまるで仙人のような生活を強いられるわけで、正直大変だ。確かに身体にはいいのだろうが、まあできる範囲でということでいいのではないだろうか。

　そんなわけで、騒がれた割には遍く広まるまでには至らなかった。さりながら、贅沢に慣れ、生活習慣病に悩ませられる多くの現代人に対し、警鐘を鳴らすべく一石を投じたことは確かであった。

「シナモンテイスト」――いろいろなお菓子に　2000年

　1999年に人々の口の端に上ったカラメルテイストに続いて、今度はシナモンテイストが、世に広まっていった。たとえば東京あたりでは、地下街を歩いていると突然シナモンの香りが漂ってくる。そしてそこにはまたまた長蛇の列ができていて、その先にはシナモン味のパンが、実演付きで作られている。その焼きたてを求めての列なのだ。直接店名を挙げて恐縮だが、「シナボン」という名のお店で売られているシナモンロールというパンである。初出店は1999年12月の吉祥寺というが、その翌年から大ブレイクした。

　シナボンとは1985年にアメリカのシアトルで誕生した企業で、世界中の56ヵ国におよそ1800店を展開しているという。お客様から見えるべく作られた作業場で豪快にパン生地を延ばし、ダイナミックにバターを塗りたくり、シナモンをたっぷり使って作る演出も見る人を引き付けて止まず素

豆乳使用の食品

マクロビオティック

シナモンテイスト

晴らしいものがあった。そんな行列があるとついつい並んでみたくもなってくる。もちろん筆者もその最後尾について順番を待った。配給待ちという戦後の風景が一瞬脳裏をよぎったが。そしてようやく順番が回ってきて、その熱々を受け取っての帰り道は、何ともいえぬ幸福感に包まれる。やっとの思いで手に入れたという満足感もあったのだろう。しかしながら、帰りの電車の中では、シナモンの香りがいささか恥ずかしくもあった。ただ、家に着いて口にした時は〝あ〜、もっと熱いうちに食べればよかった！〟と、思わずそのタイムラグを嘆いた。そう、あれは熱々のうちに食べた方がマッチベターなパンだったのだ。

それが引き金になったか、その後は次々とシナモンテイストのお菓子が提案されていった。それまでシナモン味は、好む人とそうでもない人がいて、お菓子作りを生業とするものにとっては、悩ましい素材でもあったのだ。しかしながら、これを機にいろいろなお店でも果敢にこの素材にトライを試みてか、生菓子、焼き菓子を問わず、シナモンテイストのケーキやタルトといったお菓子が店頭を飾り、お客様にアプローチをかけていった。そういえば、オーストリアのリンツァートルテもシナモンテイストで名高く、ドイツやスイスでも好まれている。北欧のフィンランドあたりにもシナモン風味のお菓子が多い。

シナボンの上陸で、またひとつ日本人の味覚の幅が広がった。ところであのシナボン、２００９年にいったん日本から引き揚げてしまったが、その後２０１２年に再上陸している。

10　2000年代――スイーツ界も安心安全

前年の2000年を挟んだあたりの数年は、世紀末、ミレニアム、新世紀と世の中いつになくかまびすしかった。ちなみにミレニアムとは千年紀を意味する語で、西暦を1000年単位で区切ったものである。

ではそれはいつを指すものなのか。そういえば私も学生時代、世界史の問題で、1900年は何世紀なるやの問いがあったことを思い出した。正解は19世紀。つまり1世紀とは1年～100年までの100年間で、ゆえに20世紀は1901年からというものであった。しかしながらよく考えるとわからなくなってくる。西暦とはご存じの通りイエス・キリスト生誕から何年というものだが、これは果たして数えなのか満なのか。カウントの仕方次第では新しい世紀への入り方が異なってくるのではないか。日本はおおむね仏教徒のためか、はたまた無宗教に近いゆえか、この新世紀問題はさしたる論争にならなかったが、実はヨーロッパでは大変な議論の的になっていたのだ。いろいろともめた挙句、一応世相の認識に従い、2001年をもって新世紀とするという方に世論も固まり、各種の行事もそれに倣って行われた。

しかしなお、はっきりと結論が出し切れていないきらいがあった。なんとなれば、彼らの精神的バックボーンたるローマ法王庁が、2000年を新世紀とするスタンスをとっていたからだ。そのうちに緊張を和らげるべく、同年を聖年と謳い、明言を避ける形をとったが、さりとて一度出したお触れを撤回するまでには至らなかった。事実私の元にも、１９９９年末すでに〝祝・新世紀〟のカードがフランスやスイス、ベルギー等の友人たちから届いていた。そしてその翌年の２０００年末もまた、彼らから同様のメッセージが来た。大勢は決まったとはいえ、あちらサイドの迷いは完全には消えていなかったのだ。ところで日出ずる国の当方、両年ともに大切と大騒ぎをし、２年連続して大晦日の１秒に固唾を呑んだ。

さてその後だが、熱しやすく冷めやすいのもわが同胞のＤＮＡとか。いつの間にか元に戻って、希代の名句のごとく、いささかの緊張感は持ちつつもさして気負うこともなく、〝貫く棒の如きもの〟として、ある種淡々と、そして粛々と受け入れていっている。もっとも当のヨーロッパも、そのことにはあまり触れたくないとの思いも根底にあってか、あの騒ぎを忘れたかのように、同じく淡々と時を重ねてはいるが。

それはそうと今は皇紀二千六百有余年というが、こちらは数えなのか満なのか。して、三千年を迎えんとするときの対応は？　そうした議論も避けては通れぬ問題だが……。

ところでミレニアムのこの年以降だが、２００１年の愛子様のお誕生に始まり、翌２００２年の日韓共催のサッカーのワールドカップがあったり、２００５年の愛知万博・愛・地球博があったりと、喜ばしいこともあったが、反面アメリカのサブプライム問題が引き金となって、世界経済が１００年に一度といわれる混乱に陥り、また１０００年に一度という東日本大震災が起こったりと多難なことにも見舞われた。お菓子を含む食品関係では、アレルギー物質の表示の義務化や黒い食品及び赤い食品、あるいは雑穀類といったものに注目が集まり、健康問題がより一層注視されるようになっていく。

そして天皇のご退位により元号が改まって、令和という新しい時代を迎えることになる。

「クレーム・アメリ」――名画からのクレーム・ブリュレ　２００１年

２００１年に公開された『アメリ』という映画がヒットした。原題は『ル・ファビュルー・デスタン・ダメリ・プーラン（*Le fabuleux destin d' Amélie Poulain*）』、直訳すると『アメリー・プーランの不思議な運命』で、そんなタイトルのフランス映画だ。パリのモンマルトルのカフェに勤めている主人公のアメリの大好物がクレーム・ブリュレ（crème brûlée）というお菓子。これは１９９１年に日本でも大流行したもので、詳細は同項をご参照願いたいが、表面に砂糖を振りかけて焼く、いわば贅沢プリンである。

で、この主人公・アメリがその表面のカラメルをパリパリッと割って食べるシーンがあり、これがとっても美味しそうということで、改めてクレーム・ブリュレというフランス菓子に注目が集まった。そしてそのお菓子はアメリが食べるものとして、「クレーム・アメリ」の名で広まっていった。何にせよ注目が集まるのは悪いことではない。こうしてフランスの銘菓「クレーム・ブリュレ」は呼び名を変えて再び脚光を浴び、世の人々にお菓子のすばらしさを知らしめたのだから。

「ジンジャーテイスト」――またひとつのテイストが……　２００１年

１９９９年のカラメルテイスト、２０００年のシナモンテイストに続いて２００１年はジンジャーテイストが広まっていった。なぜかって？　さて、そのあたりがよく分からない。その分からないところがまた面白い。それにしてもどうしてジンジャーになったのか。世界を見渡すと、北の寒い国々にこのテイストのお菓子が多い。ジンジャーブレッド、ジンジャーケーキ、ジンジャークッキー……。寒い地方ではこうしたものを食すことによって、身体を内側から温め、寒さに耐えてきた経緯がある。いわば生活の知恵から生まれたものといえよう。それが何故突如、極寒の地でもない日本において……。多分カラメルやシナモンときて、あと何かないかなぁと見渡したらジンジャーが思い浮かんだ。なら今度はこれで行こうか、なんてことで、あまり深く考えることもなく仕掛けていったら、けっこう受けちゃった。おそらくはこんなところではなかったか。

そうした動きに敏感なのはデパ地下だが、中でも東京・有楽町のプランタン銀座の反応は、常に他に抜きん出ていた。思うに、規模自体がコンパクトゆえに、他の大型店に比して動きやすかったのだろう。また同店のバイヤーさんもそうした仕掛けに意欲的に取り組んでおられた。店内の中央あたりのステージには、お客様の視線を引き付けるべく、それらがしっかりシフトされていた。「見て見て、ジンジャークッキー。あっ、こっちはジンジャーケーキ」、「そうなのよねぇ、今はなんてったってジンジャーよねぇ」なんて言いながら、トレンドに敏感なギャルさんやお勤め帰りのレディーたちがお買い物を楽しんでおられた。

ただその割には、もうひとつ弾けなかった。なぜか。それまではさしてなかった、少々強いジンジャーというテイストに馴染むには、もう少し時間が必要だったのかもしれない。ということは、これを序章として、今後何度かのくり返しを経た後に、徐々に我々の味覚の世界に根をおろしていくのかもしれない。

「抹茶テイスト」——ニッポン再発見　2001年

2001年あたりから、抹茶テイストのお菓子が取り沙汰されてきた。これは、筆者と同じパティシエで、パリを活動拠点としているサダハル・アオキ氏の活躍によるところが大きい。彼は抹茶味のエクレールなどを手掛け、一躍その名を上げた。

実は抹茶の風味は我々にはすばらしく感じるが、お菓子の本場フランスでは、それまではあまり受けなかったのだ。例えば国際的なコンクールなどでは、その時々の課題のほかに、「お国自慢」のお菓子を競うことがある。そんな時、大体の日本の選手は、これぞ日本のテイストだとして、抹茶味のお菓子を披露するが、審査をする彼らにはなかなか分かってもらえず、無念の涙を呑む場合が少なくなかった。

ところが様々なものが出尽くした感があったちょうどそんな時に、彼は抹茶味の素晴らしいエクレールを手掛けた。新しいテイストを求める気運が高まっていた折も折、改めてもっとも日本的なこのテイストに、皆の注目が集まった。〝これは素晴らしい〟と、一躍彼は時の人となった。そんな高評価が日本にも逆輸入され、美食の国フランスはおろか、日本でも抹茶テイストのお菓子がスイーツ界を席巻していった。抹茶のエクレールはもとより、抹茶シュー、抹茶のアントルメ（デザート菓子）、抹茶チョコレートに抹茶のアイスクリーム、エトセトラ。日本にとどまっていた抹茶味のすばらしさが、甘い香りとともに広く世界に知らしめられていく。めでたい限りである。

「トマトテイスト」——野菜スイーツもなかなかどうして　2002年

カラメル、シナモン、ジンジャーときたら、次は唐辛子あたりか、などと思っていたら、今度はいきなり、なんとトマトに走っていった。これを予測できた人は、まずはおられなかったのでは。むろん筆者もびっくりした。なんでまたトマトが？　それが分かれば苦労はしないが、誰も何もせずに流行るわけがない。きっと誰かが仕掛けたに違いない。ひょっとして農協さんあたりかも、などと憶測を巡らせてみたが、どうだろう。さりながらこれが取り沙汰される時とほぼ同時に、フルーツトマトなるものが話題に上がってきたのも事実である。やっぱり仕掛け人は農協さんか。

ところで近年、〝フルーツのお菓子化〟ということがよく言われる。フルーツの品質改良が進んで、どんどん甘みが増していったのだ。それに倣ってか、野菜にも同じようなことが行われていった。その顕著な例のひとつが、ここに登場したフルーツトマト。今までのに比べるとグンと甘みが増して、まるで果実のようだとして取り上げられるようになった。

何かないかと探していた時に、それを見て、〝おっこれは面白い。ならばこれをお菓子に転用してみよう〟。そんなことを思って、どなたかがフルーツトマトのムースやタルト、あるいはその小型のタルトレットなどを作ってみた。仕掛けるまでもなく、まずは試みただけだったのかもしれない。そうしたら、思いのほか受けちゃった。ニュースネタを探していた女性誌やファッション誌も、今度はこれかとこぞって取り上げ、話題が広がっていった。大きなブームを作るほどには至らなかったが、少なくともスイーツ好きの人たちの耳目を集め、気を惹くほどまでにはなっていった。

「チョコバブル」——セピアの宝石がホントの宝石に？　2003年

2003年4月、東京・六本木に森ビルが超高層の複合商業施設を開業した。上層階には高額賃料のオフィスができ、そこに軸足を置くことは一種のステイタスとなった。そしてその人たちは「ヒル

クレーム・アメリ

ジンジャーテイスト

抹茶テイスト

ズ族」と呼ばれ、一躍マスコミの寵児としての扱いを受けるようになった。特に時代の最先端を行くIT関係の業種の人が多いように見受けられた。また下層階には有名ブランドのブティックが入り、さながらファッションや情報の発信基地のような状況が生まれていった。都内近郊はもとより、地方からも、いや海外からも観光客が連日訪れ、有数のそして最新の観光スポットともなっていった。

さて、日本経済も1980年代後半から1991年にかけてのバブル絶頂期を過ぎ、バブルが弾けて一段落した頃で、ちょうど誰しもがその次を模索していた時であった、六本木ヒルズができたのは。

その予兆は少し前あたりから始まっていた。ちなみに首都圏に限ってみれば、2001年には東京の「晴海トリトンスクエア」ができ、その流れを引き継ぐようにこの年2003年の「六本木ヒルズ」へと繋がっていったのだ。ついでながらその先を見てみよう。2004年は「コレド日本橋」、2006年は「表参道ヒルズ」、2007年は「東京ミッドタウン」と「新丸ビル」、2008年は「赤坂サカス」と「汐留シオサイト」、2012年は「渋谷ヒカリエ」と「ダイバーシティ東京」と「東京スカイツリー」、そして日々進化する「東京駅」、近いところでは2010年代後半から始まった100年に一度の「渋谷駅周辺」の再開発、さらには2020年代半ばから始まる「新宿西口」の再整備等々。横浜あたりに目を移せば「赤レンガ倉庫」に「ランドマークタワー」、「みなとみらい」エトセトラ。関西や中京その他の各地にも同様のものが続々と作られていく。際限がないのでこのあたりにしておき、六本木ヒルズの時代に立ち返ろう。

ここにチョコレートショップがいくつかでき、そのどれもが超高額。当時の価格帯は一粒100円ほどで、それでも〝あら、お高いわ〟などと言われていた頃、そこでつけられたプライスは一粒700円、1000円、あるいは1200円……。

テレビのバラエティー番組でも、取り上げるには格好の素材と連日大騒ぎ。

「えーっ何これ、一粒1200円?」

「ウッソー!　マジー?」

「え、何々?　あ、ホーント。あっ、うーん、スッゴーイ!」

「ウキャー、チョーオイシー!」

と、皆さん一様に驚いてみせてくれた。

作る側からみるに、どうあっても、どんなに最高級のカカオやお酒類を使っても、あの一口サイズの小さな一粒の中にそんなにたくさんは入れられない。が、高ければ高いほど良しとして話題は沸騰した。題して「チョコバブル」。六本木ヒルズの話題が一線から引いていくにしたがって、度を越したチョコバブルも次第に萎えていったが、それでもチョコレートというスイーツは、本場のヨーロッパ諸国同様に最高のプレゼントの品であるという印象だけはしっかり植え付けられた。

「一本物ロールケーキ」——洋風竿物　2003年

ロールケーキとは、その名のごとくのロール状に巻いたケーキで日本人の大好きなもののひとつである。ところがこれはなぜか「スイスロール」の名で呼ばれている。

なぜスイスなのか。調べたところによると、1880〜1890年頃のヨーロッパの料理本に紹介されているというが、スイスが始まりと謳っているとは聞いていない。また筆者の持っているスイスの製菓書にも、言われるところのロールケーキは載っているがただこれがこの手の嚆矢かと問われると自信はない。筆者がパリにいたときにはルレ・オ・シトロン（roulé aux citrons＝レモン・ロール）

やルレ・オ・ザナナ（roulé aux ananas＝パイナップル・ロール）などという、いわゆるロールケーキを作っていた。もちろんスイスで働いていた時にも。またスペインには「ジプシーの腕」という意味のブラソ・デ・ヒターノ（brazo de gitano）というロールケーキがある。和菓子にも竿物として同様のものが作られている。よってこの種のものは世界のどこでもあるといっていいようだ。

　ただスイスロールの名をもって日本で初めて手掛けたのはとなると、どうやら昭和33（1958）年の山崎製パンによるものが最初という（同項参照）。筆者も日本においての修業時代は、ロールケーキを一生懸命作っていた記憶がある。ただその頃は、いろいろある中でのひとつ、あくまでもワンノブゼムであったが、それからずーっと時を経て、2003年頃、改めてロールケーキが流行り始めた。どこが最初に仕掛けたかとなると、ある人は著名パティシエとして知られた辻口博啓《つじぐちひろのぶ》氏の営む東京の「自由が丘ロール屋」ともいい、いや静岡県沼津の「冨久屋」というケーキ屋さんが評判をとっていて、そこから広がっていったとか、いやいやどこそこが先だよと様々で、詳細わかりかねるが、とにかくこの年あたりから、あちこちのお菓子屋さんがロールケーキの、それも切り分けたものではなく一本物のそれを手掛けていった。お菓子屋さんにとっては、いちいち切り分けてセロファンでカバーし銀ケースに取り分けるなどの手間がいらず、クルッと巻いただけで出来上がりというたいそう便利な商品であった。

　ちなみに親しくさせていただいている料理人の熊谷喜八さんが「キハチロール」を出されたように、作り手がご自分の名を冠したものを出されたり、あるいは地域のお菓子屋さんがその地名を付けたご当地ものを打ち出すなど、スイーツの世界が一気に賑やかになっていった。手前ごとで恐縮ながら、筆者のところでもそれを機に「銀座一丁目ロール」と名付けたものを出させていただいた。な

トマトテイスト

チョコバブル

一本物ロールケーキ

お、このロールケーキ流行の流れは、しばらく後の「一切れサイズのロールケーキ」の大ヒットにつながっていく。

「MOW　モウ」――牧場で食べるソフトクリームがコンセプト　2003年

森永乳業のアイスクリームブランド「エスキモー」から発売されたアイスクリーム。コンセプトは、表題に記したごとくの〝牧場で食べるソフトクリーム〟。乳の持つコクを大切にし、それをベースに素材を組み合わせて個性を出すことに傾注したとのこと。なお、商品名のMOWは、その発音通り、牛の鳴き声の〝モー〟に起因している由。いかにも乳業メーカーらしいネーミングといえる。そのエスキモー・ブランドは昭和54（1979）年の発足だが、2010年からは森永乳業ブランドとなっている。スーパーマーケット等で、100円で買える高品質のアイスクリームとしてスタートし、その後ラインナップも充実し、「pino　ピノ」、「PARM　パルム」とともに、同社の氷菓部門を支える大きな柱となるまでに成長をとげていった。

なお後年、いろいろある中でも「濃《こい》チョコレート」などは、あまりに売れすぎて、ひと時販売中止に追い込まれるほどの人気を博している。エクアドル産のカカオ100％のカカオマスを使用した、文字通り濃厚な味わいが受けた要因とか。やはりいいものはいいと、お客様にもそのバリューが認められたからこそのヒットといえよう。

「黒い食品」――黒いものは身体にいいと……　2003年

チョコバブルで盛り上がっている一方では、健康志向はさらに高まりを見せ、「黒い食品」ブームがやってきた。すなわち黒糖、黒酢、黒豆、黒米、黒にんにく等々の黒い色をした食品に注目が集まったのだ。確かにそれぞれを見るに、いかにも身体にはよさそうである。しかしながら誰が考えるのだろう、こうしたフレーズは。誰が見ても聞いても、実にわかりやすいことこの上ない。キャッチコピーとしては秀逸といえるだろう。

ただ、よく考えるとすべてとは言わないが、それらの多くは今日われわれが食べているものの原形のようなものといってよいか。お米だって最初から真っ白だったわけではないと思うし、砂糖にしても精製したからあんなに真っ白になったのであって、元は黒っぽかったはず。そう考えると、加工技術の進歩とは何だったのか、などとつい思ってしまいそうだがそれはそれ。ともあれ語呂合わせの気味がないではないが、なぜか黒っぽいものがこの年になって、やたらと取り沙汰されてきた。

ちなみにお菓子の世界で黒っぽい色のものといえばなんだろうと、改めて振り返ってみた。なじみのあるところでは、「かりんとう」とか「黒糖まんじゅう」なんてものが浮かんできた。これらはやはり原料に黒砂糖を用いているゆえ、当然黒く仕上がる。あの当時スーパーに行ったら、「黒米使用のおせんべ」が並んでいたことを覚えている。なるほどおせんべ屋さんあたりもタイムリーに出してきたなぁと感心したものだ。洋菓子の世界はどうだろう。この風潮に合わせて〝それっ〟とばかりにアプローチをかけてきたものは、筆者の見たところでは取り立ててはなかったように思う。

だが、こうした流れとはあまり関係なく、多くの材料のひとつとして、ごく自然に黒砂糖は昔から使ってはいた。お菓子の本場とされるフランスなどでも、こうした砂糖はカソナードと呼ばれる赤砂糖とともに、いろいろなアントルメやムース等に使用し、あの独特な風味を楽しんでいる。あるいは白く精製した砂糖を、あえて黒く焦がしてカラメルとして使用し、その風味を生かしたプティガトーやカラメルムースを作ったり、あるいはプディング（プリン）やアントルメ類のソースとしても便利に利用している。他方和菓子や和食方面を見るに、黒豆は必需品だし、黒酢に至っては言われるまでもなく健康食品の代表格の扱いを受けてきた。これはヨーロッパでは、少々タイプは異なるが、同じようなものとしてバルサミコが、これまた〝長寿の秘薬〟としてもてはやされてきた経緯がある。ちなみにこのバルサミコは、時を経て熟成度合いが進み、黒っぽくなるほどに上物とされている。

ことほどさようにこうした食品は、これまでにも我々の生活には大きく寄与してきている。それにつけてもこの度のブームで、〝そうか、身体にいいものは黒かったのか〟と改めて気付かされた。「黒い食品」という切り口でまとめてきた知恵者には、頭が下がる思いがする。

「マカロン」――ひび割れさせないマカロン・パリジアン　2004年

マカロンの原形は、はちみつとアーモンドと卵白で作られていたもので、これらの材料の出会いから察すると大変古典的なお菓子といえる。早くよりイタリアで親しまれていたが、フランスにわたって後大きく花開くことになる。中世のヨーロッパは宗教の時代といわれるが、この流れを引いて近世、政略結婚も含めて各国の交流や融合が促進されていった。

こうした時代背景のもとにマカロンの旅も始まる。16世紀にフィレンツェの名家・メディチ家のカトリーヌ姫が嫁ぐ時に連れてきた製菓人の手によってフランスにもたらされた。それを機にフランス各地で作られるようになり、種類の広がりとともに、それぞれの地で銘菓として評価を得ていった。17世紀になると、ロレーヌ地方のナンシーの修道院で作られるマカロンの名が人々の口に上るようになった。こうした修道女によって作られたマカロンを、人々はスール・マカロン（sœurs macarons）、つまりシスターのマカロンと呼んで親しんでいたというが、今日でもナンシーのものは特に有名で、多くの人に愛されている。またワインの名産地として知られるサン・テミリヨンのものも、多くの人々を引き付けている。また18世紀に入ると各地の女子修道院でも作られるようになる。例えばセーヌ河中流のムランの聖母訪問会のマカロンも有名になり、わざわざフランス王室の皇太子ご夫妻が修道院を訪れたという。

そのほか、時代を遡ると、マカロン・ド・コルメリも名高い。これは大修道院コルメリに古くから伝わるもので、この修道院にだけ作ることがゆるされていたといい、おへそのような形が特徴であった。その他各地に様々なものが作られていったが、その概ねは素朴なもので、大体同じような形にひび割れて作られている。

さて、この度流行り始めたものだが、こうしたものとは異なり、ひび割れさせずに表面をツルッとふくらませ、下側にピエ（足という意味のフランス語）と呼ばれる広がりを出して焼き上げる。したがってこれはマカロン・リス（macaron lisse＝「ツルッとしたマカロン」の意味）と呼ばれた。パリの名店・ラデュレが最初とも、いや、そこにいて後に独立したピエール・エルメが作ったものだともいわれ、本家争いのようになっているが、筆者がパリで仕事をしていた時の昭和46（1971）年に、同じくパリの老舗菓子店のダロワイヨで最初に目にし、グラン・シェフのジャン・クロード氏とそれを見に行き、氏より「おい、ヨシダ、ダロワイヨに負けないようなものを作ろうぜ」と言われたことを記憶している。その時すでにラデュレにあったかは覚えていない。おそらくラデュレはその後だったのではないかと思うが。そしてその仕上がりが美しいとして、あちこちのお菓子屋が同様のものを作り始め、そのうちにマカロン・パリジアン（macaron Parisien＝パリっ子のマカロン）と呼ばれるようになっていった。

私が昭和48（1973）年に東京・渋谷で自店・ブールミッシュを開業した時に、帰国したての気負いもあって、このマカロン・リス（当時はまだこの呼称であった）を手掛けたが、まったく売れずしばらくして、お店には並べなくなってしまった。しかしながら何とかこれを世に知らしめたいとの思いから、昭和55（1980）年に柴田書店より出させていただいた『製菓技術教本・パティスリー』なる本にこの作り方を紹介している。その後ずーっと眠り続けていたものが、突如2004年頃から取り沙汰されてきたのだ。その後はこれぞフランス菓子ともてはやされ、日本中のお菓子屋さんが一斉に作り始めた。昭和48年に初めて紹介してから30年以上の時が経ったが、それはこうしたお菓子が馴染むのに必要な時だったのかもしれない。

「フォンダンショコラ」——遠因は阪神・淡路大震災に？　2004年

フォンダンとは「溶剤」の意味を持つフランス語で、フォンダンショコラとは、切ると中からとろけるようなチョコレートが出てくるチョコレート菓子のこと。フランスでは前々からこのようなものはあり、一連の料理の終わりに出されるアシエット・デセール（assiette dessert＝皿盛りデザート）にはよくこれが出されていた。食べようとしてナイフかフォークを入れると、中からトロ～リとチョコレートクリームが出てきて、食べる人を驚かす。こうしたサプライズは料理人や製菓人のよくやるパフォーマンスである。

日本では前年の2003年ぐらいから出始めてきたが、あちこちのレストランやお菓子屋が手掛けるようになったのは2004年に入ったあたりからであった。テイクアウト用のチョコレートケーキ

MOW　モウ

黒い食品

マカロン

の中にもチョコレートクリームを忍ばせるという仕掛けがしてあり、常温では当然固まっているのだが、お召し上がりの直前にレンジに入れ、チンした後に供すれば、フォークを入れた時に、レストランで食べる時と同じように、中からトロ〜ッとチョコレートが流れ出すというわけである。これは面白いと、ひと時はどちらのレストランでも手掛けたが、珍しさが薄まっていくにしたがい、いつの間にか収まっていった。

ただこうしたものは、一定期間を過ぎるとまた取り沙汰されてくるもの。次に来る波はいつ頃だろう。その時はどのようにバージョンアップしてくるのか。

ところで顧みるに、このヒット作のきっかけあるいは遠因となったのは、手前どもの開発による「トリュフケーキ」ではなかったかとも思っている。あれは忘れもせぬ1995年1月17日の早朝のこと。関西方面を未曾有の大地震が襲った。阪神・淡路大震災である。実はこの日は成人の日の振り替え休日明けの火曜日で、バレンタイン商品を関西に出荷する日であった。当時私どもは会社そのものがまだ固まりきっておらず、〝バレンタイン・命〟で突っ走っていた。その一大マーケットが一瞬のうちに消え去ったのである。当時は市場がトリュフトリュフと大騒ぎをしており、当方もその需要に応えるべく、関西地区用にも相当量を用意していた。それが突然行き場を失ったのだ。小さな会社としてはまさに死活問題である。

さあどうしたものか。関東で捌《さば》くといっても、こちらはこちらで十分すぎるほど在庫を抱えている。加えてマスコミでは、こんな時にバレンタインにうつつを抜かすとは如何なものか、の報道がなされていた。もちろんそれももっともとも思うが、反面それで食べている人もたくさんおり、またこうした時にこそ少しでも明るい気持ちになっていただけたら、などとも考えたが、世論の流れはそれを許さない。弱り果てた時、スタッフの一人が、「これ捨てるわけにいかないし、全部溶かしてもそれまでの作業が水の泡になっちゃうし。社長、どうせどうにもならないのなら、いっそのことチョコレートケーキの中に埋め込んで、お客様に喜んでいただいたらどうでしょう」。〝そうか、そういう手もあったか〟。

急ぎ試作してみたが、そう簡単にはことが運ばない。チョコレート種に埋め込んで焼き、カットしてみると、中のトリュフはすっかり溶けて跡形もなく、これでは丸ごと一粒埋めた意味がない。試作を繰り返した何度目かの時、焼き上がったそれに恐る恐るナイフを入れると、まん丸ではないが何とかトリュフの断面が保たれていた。「やったー」みんなで手を叩き、喜び合い、さらに工夫を重ね、恥ずかしくないような商品に仕立て上げた。試しに各店に配ると、出すそばから売れていき、気付いたら山のようにあった在庫のほとんどが消えていた。「トリュフケーキ」と名付けた当社の銘菓の誕生である。

さて、そんなことから生まれたお菓子だったが同業他社もそうした動きには敏感で、その後同様のものがあちこちから出されていった。そしてその流れの先にあったのが、同じような形状のフォンダンショコラではなかったか。私どもは中身が溶けないように苦心したが、溶け出るのはそれはそれで面白いと。どんなことにもきっかけ、あるいは伏線というものがあろうが、ことこれに関してはそのたどり着く先はかの阪神・淡路大震災に？

「コンフィテュール」──ジャムの突然変異　2004年

2004年、なぜか突然「コンフィテュール」という言葉が独り歩きを始めた。コンフィテュールとはフランス語でいうジャムのこと。ジャムならこれまでいくらでもあり、今更珍しいものでも決してないが、それがコンフィテュールと呼び方を変えただけで引っ張りだこの人気となる。

「見て見て、コンフィテュールよ」

「あっホント、コンフィテュールだっ。なくならないうちに買っとこ、コンフィテュール、コンフィテュール！」

何のことはない。昨日まではジャムと呼んでいたものが、プライスカードの商品名を書き換えただけで、時代の最先端を行くものに変身してしまうのだ。この辺はわからない。わからないが、このあたりが商いの面白いところでもある。

ところでそのジャムだが、あまたある食品、あるいは副食品のひとつと認識されているが、実はこれも立派なお菓子の類なのだ。お菓子というものを大きく捉えてみると、生菓子や焼き菓子を中心とした「パティスリー」と、砂糖といろいろなものが織りなす、糖菓と訳される「コンフィズリー」、そして氷菓と訳される「グラスリー」の3分野に分けることができる。このうちのコンフィズリーだが、例えば砂糖とナッツが結び付くとヌガーやマジパン、砂糖と栗が結び付くとマロングラッセ、砂糖とミルクでミルクキャラメルといったものが作られる。そうした中で、砂糖とフルーツが結び付いてできるものに、フルーツゼリーやジャムがある。ゆえにジャムは単なる副食品ではなく、立派なお菓子の分野のひとつで、本来パティシエの手によって作られてきた商品なのだ。

それに改めて光が当たる。お菓子を生業とする者にとって、そのフィールドに注目が集まるのはありがたいことだ。これまではパティスリーと呼ばれる分野のみに目がいっていて、かくいうコンフィズリー部門への認識が薄かったことも事実である。そうした空白が埋められていくことはむしろ喜ばしいことではあるが、ただ、昨日までは〝ああ、ジャムね〟ぐらいの見方しかされていなかったものが、一夜あけたら、〝あっコンフィテュールだっ〟などといわれて、急に特別な扱いを受けだすと、言いようもない戸惑いを感じることもまた確かである。

とまれこの現象を見て、改めてジャムを作り店頭に並べたお菓子屋さんも少なくなかった。さりながら、しばらくしたら、また普通のジャムに戻ってしまったのがちょっと残念な気がするが、まぁ、ジャムのおいしさがお分かり頂けただけでもよしとするべきか。

２００４年

「赤い食品」――赤いものもヘルシーと……

前年の「黒い食品」ブームの後を引き継いでか、２００４年は一転「赤い食品」に注目が集まった。具体的には、「赤唐辛子」、「小豆」、「赤大豆」、「トマト」、「アセロラ」、「クランベリー」等である。それにしても今度は赤でまとめてきた。よく考えるものである。トマトについては、２００２年にトマトテイストという切り口で、単独でひのき舞台に上がっているが、赤というくくりでの再登場である。唐辛子や小豆はもとより赤い色合いで、初めての登場となる。唐辛子が身体にいいというが、辛いゆえに発汗性があるからとしてそう捉えられたのか。小豆や赤大豆においてはどうだろう。よろず豆類はアレルギー体質の方はさておき、まぁ身体に悪いものではない。むしろ必要とされるもののひとつといっていいだろう。アセロラやクランベリーは？　そうしたことをひとつひとつ書き連ねていったら、どんなものでも身体にとっていいものは備えている。ただそう構えてしまったら、話は進まなくなる。

ともかくこの年は、申したごとくに赤い食品に注目が集まったのだ。お菓子の分野ではどのようなもので対応していったのか。改めてその当時を顧みるに、取り立てて騒ぐようなこともなかったように思う。それよりなにより、赤いものが取り沙汰される以前から、この業界は赤がもろもろの中での主役を長年に亘って果たし続けてきた経緯がある。その代表格がイチゴであろう。特に洋菓子屋さんにおいては、これなくしては商いが成り立たないほどに、重要な役目を背負ってきた。

筆者もお菓子を生業としてきた故よくわかっているが、ショーケースの主役は何といっても赤のカラーで、やはり昔からイチゴがその重責を担ってきた。かつては、いっときそれが切れるとブドウやピーチ、あるいはパイン等に置き換わったが、そのとたんに売り上げにブレーキがかかった。よってそれが切れる夏場などはアメリカからの輸入のイチゴに頼っていたが、防疫上の問題で実の堅いものしか出回らず、日本中のお菓子屋さんが残念に思っていた時期もあった。が、イチゴ栽培の研究と努力によりいつしか暑い折にも国産のものが出回るようになってきて、安心してお客様に対応できるようになっていった。

また日常の商いから見ても、いろいろと並ぶ中でも、赤を筆頭に暖色系のものから買われていく傾向にある。どうもわれわれはそうした色合いのものをおいしそうと感じ取るようだ。

一方お菓子の本場とされるフランスあたりを見るに、日本のようにイチゴ一辺倒ということはないが、それでも彼らの大好きなフランボワーズやグロゼイユといった、やはり赤い色のものは欠かすことのできない素材として用いられている。

なおアセロラについては、それまでさして取り沙汰されるほどのものでもなかったが、これを機に、ドリンクの世界では一気にメジャーに駆け上がっていったようだ。その業界では「赤い食品」ブームの効果は結構あったものと見える。

フォンダンショコラ

コンフィテュール

赤い食品

「雑穀類」――究極の健康食　２００５年

雑穀とは何か。穀物として捉えられている主なものに入らない種類のもので、具体的にはアワ、ヒエ、キビ、ハトムギ等を指しているようだ。では穀物とは？　改めて調べるに、植物から得られる食材の総称のひとつで、狭義にはイネ科の作物の種子で、米や麦を指し、広義にはマメ科の作物の種子や他の作物の種子を含む、とされている。で、そうした中での米、麦、トウモロコシが世界三大穀物とされている。なお、日本においては、米、麦、アワ、豆、キビまたはヒエを指して五穀と呼ぶことが多いとしている。ただ、社会通念上では、三大穀物以外はいわゆる雑穀扱いにされているようだ。

さてその言われるところの雑穀だが、これらが特に健康によいとされ、一躍脚光を浴びるようになった。先に挙げたアワ、ヒエ、キビ、ハトムギ等だが、どうも通常の食生活にはなじみがさほどにはないように見受けられる。そんなところをあえて捉えて、〝実はこういうものこそが身体にいいんだよ〟と言いたいらしい。では米や麦は身体に悪いのかとも切り返されそうだが、そこは抑えて話を進めていこう。なお、そうした捉え方の根底には、現代の食生活に対する警鐘があるとみればいいのではないだろうか。確かに飽食を通り越して過食の今日、米や麦といった炭水化物の取り過ぎには問題が多いことも確かである。そこで今一度、表現は適切でないかもしれないが、粗食に戻ろうということのようだ。

それにしてもアワやヒエをどうやって調理し、メニューに載せていくのか。料理研究家と称する先生方も、そうした流れにあって、各所でいろいろな提案をなさってくれた。さりながら、実際に口にしてみておいしいとは感じてもらえなかったのか、言うほどには社会は反応を示さなかった。いくらか手ごたえがあったのは、お菓子業界の方だったか。手前ごとで恐縮ながら、自分のところでもこれはいいとして、「雑穀クッキー」なるものを開発し、マーケットに問うてみた。同様のものを手掛けたところも何社かあった。いずこもそれなりの評価を受けたものの、雑穀という言葉が聞かれなくなると同時に、その熱も冷めていった。素材に対する認識の幅を広げる機会にはなったが、そこまでで終わってしまい、少々物足りなさを残す結果となった。次に起こるだろうブームの時には、当事者としてもう少しアイデアを凝らしてアプローチをかけてみたい気がする。

「マンゴーデザート」――トロピカルフルーツブームの一環　2005年

1995年にマンゴープリンが流行った。この時は1997年のイギリスによる香港の中国への返還が迫り、同地に耳目が集まったことを機に、その2年前のこの年にそこで好まれていたマンゴープリンが着目されての流行であった。そしてこの度だが、今度はそれを使ったプリンではなく、マンゴーそのものに注目が集まっての流行である。よってそれを使って作るものなら何でもよく、例えばそれ使用のタルトやタルトレット、プティガトー（小型の生菓子）、アントルメ（デザート菓子）、ゼリー、バヴァロワ、ムース等々、とにかくマンゴーさえ使っていれば、飛ぶように売れた。

なにゆえか。1995年のマンゴープリンのブレイクが伏線とも思えないが、どこか尾を引いていたのかもしれない。あえて探るとすれば、かつてヌーヴェル・パティスリーのブームで耳目を集めたトロピカルフルーツブームの流れにいきつくか。ともあれ、今度は本物のマンゴーのひのき舞台への登場である。ものにもよるが1個8000円ほどとけっこうなお値段がする国産品も含め、市場はマンゴー一色に踊らされた。それを受けたスイーツ業界は、既述したごとく精力的にマンゴーを使ったお菓子作りを提案し、お客様もまたマンゴー使用のケーキ類を楽しまれ、いよいよ盛り上がっていった。なおそれにより、それまでトロピカルフルーツといえば、極端な話、バナナとパイナップルぐらいしか馴染んでおられなかった方々にもその認識が植え付けられ、かくいうマンゴーをはじめ、パパイヤやグァバもさらに身近なものとなり、続いてキワノ、マンゴスチン、スターフルーツ、チェリモヤ、パッションフルーツ等々へと広がり、味覚の幅も選択肢も広がりを見せていった。そうしたものの先陣を切る形となったのがこの度のマンゴーブームであったようだ。

「PARM　パルム」――チョコとアイスが同時に溶ける新食感　2005年

森永乳業によるアイスクリーム「PARM　パルム」が、2005年に発売された。バニラアイスクリームにチョコレート掛けという、いわばこの種の王道の商品だ。元をたどると、昭和6（1931）年より作られ、戦後の昭和24（1949）年に復活を遂げた「スマックアイス」（同項参照）があるが、それの大幅進化バージョンといえようか。特徴はチョコレートとアイスクリームが同時に溶けるところにある。普通こうしたものは薄くパリパリに固まったチョコレートとアイスクリームの口溶けの時間差を楽しむものだが、このパルムはコーティングしたチョコレートも同時に溶けるというそのなめらかさを謳っての登場である。今までの常識を覆すという、そこがまず面白かった。

そしてそのコンセプトは、〝デイリー・プレミアム〟。いわば平日のちょっとした贅沢にあるという。ただ、売り出した当初は相当苦戦したとか。しかしながら、その新食感は次第に受け入れられ、消費者の心を摑んでいった。そして何よりその上質感は、〝自分へのご褒美〟としての需要を満たすものと、その人気はうなぎのぼりに急上昇。アイスクリームの世界には、俗に六つのメガブランドが

雑穀類

マンゴーデザート

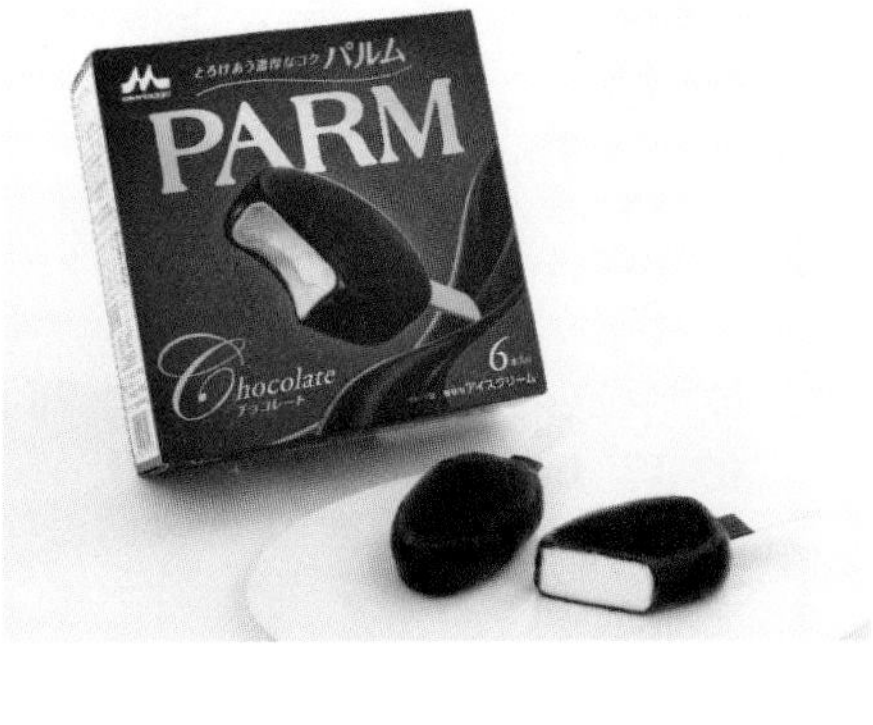

PARM　パルム

あり、ハーゲンダッツを加えて七つともいわれている。かくいう「PARM　パルム」はいつしか堂々首位に迫るまでに成長を遂げていく。

なおそこには、この商品の先輩格の「pino　ピノ」で培われたチョコレートのコーティング技術があり、それを下地として生まれたヒット作であったとか。何事も一朝一夕にできるものではないということのようだ。

「焼きたて風バウムクーヘン」――〝風〟が大受け　2006年

年ごとにいろいろなものが流行り、消えてはまた次のものが人々の関心を集めていく。そして何年か経つと、ものによっては、かつて流行ったものが再び世に出てきて新たなブームを作っていく。ただそれらは、まれに昔ながらのものもあろうが、多くはかつてのままではなく、どこかに進化の後を見せての再登板となる。それは味や姿形の場合もあるし、販売形態、提供の仕方の場合もある。いずれにしてもどこか切り口を変えてのお目見えとなる。

さてこの度ここに取り上げるバウムクーヘンだが、第一次のブームは昭和40年頃であった。この時はほぼ日本中のお菓子屋さんが目の色を変えてこれに取り組んだ。そしてその後消えたわけではないが、ブームは落ち着きを見せ、あまたあるお菓子のひとつとしてしっかりとスイーツ界に根を下ろして今日に至った。

ところが2006年あたりから、再びこの年輪形の焼き菓子に火が付いた。仕掛けたのは、「たねや」さんという近江八幡の老舗和菓子舗で、「クラブハリエ」の店名においてであった。テイストの方もしっとり系に仕立てて日本人の好みに合わせるなどの研究をされてきたが、何より目を引いたのが、そのプレゼンテーションと売り方であった。店頭にガラス張りの厨房らしきものを作り、そこに生地が太く巻き付いた長い棒のままのバウムクーヘンを持ち込む。そしてそれをお客様に見せながら、その場で一定の幅で切り分けるのだ。いかにも焼きたて作りたて風に見せるこのプレゼンテーションが素晴らしかった。お客様は、その場で切り分けるその作業風景につい見入ってしまう。そしてそれを求めて連日長い行列を作ってくれた。今までにもあり、商品としても決して珍しくはないものでも、演出の仕方次第では、まったく新しいものに見えてしまうことの典型といえようか。

もちろんその品質が、お客様のご要望に十分お応えできる秀逸なものであったことが、評価を受けた最大の要因ではあった。が、何よりこの度の大成功は、販売における演出の大切さを、改めて教えてくれた甘き世界の出来事であった。これを機に「東京ばな奈」でおなじみのグレープストーンという会社が２００７年に「ねんりん家」なる屋号のバウムクーヘン専門店の展開を始めるなど、同様のものが各所にできてこのお菓子の認知度がさらに高まり、スイーツ界に第二次バウムクーヘンブームがやってきた。そしてお中元やお歳暮といったギフト需要はもとより、婚礼の引き菓子、あるいは東京駅や羽田空港等でのお土産市場もバウムクーヘン一色に染まっていった。

「ひと巻きロールケーキ」――マルっと一本　２００６年

ロールケーキといったら、たいがいが〝の〟の字に見えるように巻いた切り口のものを想像するはずだ。が、２００６年あたりから急に流行り始めたのは、薄く焼いたスポンジケーキで回りをグルッと巻き、中には泡立てた生クリームがドーンと詰まっているものである。しかも表面にはクリームの上塗りもなく飾りもない。シンプルこの上もない、丸太ん棒のようなケーキである。〝の〟の字ロールやいろいろ塗ったり飾った物を見慣れた目には新鮮に映った。しかも中身がぜーんぶクリームなんて、クリーム大好き人間にはたまらない。逆転の発想というか、今までありそうでいて誰もそんなものは作らなかった、そんなケーキがひと巻きロールケーキ。誰が名付けたのか、そのネーミングもわかりやすくていい。

私もパティシエゆえ、そのあたりに人一倍感じ入るのだが、どうも作り手というのは、スポンジがむき出しだったら何か塗りたくなってしまうし、塗ったら何か載せるなりして飾ってみたくなってしまうものだ。が、あえて何もしない。このあたりの発想の自由さには、驚きを禁じ得ない。思わず恐れ入りましたといいたくなる。

では一体誰が最初にこんなものを作ったのか。何事もそうだろうが、いったん流行ると、どうしてもその事始めを探りたくなってしまうもの。改めて探り出すと、これがどうもよくわからない。モンシュシュ改めモンシェールの堂島ロールが火付け役であったとか、それより前にどこそこが先に、いや、誰それが最初と、いろいろと名が挙がってくるが、いや、そんなのは昔っからあったよ、との声も。そう、どんなものでも、たいがいは誰かが知らないうちにやってるもの……らしい。

「Jagabee　じゃがビー」――〝ジャガイモに徹底的にこだわる〟がコンセプト　２００６年

カルビーから発売のスナック・ポテト。商品名を英語表記にしたのは、最初から世界を視野に入れた販売戦略にあったためとしている。そしてジャガイモのジャガにカルビーのビーを付けての命名という。加えて日本発の21世紀型商品として、同社の中でも先陣を切るという意味をも込めて手掛けられたとか。コンセプトは「ジャガイモに徹底的にこだわる」こととし、担当者はアメリカに渡って一

○○種類以上のジャガイモで試作を繰り返し、ジャガイモの美味しさは皮の近くにあることから「皮付き」にこだわってスタートしたという。また堅さを特徴とした「じゃがりこ」とは異なり、サクサクとした口どけの良さを打ち出して差別化を図ったという。こうしたことからも、なかなかに力の入った商品ということが分かる。

なお、世界各地でそれぞれの地の嗜好に合わせたJagabee　じゃがビーが作られており、例えばアメリカや中国、香港ではうす塩味、韓国ではネギ&ロメスコソース、シンガポールではのり味といった具合に工夫が凝らされている。なお日本ではうすしお味、バターしょうゆ味、しあわせバターなどがある。

「生キャラメル」――不思議議食感がたまらない？　２００６年

またまたある日突然、「生キャラメル、生キャラメル」と世の中が急にかまびすしくなった。それを求めての行列がテレビのニュースにはなるし、雑誌を開けばそんな記事が目に飛び込んでくる。スーパーのちらしにも、〝生キャラメル入荷！〟〝限定、おひとり様いくつまで！〟と、早い者勝ちを煽ってくる。バラエティー番組では、どのチャンネルでもこれを取り上げ、

「あっこれこれ、生キャラメル！　これってオイシーのよー！」

「えっどれどれ、あぁ、これがうわさの？　あっホーント」

「口に入れたとたんに、あっという間にとけちゃう。ウソー、なにこれ！」

「チョー不思議食感。おもしろーい！」

と、タレントさんたちが、入れ代わり立ち代わり口にしては、皆さん盛んに面白がってくれていた。

キャラメルやドロップ等の飴類は、総じて砂糖を煮詰めて作るもの。その煮詰め温度が高ければ高いほど、冷やした時の凝固力が強くなる。逆に低い煮詰め温度のものは、冷やした時の凝固力も弱い。例えばドロップなどは、ものにもよるが１４５度ぐらいまで煮詰めてから冷やすので、カチッと固まり、噛むとガリッと砕ける。対してキャラメルなどはハードタイプにしても１３５度ぐらいまでにとどめる。ソフトタイプに至っては１２９度ぐらいで火からおろして冷やし固める。よって口当たりは柔らかいものになる。

さて、ひと時流行った「生キャラメル」と称するものだが、これは１１５度前後で火からおろしてしまう。したがって冷やしてもなかなかしっかり固まってくれないほどの柔らかい状態となる。これをもっと冷やして何とか固めて成型し、商品に仕立てる。常温でもすぐに柔らかくなってしまうので、冷蔵ショーケースに入れて販売する場合もあるほどである。これを口に含めば、口中は36度ほど故、噛むまでもなくすぐに溶けてしまうので、〝ウソー、なにこれー、チョー不思議ー〟な食感となるわけである。

これを仕掛けたのは、最初はどなたであったかはさておき、花畑牧場という会社を起こされた、タレントの田中義剛《たなかよしたけ》さんの活躍が大きかったのは、誰しもが認めるところだろう。どこに行っても引っ張りだこで、一躍時の人となってしまった。普通だったら、〝何だこれは。ちっとも固まってないじゃないか。あれほど煮詰め温度に気をつけろと言ったのに！〟と大目玉を食らうような商品が、大ヒットとなってしまったのだ。何が幸いするか分からない。

焼きたて風バウムクーヘン

ひと巻きロールケーキ

Jagabee　じゃがビー

「クリスピー・クリーム・ドーナツ」——アメリカから上陸　２００６年

２００６年の12月、「クリスピー・クリーム・ドーナツ」の日本における1号店が、東京・渋谷区にある「新宿サザンテラス」にオープンした。当初より連日長蛇の列ができ、一躍脚光を浴びたことは記憶に新しいところだ。同店は１９３７年にアメリカ・ノースカロライナ州のウィンストン・セーラムで創業したドーナッツの専門店で、２０２１年末時点で、世界31ヵ国に約１６００店舗を展開している。同店の会社案内によると、〝代表的なオリジナル・グレーズドを中心に、高品質のドーナッツとコーヒーを提供するリーディングブランドです〟とある。そして〝大事にしていることは、日々の驚きや感動から生まれる幸せ〟ともいっている。なお、1号店である新宿サザンテラス店は、残念ながら契約終了とのことで２０１７年にクローズしてしまったが、今なお〝行列のできるドーナッツ屋〟としての人気は高い。

ところで同店の売り物の「オリジナル・グレーズド」だが、これは１９３７年の創業以来レシピを変えずに作り続けている商品だ。が、同社のホームページによると、いろいろと調査をした結果、日本人には甘すぎるといった意見が多く、特徴のひとつである〝ふわっ、とろり〟といった食感の良さが十分伝わっていないことがわかった由。そこで本来の〝軽くて甘い〟という同品の魅力を引き出すために、表面のグレーズ（砂糖）を焦がすことで、日本人好みのカリッとした食感を出すように仕立てた。またカスタード味は甘さを控えめにしバニラ風味をきかせたものに、アップル味のものは、酸味の強いグラニースミスという品種のリンゴに発酵バターを加えたフィリングにしたという。こうした主力製品のテコ入れで、さらなるパワーアップを図り、これまでの〝行列のできるドーナッツ屋〟から地元に愛されるドーナッツ屋へと、方針を変えて新たに取り組むとしている。

アメリカ生まれながら、それに固執することなく、基本をベースにしながらもその地に合わせてなされる自在な変革が、今なお世界の各地で愛され続けている同社の強みとみた。このクリスピー・クリーム・ドーナツ、このあとまたどのように変身を遂げていくのか。同じ食の分野に身を置く者としては、大いに興味の持たれるところだ。

「塩テイスト」——身体に不可欠ナトリウム　2007年

何年か前から、何がという具体的なものではなく、ある種のテイストが、いろいろなお菓子を横断して流行っていった。この傾向は2000年のシナモンテイストあたりから始まったようだ。その後はジンジャーテイスト、トマトテイストと続いていったが、ここにきて今度は「塩テイスト」が浮上してきた。塩も生きていくのに大切な味覚ではあるが、それだけをとってことさら大仰に言い立てることはなかっただけに、妙に新鮮に映った。

いい機会ゆえ、ここでその塩について改めて検証してみよう。われわれの身体には、その13分の1を占める血液が流れており、その中には塩分（ナトリウム）が含まれている。これは人体の細胞外の陽イオンの90％を占めており、ペーハー（pH）は7・35から7・45となっている。なお、これは海水のペーハーとまま同程度の値を示している。

なぜ身体には塩分があり、またこれを必要とするのか。これは草創期をたどると、人類も他の生物と同様に海中より発生し、進化したものの末裔であることの証しであると言われている。現在においても身体は当然この塩分を要求している。ゆえに通常摂っている食事にも若干の塩分が含まれていると、それはまことに美味と感じる。甘味、塩分を含めて、人々は生きていく上で、また生活を楽しむ上でも、その後もいろいろな手段をもって必要な味覚を追い求めて今日に至ったのである。

さてこの塩だが、申したごとくに古来、いろいろな手段をもって摂取してきた。初めの頃は物を焼いた灰や野生の動物の肉に含まれているナトリウムから摂っていたが、おも湯やかゆ、あるいは平焼きのパン状のものを摂るようになった頃、すなわち加工食の時代には岩塩や塩水湖、塩水沼から採った塩を加えていた。そのためには遠く離れた海辺や奥地の山野にまで行かねばならない場合もあり、当時としては、塩は大変貴重なものであったことがうかがわれる。

ところで現代だが、その塩がいきなり脚光を浴びた。甘味業界に携わるものが真っ先に驚いた。お店に来られるなり、いきなり、

「お塩の入ったチョコレート、ありますか」

「塩味のケーキはどれですか」

あるいはお電話なりで「塩キャラメルってどこで買えるんでしょう」と……。

これまでにも全くなかったわけではないし、確かに塩分を忍ばせたキャラメルはフランスなどではけっこう口にした。だがここまでしっかりと塩分を感じ取れるものではなかった。ケーキにしても、キッシュ・ロレーヌ（quiche Lorraine＝ロレーヌ地方風のキッシュ）やケイク・サレ（cake salé＝塩味のパウンドケーキ）などに代表される、いわゆる料理系のものはさておき、それ以外のものはお菓子といえばおおむね甘いもの。チョコレートにあっても、ほんのわずかに塩気を感じるものはあっても、塩味そのものをダイレクトに感じさせるようなものはさすがに見当たらなかった。それがどうした弾みか、突然もてはやされるようになったのだ。

味覚の世界に生きるものとしては大変興味深い現象と、当初は戸惑いながらも反面おもしろがって

生キャラメル

クリスピー・クリーム・
ドーナツ

塩テイスト

もいた。が、そのブームもあっという間に収束に向かっていった。〝うーん、やっぱりこれも一過性のブームだったのか。で、このまま終わってしまうのか〟などと思っていたら、実はそうでもなかったようだ。たしかにブームといわれるものは卒業したが、それを機に新たなお菓子が次々と生まれてきたのだ。どうやら味覚の幅を広げるいいきっかけとなったようだ。

「タピオカミルクティー」——第三次タピオカブーム　２００８年

タピオカ系のもののデビュー、すなわち第一次のブームが１９９２年の「タピオカココナッツミルク」であったとするなら、その第二次ブームは１９９９年から２０００年の「パールミルクティー」か。そしてこの度だが、また改めて台湾からクイックリー（Quickly）という名の企業の「タピオカティー」が上陸してきた。同社は台湾に本社を置き世界20ヵ国に２０００店舗以上の加盟店を持つ、世界的なタピオカドリンクの専門店である。

第一次の時はタピオカパールと呼ばれる白い粒使用のもので、第二次の時も同様であったが、この度は黒いタピオカを使ったタピオカミルクティーで、その色の面白さも手伝って人気が出た。これを捉えて丸大食品がコンビニエンスストアで、「タピオカミルクティー」を手掛け、他社も続いて展開をはじめ、これを機にタピオカの認知度が一気に増していった。しかしながら、第二次の「パールミルクティー」ほどの盛り上がりには至らなかった。

ただその流れは途切れることはなかったようで、さらに時を経た10年後の２０１８年の第四次「タピオカミルクティー」(同項参照) ブームへと繋がっていく。

「マラサダ」――ポルトガル発ハワイ・ワイキキ経由のおやつ揚げパン　2009年

マラサダとはポルトガルを発祥とする揚げパンの一種で、移民とともにハワイに伝わり、その後広がって同地の定番のおやつとなったもの。もう少し詳細を極めると、ポルトガルにルーツを持つワイキキの近くのパン屋さんが作ったことに始まりを持つという。それが評判を呼び、ついにはハワイを代表するおやつにまで発展していったとか。日本への上陸は2008年というが、2009年公開のハワイ島を舞台とした『ホノカアボーイ』という映画にこのマラサダが登場し、一躍脚光を浴び、広がっていったもの。

発酵させた生地を揚げるため、外側はカリッとし、中はフワッとした食感となり、特に揚げたては格別と評判を呼んだ。お好みでシナモンシュガーを振りかけて食べられるが、このあたり1999年に流行ったエッグタルトによく似ている。それもそのはず。あのエッグタルトも発祥は同じポルトガルで、ポルトガル領であったマカオが長期借款を終えて中国に返還される時に、改めて世に知らしめられたお菓子である。そのそもそもは、ポルトガルでパステル・デ・ナタ（pastel de Nata）の名で作られていたお菓子で、それがマカオではエッグタルトという分かりやすい名で親しまれていた。そして本国のポルトガルでは、これを食べる時には、シナモンを振りかけている。ここに取り上げたマラサダも、同じくポルトガルを発祥としているだけに、やはり同じような食べ方がなされてきたようで、それがハワイに伝わってもその習慣を引き継いできたものと思われる。

ところで、これは別名「ハワイのドーナッツ」とも呼ばれているが、確かに揚げて作る点では、ドーナッツの一種といえないこともない。ただ、ドーナッツの場合は、同じように発酵生地で作るものもあるが、その場合でも発酵時間はもっと短いし、また発酵させないで作るドーナッツもある。したがって仕上がりの食感は、もう少し生地の状態が堅く、しっかりしたものとなっている。対するマラサダは十分発酵させるので、もっと柔らかい、ふわっとした食感に仕上がる。

「一切れサイズのロールケーキ」――1億個売った男とは？　2009年

2003年に「一本物ロールケーキ」が流行り、2006年に「ひと巻きロールケーキ」が流行った。そしてその流れをもってしてか、またもやロールケーキのブームがやってきた。ただ、そのたび毎に進化しての登場というところが面白い。

さて今度は？　そう、最初のブームは一本そのままの形での、いわゆる〝の〟の字形にクリームを巻いた、オーソドックスなタイプであった。二度目は通常作られる〝の〟の字ではなく、丸く巻いたスポンジケーキの中身がすべて泡立てた生クリームという、いわばクリームの太巻きロールであった。そしてこの度だが、その太巻きロールを一定の幅で切り分け、それを横に倒した形での販売である。普通ケーキ類は、切り分けても立てて供するものだが、それでは人様に供する時には不安定になる。でも販売する時にはやっぱり立てて売ろうとするものだ。しかしながら、これを平然と横に寝かしての販売とした。名付けて「プレミアムロールケーキ」。コロンブスの卵ではないが、何のことはない、横にしてみたら、形としても安定したし、たっぷりのクリームがダイレクトに目に飛び込んできて、思わず衝動買いをしたくなるような見栄えとなった。

これを仕掛けたのはローソンの鈴木《すずき》嘉之《よしゆき》さんという方で、同氏が西武百貨店にご在籍の頃から筆者が親しくさせていただいている切れ者中の切れ者である。これだけをもってというわけでもないが、あの厳しい激戦区のコンビニ戦争の中でも、この一件をしてローソンは〝スイーツのローソン〟とし

タピオカミルクティー

マラサダ

一切れサイズのロールケーキ

て確たる足場を築くに至った。そして彼もまた、「ロールケーキを1億個売った男」としてその名を広く世間に知らしめ、〝コンビニ業界に鈴木あり〟と、知らぬ人のないほどに評価を高めたのである。

「ノンカロリー」&「ノンアルコール」――健康志向の行き着く先に　２００９年〜

２００９年あたりから、表題のごとくの「ノンカロリー」や「ノンアルコール」の謳い文句をよく聞くようになってきた。これも、近年の特徴のひとつである健康志向の延長線上にある傾向のようだ。なにも今に始まったことでもないよと言われれば、返す言葉もないが。ともあれその傾向が、ひときわ強まってきたことには否定できないものがある。

「ノンカロリー」について見てみよう。ずーっと遡れば、おでん種のひとつとして親しまれてきた「こんにゃく」なんてものがその代表格のように扱われてきたが、近年のそれはもちろんこんにゃくも含めて、いろいろ取り沙汰された。おやつ菓子の世界でも「コンニャクゼリー」がテレビのコマーシャルですっかりおなじみになったり、飲料の分野でも「カロリーオフコーラ」等が市場に出回ってきた。またわれわれ製菓業においては砂糖はなくてはならないものだが、その砂糖にも実はいろいろあって、甜菜生まれで低糖質のパラチノースというものがあり、それと砂糖を混ぜた機能性表示食品の「スローカロリーシュガー」などというものが口の端に上った。そしてそれ仕様のお菓子の提案がなされた。その実全体的にみると、売れ行きはもう一つパッとはしなかったが、それでも健康に特に留意されている方々には朗報ではあった。

ところでこうした分野では、「ノンカロリー」と謳っていて、その通りのものもあるが、実のところ「低カロリー」の表現の方がふさわしいものも多い。またさらには「マイナスカロリー」なるもの

ノンカロリー＆ノンアルコール

も提案されてきた。どんなものか。例えば野菜でいえばセロリ。これは水分が約95％であとは食物繊維。水分は当然カロリーはなく、その他にはビタミンC、A、Kなど、身体にいい栄養素が多く含まれている。またグレープフルーツは水分が90％で、それ以外は食物繊維やカロチン、ビタミン群などでやはり身体にうれしい食品といえる。あるいはレタスやスイカ等々が挙げられている。当然そうしたものを使用した料理やお菓子も健康志向向きの食品といえよう。

「ノンアルコール」飲料もそうした流れの中にあって、大きく市場を広げてきたもののひとつといえる。これについては、健康志向とは別に、飲酒運転の注意喚起にも大きく寄与している。婚礼やおめでた事の宴会等での〝乾杯〟用にも、ノンアルコールのビールやカクテル等を含む飲料が大いにもてはやされ、マーケットは一気に広がっていった。

そういえばよく飲まれているジンジャーエールも、アルコールを敬遠される方用に開発された、シャンパン代わりなんだとか。

11　2010年代——お菓子もフォトジェニックに！

2010年

「ドーナッツ」——リング形なら何でもあり

振り返れば2006年12月にアメリカから「クリスピー・クリーム・ドーナツ」が上陸し、のっけから大行列を作って並み居る人々を驚かせたが、この度の「ドーナッツ」は、それとは少々趣を変えた流行り方をしていった。すなわち「揚げドーナッツ」、「焼きドーナッツ」、「生ドーナッツ」といったものがもてはやされていったのだ。これもよく考えると不思議な現象であった。

そもそもドーナッツとは揚げて作られるものと、昔から認識されてきた。そう、揚げ菓子の代表選手のようなものなのだ。それがこの度はどうだろう。「焼きドーナッツ」に「生ドーナッツ」ときた。言ってみれば、リング形をした焼き菓子、リング形に作ったケーキの類である。ただ形をリング状に作っただけなのだが、

「あっ焼きドーナッツ、おいしそう！」

「ねぇねぇ、生ドーナッツだって。買って帰ろう？」

なんてことで、みなさん揚げ菓子なんてことには全くこだわらず、次々に買い求めておられた。

いい機会ゆえ、ドーナッツのそもそもをご紹介しよう。

歴史をたどるとオランダに行き着くようで、古くから同地の家庭では、オリークックと呼ぶ、中央

にくるみを載せた丸い揚げ菓子を作り、チーズやバターとともに食べていたという。そして17世紀、イギリスを出てしばらくオランダに滞在したメイフラワー号の清教徒たちが、その間にこのお菓子を食べ、製法を習得したと伝えられている。語源から探ると、生地の意味のドウ（dough）とナッツ（nuts）の合成語と思われる。そして後に中央にくるみを置かずに揚げられるようになったらしい。形については、丸やねじりん棒など様々あるが、リング形はアメリカに始まったようだ。真ん中が空いていると揚げ時間が短くて済み、かつ揚げムラがないという利点がある。こんなところも、いかにも合理的な考え方をするアメリカ的な発想といえる。

なお、リング形については、次のような話も伝わっている。200年以上前に、ネイティブアメリカンが、妻の作っていたこの揚げ菓子の生地をめがけて矢を射たところ、妻が驚いてその生地を油の中に落としてしまった。その生地は見事中央を射抜かれてリング形になっており、かえってむらなく揚がり、至極美味だった。よって以来わざわざその形に作るようになったという。あまりにできすぎで、いかにも眉唾だが、話としては面白い。また次のような話もある。

1847年にニューイングランドの輸送船の船長がその形を生み出したという説である。航海中に嵐に遭遇したハンソン・クロケット・グレゴリー船長は、何とかこの危機を乗り切ろうと、思わず手にしていたドーナッツを舵輪の棒の先に突き刺して懸命に船を操縦した。

ドーナッツの中心部を犠牲にした甲斐あってか、無事難を逃れることができたとか。以来そのことを記念して、このお菓子はあらかじめ中央に穴を空けて作られるようになったという。そして1947年には、リング形ドーナッツ誕生100周年の記念式典まで行われた。ホントかウソかはさておき、アメリカ人はこうした話が大好きだ。

２０１０年

「パフェ」――パフェとサンデーの違いは？

改めてパフェに注目が集まった。これといって特に理由は見当たらないが、とにかく今はパフェが面白いと。この手のものはいつの時代でも好まれるもののひとつだが、あちこち気を取られていてつい忘れていた。が、一拍置いたら、やっぱりこれも美味しいよと思い直された、いわば原点回帰のようなものか。

ところでパフェとは？　フランス語のパルフェ（parfait）からの転用で、それを英語読みにしたもの。本来凍結させたスイーツであるパルフェから変化した、アイスクリームにフルーツ、シロップ、泡立てた生クリームなどをあしらった冷製デザートである。同様のものにサンデー（sundae）があるが、そちらは幅の広い器で作られるのに対し、パフェは縦長の器で作られる。

ではサンデーとは？　パフェと同様、アイスクリームにチョコレートやシロップを掛けたり、フルーツやクリームを添えたアメリカ発のデザートのこと。起源は諸説あり、各地が自らをその発祥の地と自称している。例えばウィスコンシン州のトゥーリバーズでは１８８１年にエド・バーナーズというアイスクリーム店が、当時日曜日にクリームソーダを売ることが禁じられていたため、その代わりにチョコレートソースを掛けたアイスクリームを売ったことが始まりとの説がある。また、同州のマニトワックという町でも同じくアイスクリーム店主のジョージ・ギフィーが、日曜日だけこうしたものを売り出したところ好評で、ある少女の希望により毎日売るようになったという説もある。綴りについては、書き間違え説のほかに、安息日の日曜と同じ綴りを避け、あえてsundaeとしたとも。

また他説では、ニューヨーク州のイサカで１８９２年４月３日にユニテリアン派のジョン・Ｍ・スコットという牧師と、プラッド&コルト薬局の店主のチェスター・C・プラッドが、アイスクリームにチェリーシロップをかけ、シロップ漬けチェリーを飾り、その日が日曜だったためサンデーと名付けたという。なお、同年4月5日の『イサカ・デイリー・ジャーナル』にチェリーサンデーの広告があり、これが活字になったサンデーの最古の記録とされている。

その他では、1890年にイリノイ州のエヴァンストン説があり、同地では宗教上の理由から日曜日にソーダ水を売ることを禁じる条例があったが、エヴァンストンのドラッグストアや菓子店ではアイスクリームにシロップを掛けただけのソーダ抜きのソーダを、サンデーソーダと銘打って販売した。しかしながら市民から安息日と同じ名称に反対意見が出て、綴りを変えたというもの。サンデーはその後各種のフルーツやホイップクリームが盛られるなどどんどん進化し、今に至っている。

なんだかサンデーの方が主役になってしまった感があるが、2010年に日本で流行ったのはパフェの方。サンデーはって？　そう、これから流行るかも……。

「お菓子のレゾン・デートル（存在意義）」——東日本大震災　2011年

2011年の3月11日に東日本大震災が発生し、日本中が言葉を失ったことは記憶に新しい。この1000年に一度という大災害にあっては、スイーツの世界も流行を追うどころではなかった。そのスイーツを扱う筆者のところも、農水省と現地災害対策本部の要請を併せ受け、度毎にトラックにお菓子を満載し、被災地に向かった。こうした時の対応は、実は先年の阪神・淡路大震災の折の経験が生きてくる。

先ずは命をつなぐ食べ物と飲み物だが、人は一拍置くと甘いものが欲しくなるもの。またそうした

ドーナッツ

パフェ

お菓子のレゾン・デートル
（存在意義）

ものが口に入ると心が自然と落ち着いてくる。まさしくお菓子の持つレゾン・デートル（存在意義）である。言われるまでもなくすでに流通在庫も含め日持ちのする焼き菓子や半生菓子を相当量キープしておいた。国家の一大事なればと会社を挙げて支援体制を整え待機していたのだ。

最初に訪れた宮城県女川第二小学校にはなんと2500人が避難しているという。一杯の雑炊に長蛇の列。つい先日まで何事もなく暮らしていた人達がヨレヨレの服で並ぶ。突如孤児にされた子供たちが無邪気を装って遊んでいる。孤児などという言葉は戦災孤児以来耳にしなくなって久しい。この高台になっている学校にいたから助かったが、すぐ下の家にいたご家族は全員が流されたそうだ。大勢の人達に囲まれている今は気もまぎれようが、いずれ皆散ってひとりになった時、彼ら彼女らは何を思うか。この先のこの子たちの人生を思うと心が塞ぐ。そんなところへお菓子をお届けすると、皆さまが拝んでくださる。たかがお菓子ひとつに手を合わせてくださるのだ。たまらない思いに駆られて、思わずこちらも止めどなく涙が頬を伝う。

石巻でも荷を運び込むや、「えっ、これお菓子ですか？　開けてもいいですか？」「あっホント、お菓子だぁ！」　その一言で体育館中が一瞬明るくなる。東松島またしかり。一片のお菓子の持つ力の大きさに改めて驚く。やっと探し当てた会津美里町の廃校でも、身を寄せ合っている人たちが「わっお菓子！」と目を潤ませながら相好を崩して喜んでくれた。もっと積んで来られなかったことを悔やむ。

日を改め、次は磐越自動車道でいわき市に向かう。途中一台の車もいなくなっていることに気付く。いわきインターで降りると、言いようのない風景が目に入る。街には人っ子一人見当たらない。でも道の両側の民家に確かに人のいる気配はある。こんなことがあっていいのだろうか。農水省や災害対策本部の方の言っていた、宅配便もままならないというわけがその時分かった。指示された学校に行くと、そこにもまた、大勢の方が避難を余儀なくされている。

続いて向かったいわき平競輪場には全国から寄せられた救援物資が山と積まれており、親しい同業者の名入りの段ボールをいくつも目にすることができた。みなさんどこでもできることをなされているのだ。しかしながら同地に見られるごとくの、一過性の津波とはまた異なる果てしなく続くだろう目に見えぬ敵との闘いは、私たちの現代社会にあまりにも大きな傷跡を残していった。

そんなわけで、さすがにこの年は流行ったといえるお菓子は皆無であったと記憶している。ただ、お菓子の持つレゾン・デートル（存在意義）があれだけ再認識された年もなかったやに思う。

「ウーピーパイ」――〝ヤッター、オイチー!〟　２０１２年

気持ちを入れ替えて、筆を進めよう。辛い思いをした後は、何かに癒されたいと思うは自然の成り行きか。１０００年に一度という未曾有の災害で負った傷は、あまりにも大きかったが、そうしたことを癒すために、お菓子が少しでも役に立てるとするなら、それを生業とする者にとっては自らに課せられた責務は果たさねばならない。世の製菓業者はこのような状況下にあっては、どこもがそれぞれの立場において、懸命に社会の復興に寄与すべく、いつも以上に職務に精励していたことと思われる。

そんな中、アメリカ発の楽しいお菓子が、スイーツファンの耳目を惹き付けていった。ウーピーパイ（whoopie pie）という、耳慣れないお菓子が脚光を浴びたのだ。マカロンを少し大きくしたようなソフトクッキーで、好みの色付けをして焼き、間にクリームなどをはさみ、２枚で一組に作る。ちな

みにウーピーとは〝ワァーイ〟とか〝ヤッター〟とかいう意味の間投詞。アメリカ北東部の家庭で古くから親しまれてきたというもの。

ところでたまさかだが、この時筆者はアメリカに行く用事があり、ボストンやニューヨークを訪れていた。職業柄行く先々でショッピングセンターなどを覗くが、その折お菓子屋さんのショーウインドウで、このウーピーパイを見つけた。〝あっこれが本場のウーピーパイか〟と思わず眺め入ったが、この時、不遜にも〝えー、日本の方がずっときれいだなぁ〟などと思ってしまった。アメリカンタイプと称する大型のカットケーキが、実はご本家のアメリカよりずっときれいに作られているのと同じことか。そういえば、フランス菓子といわれるものも、実はあちらより姿形がきれいに整えられているものが多い。どうもわれわれ日本人は、自らの美意識からか、よりきれいに作ってしまう傾向にあるようだ。

「ふわふわパンケーキ」――発祥はどこ？　2012年

2012年からは、表題のごとくの「ふわふわパンケーキ」が世を席巻していった。ただ、これには予兆があった。2010年にハワイのエッグスンシングス（Eggs 'n Things）の日本への上陸だ。最初の出店は原宿で、絶えず長い行列ができ、ちょうどその頃ツイッター等で写真を流す習慣が定着し、その気運に乗って広まっていったようだ。ただ、その前の2008年の、オーストラリアはシドニーのビルズ（Bills）の日本上陸がその先駆けという説もある。「世界一の朝食」という謳い文句での登場であったが、こちらはスクランブルエッグであって、パンケーキではなかった。よって2010年のエッグスンシングスの上陸がパンケーキブームの引き金とみてよいかと……。なお、これにはホノルルマラソンの人気も手伝って、ハワイに目がいき、その広がりの大きな力になったともいわれている。

続いて2012年にはニューヨークからサラベス（Sarabeth's）が上陸してきた。こちらは「朝食の女王」と呼ばれるお店で、アメリカでは「ゴシップガール（Gossip Girl）」という人気ドラマで知られており、出店前よりすでに注目を集めていた。そのサラベスは新宿ルミネの1号店から始まっていった。その後、原宿にはクリントン・ストリート・ベイキング・カンパニー、表参道にはブルックリン・パンケーキハウスといったアメリカのお店が次々とオープン。ハワイからのカフェカイラやレインボーパンケーキといった日本のお店も続いていき、原宿近辺はパンケーキの聖地といわれるまでになった。そしてその多くがふわふわタイプの食感のものであったが、そのうち次第に凝りだし、いろいろなフルーツやクリームとの豪華な盛り合わせ、いわゆるアシエット・デセール（assiette dessert＝皿盛りデザート）感覚に発展していった。またパンケーキの厚みもさらに増して、スフレタイプのケーキのようになったり、シュー生地のようなものも作られ、パンケーキブロガーまで現れてきた。そして今やパンケーキは、ファッション性の高い、スイーツ界の確たる一角を占めるまでの大きな存在となるに至ったのだ。

ところでホットケーキとパンケーキの違いは？　ものは同じだが、本来の呼び名はパンケーキが正解。ここでいうパンはフライパンのことで、それを使って焼くケーキということでパンケーキと呼ばれるようになった。ではホットケーキとは？　日本に伝わってきた時点では、ちゃんとパンケイクとしていたが、日本橋三越の食堂でお客様にお出しする際に、パンケーキというと、ブレッドのパンと間違えられそうだからと、そして熱々でお出しする故わかりやすいようにと、ホットケーキと呼んでお出ししたことによる。

　このあたり、筆者、いつぞやのＮＨＫの人気番組の「チコちゃんに叱られる！」という番組（２０２０年11月オンエア）でご説明申し上げたが、私自身、間違えたりしないようにしっかり内外の文献や諸資料を当たり、お答えさせていただいた。さもないと〝ボーっと生きてんじゃねぇよ！〟なんて叱られそうで。いやいや、気を遣いました。

２０１２年　「バトンドール」――関西の百貨店は甘味情報発信基地

　２０１２年から、スイーツマーケットに変化が兆した。スイーツにはいろいろな流れがあり、例えばお店単位のマーケットで、それらが集まって作る百貨店の名店街などは、流行という意味においては大きなくくりといえよう。もう一つは流通菓子といわれるもので、お店というよりはひとつひとつの商品が主体で、それらが流通ルートに乗って量販店やコンビニ等の売店に流されていくものである。

　さてこの後者の方だが、江崎グリコのメイン商品のポッキーが姿を変え、「バトンドール」の商品名で百貨店の名店街にお目見えしたのである。ところは大阪・難波の高島屋と梅田の阪急百貨店。名だたる名店がショーケース単位で軒を連ね妍を競う中に、堂々と一定のスペースを割き、この商品のプレゼンテーションがなされた。それを求めて連日大行列が作られた。

　バトンドールとは「金の棒」という意味だが、そはいかなるものか。同社の案内によると、まず黄金色の澄ましバターの説明から始まる。それはバターを溶かし、水分や固形分を取り除いたものをいうが、その名の通り、見た目も濁りのない透き通った黄金色の液体である。よって命名の由来もそこ

ウーピーパイ

ふわふわパンケーキ

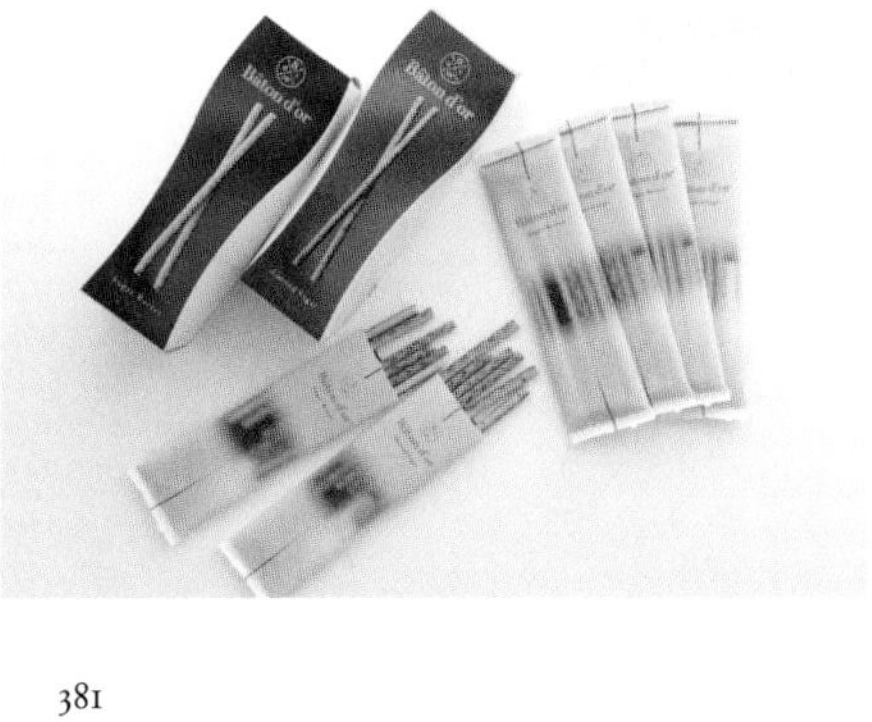

バトンドール

にあるという。そしてじっくり発酵させ焼き上げたバター使用の生地に、この澄ましバターのシャワーを浴びせ、しっかりと生地にしみこませるという。なるほど、この説明を聞いただけで美味しさが伝わってくる。この〝ダブルバター製法〟という独自の製法がバトンドール独特のおいしさを作り上げている由。そしてそこに絶妙のバランスで甘みを加えるとこれが完成。パッケージも斬新にし、装いも新たにギフトとしても通じるよう高級感が打ち出されたこれを求めて千客万来。流通菓子の覇者のひとつのポッキーの、名店街への鮮やかなデビューであった。

「ハッピーターン」――阪急はスイーツの聖地に？　2012年

ハッピーターンとは、ご存じ亀田製菓の主力商品のひとつで、その誕生は昭和51（1976）年という。かれこれ50年にもなる息の長い、超の字のつくロングセラー商品である。その後も研究を重ね、リメイクを繰り返し、パッケージも形態も変幻自在に世相に合わせ、常にマーケットの中核にいて、その存在感を示しつつ今日に及んでいる。スター商品を生み、ロングセラーであり続けるというのは大変なことである。同じく商いを生業とする身にとって、そのご努力には頭の下がる思いがする。

さて、ここに改めて取り上げる「ハッピーターン」だが、前述のバトンドール同様、2012年10月に大阪・梅田の阪急百貨店の名店街にコンセプトショップをオープンさせた。提案された切り口は、好みで選べるラインナップで、メープル、木苺、カマンベールチーズ、抹茶、和三盆、黒糖、紫芋の七種類。そして全商品とも合成着色料不使用とした。またパッケージのデザインも斬新にして、お好きな商品の組み合わせも自由にできるハッピーセレクションなど、選ぶ楽しさを前面に打ち出してのデビューであった。これまた大ブレイクで、連日長蛇の列を作り、従来のデパ地下の在り方及びそのイメージを一新するような、食品業界にとっての画期的なできごとであった。その効果もあって、コンビニやスーパー各店における通常のハッピーターンも飛ぶような売れ行きを見せた。

「エッグベネディクト」——お菓子なの？　料理なの？　2012年

エッグベネディクトなるもの、お菓子といえるか料理の範疇に入るものなのか迷うところだが、イングリッシュマフィンをベースにしたものゆえ、ここではお菓子の一部として取り上げる。

さて改めてそのエッグベネディクトについてご説明しよう。申したようにこれはイングリッシュマフィンを用意し、2枚に切ったその半分の上にハムやベーコン、あるいはサーモン等にポーチドエッグ、オランデーズソースなどを載せて作る料理の一種である。なお、この発祥にはいくつかの説があるようだ。ひとつは、ニューヨーク・ウォール街の株式仲買人レミュエル・ベネディクトへのインタビューによると、1894年にウォルドルフ・アストリア・ホテルで、二日酔いを治すためバターを塗ったトーストにポーチドエッグ、カリカリベーコン、ほんの少しのオランデーズソース添えをオーダーした。支配人のオスカーがこの料理に感銘を受け、ベーコンとトーストをハムとマフィンに代えて、同ホテルの朝食メニューに取り入れた、というもの。

他は、フランスに移住したアメリカ人のエドワード・モンゴメリーによると、1920年に86歳で亡くなった銀行家で、ヨット乗りのイライアス・ベネディクトが作ったとするもの。その他に、1900年頃ニューヨークに住んでいたベネディクト夫妻は毎週土曜日にデルモニコスというレストランで食事をしていたが、ある日ベネディクト夫人が支配人に「何か新しい料理はないか」と尋ね、支配人が彼女の好みにあわせて、マフィンとハムの上にポーチドエッグを載せ、オランデーズソースとトリュフを添えたものを出した、という。いずれもベネディクトという名の人にかかわりを持つ料理である。ただどの説が真か確かめる術を持たぬが、今やニューヨークといわず遍く朝食の定番として親しまれている。これが2012年、改めて日本で流行を見たわけである。

ところで肝心のマフィンだが、世間にはイギリス式とアメリカ式の二つのタイプが知られている。これについて少々ご説明を。

その昔、ヴィクトリア朝時代のイギリスでもてはやされたことから広まっていったといわれている。そう、発祥はあくまでもイギリスにあるのだ。その頃はマフィン・トレイと呼ばれる器にマフィンを詰めて、緑色の布をかぶせ、これを頭にのせたマフィン売りが街に回ってきていたという。そしてその出現は人々の大いなる楽しみでもあったとか。何となくのどかでほのぼのとした、それでいて生き生きとした街の様子が伝わってくる情景だ。基本生地はイーストかベーキングパウダーを使ったものだが、様々なタイプのものが楽しまれている。

ちなみにイギリスではパンケーキのようにテンパンで両面を焼いたものが作られているが、アメリカではもっぱら型やカップを使用して焼いている。種類もチョコレート味やアーモンドなどのナッツ類を混ぜたものなど、いかにもアメリカ人好みのマフィンが作られている。ただ、このアメリカ式では、ここでいうエッグベネディクトはさすがにできない。やはりここはイングリッシュマフィンでなければ。

「トロトロチーズケーキ」――ベイクドタイプ？　レアタイプ？　2013年

生菓子、焼き菓子、半生菓子等々、お菓子にもいろいろなタイプのものがある。2013年あたり

ハッピーターン

エッグベネディクト

トロトロチーズケーキ

に、ひととき注目を集めたのが「トロトロチーズケーキ」。チーズケーキといわれるものにも、生菓子状態のレアタイプ、焼き上げたベイクドチーズケーキといわれるもの等さまざまあり、それぞれにファンの心をつかんでいる。

さて、ここでいう「トロトロ〜」とは？　そう、見た目は焼き色や少々の焦げ目などがあり、ベイクドチーズケーキなのだが、フォークを入れると中からトロッとチーズクリームが流れ出してくる。「えっ何これ、どうなっちゃってるの？　焼けてなーい。ベイクドタイプだよねぇ、これ」なんてことで、面白がられてちょっとの間騒がれた。見た目はしっかり焼いたように思わせて、食べる時は超レアタイプのお菓子。これがいわれるところの「トロトロチーズケーキ」だ。この10年ほど前に流行った「フォンダンショコラ」のチーズケーキバージョンといったところか。

ただフォンダンショコラは、食べる前にレンジでチンして、温めてからお出ししていたが、こちらのチーズケーキは、常温でも中身はトロトロ状態ゆえ、いつお出ししてもトローンとした食感が得られる。ただちゃんと驚いて頂けるように、概ねタルトレット型で、見た目はカシッとした形で、いかにも堅そうに作られる。

いろんなものがいろんな形で食卓をにぎわしてくれる。そして、食べておいしいだけではなく、いろんな形で楽しませる。そう、作り手のパフォーマンスが、食べ物をよりおいしくさせるのだ。

「キャラメルポップコーン」――シカゴ発、原宿着　２０１３年

２０１３年あたりから、ポップコーンの人気が出始めてきた。それも通常の塩味ではなく、キャラメルテイストのそれである。火付け役は東京・原宿にあるギャレット ポップコーン ショップス

(Garrett Popcorn Shops) 原宿店という。同店は1949年にアメリカのシカゴで創業し、長年にわたりポップコーンを作り続けてきた、この道のオーソリティーとして知られ、2013年初頭に日本に上陸を果たした。

人気のメニューは、かくいうキャラメル味の「キャラメルクリスプ」と、それにチェダーチーズ味とを混ぜた「シカゴミックス」とか。前者は煮詰めたキャラメルを絡めたもので、カリカリ食感が楽しめる。後者のチェダーチーズ味の方は、独特のチェダーチーズの風味をソースと絡めたもので、こちらも食べ始めたら病みつきになるおいしさで、両方共がシカゴっ子の心をとらえて離さなかったようだ。その他にも七種類あるすべてを混ぜ合わせた「コンプリートアソート」なんていうのもあって、これまた大人気。同店の大成功を機に、いろいろなポップコーン屋さんが次々とオープンし、いつの間にか原宿・表参道一帯はポップコーンの聖地といわれるようになっていった。同地区はクレープの聖地になったり、パンケーキの聖地にもなり、何の聖地にもなってしまう東京のミステリーゾーンだ。

ところで筆者も映画を見る時などは、他の方々と同様相方としてポップコーンなどを求めるが、たいていは深く考えもせずに塩味のものを選んでいた。が、こうしてキャラメル味が取り沙汰されるようになったのを機に、たまにはいつもと違うテイストをと、それを求めてみた。改めて食べてみると、あれは病みつきになる。どんなものにせよ普段からもっと意欲的に味の冒険もしなければと、ポップコーンひとつにも思うこと多々。

「グランカルビー」――阪急発、二の矢、三の矢　２０１４年

バトンドール、ハッピーターンに続く、大阪・梅田の阪急百貨店Ｂ１発の大ヒット商品、グランカルビー。これはポテトチップスでおなじみのカルビーが阪急百貨店うめだ本店とコラボレーションで作り上げ、売り出したもの。北海道産のジャガイモ１００％使用に加え、独自の厚切り製法というこだわりをもっての開発で、異なる製法で仕上げた「ポテトベーシック（Poteto Basic）」と「ポテトロースト（Poteto Roast）」の二種類が用意されお客様の目を引いた。またパッケージにもこだわり、ちょっとしたギフトにもご利用いただけるようにと、おしゃれに仕立て上げた逸品で、この辺りはギフト対応に手慣れた百貨店の持ち味が十分活かされているように見受けた。お味の方も素材の持つ旨みに独特の食感を持たせて仕上げてある。これで人気が出ないわけがない。

柳の下には何匹もの泥鰌がいたようで、これまた連日長蛇の列を作るほどの大盛況。ポテトチップスのオーソリティーにしてできる研究開発の成果といえよう。また阪急百貨店の仕掛け方も見事というほかない。〝デパ地下はエキサイティングにして面白い〟を身をもって示してくれた好事例といってよいか。ことにつけ百貨店の在りようが問われる昨今だが、この後百貨店はどのように進化を遂げていくのか、ますます楽しみが膨らんでくる。

「クロワッサンたい焼き、クロナッツ」――ハイブリッドは車だけじゃない　２０１４年

２０１４年あたりから、流行にまた新しい傾向が現れてきた。ハイブリッドなる切り口だ。ハイブリッドとは？　調べるに、〝動植物の雑種とか異種のものの混成物、あるいは電気信号を相互の干渉なく、結合または分離する装置〟とある。車の世界ではすっかりおなじみとなっている言葉で、ガソ

キャラメルポップコーン

グランカルビー

クロワッサンたい焼き

リンと電気とがうまく機能しあって燃費の良い高性能な車と、一般的には解釈されている。

さて、お菓子の世界ではどうか。まさしく言われるところの異種のものの混成物で、例えばクロワッサンとたい焼きという、まったく異なる種類のものを合体させて新しいお菓子を作り上げてしまうことをいう。すなわちクロワッサンの生地をもってして作るたい焼きで「クロたい」。まぁ作ろうとすればできないことはないだろうが、一体だれが考えるのだろう、こんなことを。で、これは面白いと、あっという間に広まっていった。筆者も慌ててどこで売っているか調べて買いに走り、食べてみた。美味しい、いける。そんなのは邪道だよと言われれば返す言葉もないが、理屈抜きにその発想が面白い。

でもよく考えるに、あんぱんも同じことで、その昔、明治7（1874）年に木村安兵衛・英三郎父子が、パンをもっと食べてもらえるよう、ビール酵母を日本人に馴染んでいる酒種に替え、さらに好まれるようにと餡を入れて作り上げたものだが、これなどはパンと酒饅頭のハイブリッドではあるまいか。何のことはない。われわれのご先祖たちは、誰に教わるでもなく知恵を巡らせて、ハイブリッドなる言葉ができるより先に、そのことを実践していたのだ。

それはさておき、この伝でいけば何でもできる。続いて紹介されたのが「クロナッツ」。これはクロワッサンとドーナッツのハイブリッドで、言葉の通りに、クロワッサン生地で作るドーナッツのこと。こちらは日本発ではなくてアメリカ発のもの。ニューヨークのドミニク・アンセル・ベーカリー（Dominique Ansel Bakery）からの発売という。ちなみに同店の日本への初出店は2015年とされている。またその発案者は同社のパティシエのドミニク・アンセル氏といわれているが、同氏以外にも何人かの発案者が名乗り出ており、諸説あることを付記しておく。

さらに他を探すに、ドーナッツとマフィンで「ダフィン」、タルトとブラウニーで「タウニー」、クロワッサンとベーグルで「クレーグル」、フレンチトーストとパンケーキで「フレンチパンケーキ」、マシュマロとマカロンで「マロマック」等々、次々と作られていく。流行るか流行らないかは別として。

「フワフワかき氷」――台湾発の進化バージョン　2014年

2014年は「かき氷」に人気が集まった。〝かき氷など昔からあるよ、何をいまさら〟などと言われようが、どんなものでも流行る時には流行るもの。この度は台湾発で、純氷を薄～く削って作るフワフワ食感が受けたようだ。従来のものは、けっこう粗く、ガーッと削って作るガリガリタイプであったが、その真逆がよかったのか。口に入れるそばからあっという間に溶けていくということで、評判が立っていった。ちょうど氷菓の世界のベストセラーにしてロングセラーのガリガリ君の対極の商品だ。

ただこれだけではなく、その上にマンゴーやイチゴなどのカラフルなフルーツを載せるところも、多くのスイーツファンを引き付ける要因になったものと思われる。そしてそのブームが行くところまで行っててか、一杯5000円なんてものまで現れた。筆者は写真でしか見ていないので何とも言えないが、イチゴやフランボワーズ、ブルーベリー等のベリー類が盛り盛りでシロップがたっぷりかかった、カラフルな装いであった。それにしてもねぇ、5000円とは。それなりに美味しいのだろうが、あっという間にお金が溶けていくようで、もったいないような、でも食べてもみたいような。

「生食パン」――超高級食パン登場　２０１５年

いきなり食パンブームがやってきた。その火付け役は大阪に本店を置く「乃が美」で、「生食パン」の専門店だ。創業は２０１３年というが、ブームというにふさわしいほどに目立ってくるのは２０１５年あたりから。特徴は「耳まで柔らかい」、「ほんのり甘い」で、〝そのままちぎって食べる〟食パンのレシピと技法を確立し、「生食パン」という言葉を生み出して、その展開に拍車をかけていった。その前兆は１９９６年に登場し、結婚式の引き菓子市場を席巻していった、グランマーブルという会社がギフト仕立てにした「マーブルデニッシュ」にあろうか。パンの超高級化路線である。

そうした下地を受け継ぎ、この「乃が美」の登場となる。同社はグランマーブル社のようなデニッシュ・ペストリー生地ではなく、申したように「生食パン」と名付けた純粋なパン生地の食パンである。そして瞬く間に全国展開と相成った。そしてその火があちこちに飛び火して、各社各店が競って展開を始め、全国的な食パンブームを巻き起こしていった。驚いたのは、我が家の近くにあった銀行のＡＴＭが、ある日突然食パンの販売所に変わっていたことだ。読者の皆様のお近くでも同様のことがおありだったと思うが、それほどにこの波は世を席巻していった。

「シューケット」――フランスのおやつ菓子　２０１６年

２０１６年は、近年には珍しく、特に突出したものは現れなかったようだ。もっとも毎年毎年大受けするものが出てくると思う方がおかしいのかもしれない。ただ全くないかというとそうでもなく、例年のようにいくつも提案され、どれもがまま普通には受けていったようだ。そのいくつかを挙げてみると以下のごとくだ。

クロナッツ

フワフワかき氷

生食パン

例えばシューケット（chouquette）。シュー種を一口サイズの小さなドーム型に絞り、上からあられ糖を振りかけて焼いたフランスのおやつ菓子。シュー生地の風味と、カリッとしたあられ糖との食感のハーモニーを楽しむプティフールの一種。基本的には、中にはクリームなどは詰めずにそのまま食べるものだが、好みで甘いクリームやクリームチーズ、あるいはマッシュポテト等を詰めるなどの遊び心で、楽しんでもいいのでは？　ちなみにその専門店もでき始めたようだ。

ところであのシュー生地だが、あれが余ったり失敗した時の使い道をそっとお教えしよう。驚くなかれ、お味噌汁の具に使うといい。菓子屋の職人ならだれでもが、修業時代にいくつもの失敗をすることと思うが、筆者もそんなうちのひとりであった。例えばシューを作る時、いざ焼いてみたら、仕込み方が悪かったか、どうにもうまく膨らまない。そんなしくじりをした時は、その失敗作は捨てることなどせずに、翌日のお味噌汁に入れる具として使う。お味噌汁にはよく麸などが使われるが、それより贅沢な材料を使っているからずっとおいしくなる。

「おーい、誰だ、シューを失敗したのは？　あぁお前か。まだ未熟だなぁ。でも明日も失敗していいぞー！」

なんてことをよく先輩方から言われて、からかわれたものだ。読者諸氏諸嬢、もし機会がございましたら、ぜひ一度お試しを。まぁわざと失敗することもないとは思いますが。

「ビスキー、ワッフルパンケーキ、ティラティス」――ハイブリッド続々　２０１６年

ハイブリッドスイーツの流れを引き継いで、新たに「ビスキー」なるものが取り沙汰された。ビスケットとクッキーとケーキの三種混合という、なんだかかつての予防注射のようだが、そんなハイブ

リッドのスイーツで、外側はクッキーで中はケーキという不思議食感が〝売り〟という。何でもロンドンで注目を集めているとか。海の向こうも結構いろんなことをして楽しんでいるようだ。

同じくハイブリッドの「ワッフルパンケーキ」。パンケーキはその前よりのブームを受け継いで、変わらず人気を保ち続けて来たが、それとワッフルとのコラボレーションで、こうしたものが生まれてきた。すなわち片面はワッフルのようにサクサク感があり、他面はふわふわ感のパンケーキ。これにカラフルなベリー類などをあしらって、素敵なアシエット・デセール（assiette dessert＝皿盛りデザート）として供される。おしゃれ感たっぷりの演出が楽しめると、ちょっと話題になった。

また「ティラティス」なんていうものまで現れた。ヘルシー感覚から、特に女性に人気の豆乳とイタリアの定番デザートのひとつのティラミスとのコラボから生まれたスイーツがこれ。ティラミス（tiramisù）の tira は、イタリア語で「引っ張る」という意味のティラーレ（tirare）、mi は「私を」、su は「上に」で、私を上に引き上げる、つまり私を元気にし、陽気にさせてという意味だが、対するこちらはミ（mi）がティ（ti）に代わって「あなたを元気にする」という意味を持つ。２０１６年はかように突出したものはなかったものの、いろいろな提案がなされた年でもあった。

「再びフワフワかき氷」――台湾発、韓国経由のかき氷　２０１７年

２０１７年、韓国発の「フワフワかき氷」に話題が及んだ。が、この手のものは3年前の２０１４年に台湾から入ってきて流行っていた。よって、もしやとその元をたどったらやはり台湾に行き着いた。それにしても、タピオカをはじめこうしたものにはなぜか台湾発が多い。屋台文化の面白さが日本に飛び火すると、ブームになっていくようだ。

なおこのかき氷、3年前に流行って今再びと申し上げたが、よく考えるに一度消えたかに見えたものが、実は消えてはおらず、その後もずーっとくすぶり続けていたのではないか。そして何かの弾みで再び燃え上がってきた。そんなようにも思えるが。となるとこの度のこれは、第一次、二次、三次と続いていったタピオカドリンクにみられるごとくに、「第二次フワフワかき氷」と称されるべきなのか。ところで、台湾はさておき、埼玉のかき氷もつとに名高い。こちらは秩父の天然氷を用いたもので、今日のかき氷ブームも、実は埼玉が発祥地との説もまことしやかにささやかれているが、さて、真相は……。

「レインボー綿菓子」——原宿発のジャンボ綿あめ　2017年

ここ数年変わらずスイーツブームは続くが、2017年も前年にならってか、突出したものはさして見当たらなかった。が、そんな中でも、表題に挙げた「レインボー綿菓子」が目を惹いた。仕掛け人は東京・原宿竹下通りのトッティキャンディファクトリー（TOTTI CANDY FACTORY）という綿あめの専門店という。何でも女子中高生や外国人観光客を中心に広まっていき、気付いたら大きな注目を集めるまでになっていたとか。いろいろ種類もあるが、多くのみなさんが注文されているのは「原宿レインボー」。その名の通りパステルカラーの淡い虹色で、びっくりするほど大きくて1000円。このボリュームとびっくり感でこのお値段はお安い。バリューを感じる。

ところでお菓子というものを大きく捉えると、生菓子や焼き菓子を中心とした「パティスリー（pâtisserie）」と、糖菓と訳される「コンフィズリー（confiserie）」、そして氷菓と訳される「グラスリー（glacerie）」に大別されるが、ここに取り上げた綿あめというものは、れっきとした糖菓、コンフ

シューケット

ビスキー

ワッフルパンケーキ

ィズリーの分野に位置するスイーツなのだ。そう知ると、何か心して食べねば、などと思えてもこようが、なに、今まで通りに肩ひじ張らずに、気楽に召し上がっていただいてけっこう。

ただ、昔は王侯貴族が居並ぶ、正式な晩餐会にも出されていた。そんな折、こんなジャンボで美しいサプライズをご披露したらどうだったろう。きっとたいそうなお褒めの栄誉に与ったに違いない。

「ロールアイス」——クルクル絞りの飾りアイス　2017年

タイを発祥とする人気スイーツの「ロールアイス（ROLL ICE）」が日本に上陸した。これはその専門店の「マンハッタンロールアイスクリーム」で、東京原宿に1号店がオープンした。ロールとは、なじみの深いロールケーキのロールではなく、食べやすい大きさのアイスクリームが、デコレーションケーキを飾るバラのクリーム絞りのようにクルクル巻かれ、カップに盛られて供されるのだ。そのアイスクリームも多種にわたってカラフルに盛られ、フルーツなどのトッピングやソースでデコレーションされている。

ところでどんなものにも家元、元祖があるようで、これについてはその「マンハッタンロールアイスクリーム」に対して「ロールアイスクリームファクトリー」というところが、自らこその嚆矢と強く主張している。どちらが先かはさておき、このことにより市場が一気ににぎやかになっていった。それにしてもよくいろいろ考えてくれるもの。何にせよスイーツが新しい感覚をもって進化していくのは悪いことではないし、エキサイティングになればなるほど楽しみは膨らんでくる。

ところで、この度の発祥がタイというのも新鮮な思いがする。これまでアジア圏では、圧倒的に台湾発や韓国発、あるいはシンガポール経由なんてものが多かったが、これからは視野がもっと広がっ

ティラティス

再びフワフワかき氷

レインボー綿菓子

て、今まで目に触れなかった国や地域、触れにくかった国々のスイーツに光が当たってきそうな気がする。そんな予感や期待を持たせてくれる甘い出来事が、この度のロールアイスの登場である。

「スムージーボンボン」――韓国発のパステルカラースイーツ　2017年

この度はお隣の韓国からで、その韓国風パフェがこれ「スムージーボンボン」。透明のカップに入っていて外から見える、何層にも重ねられたパステルカラーのスイーツのこと。見た目にもかわいくてきれいでインスタ映えもすると、若い人たちの間で評判を呼び、急速に広まっていった。

ところでボンボンって？　ふつうはフランスでいう糖菓のことだが、ここではそれを指さない。ところ変われば呼び名も変わるのたとえか、実は韓国発のパフェがボンボンと呼ばれているものなのだ。種類もいろいろあり、イチゴ等のベリー類やトロピカルフルーツの段重ね、あるいはそれらにコットンキャンディー、いわゆる綿あめを添えたもの、名付けて「ふわふわ・ゆめかわ・コットンボンボンスムージー」やそのワッフル添え、さらには動物性は避けて豆乳使用のクリームを使い、オーガニックにこだわったヘルシー志向のもの等、そのマーケットはますます広がりを見せている。

韓国も今、日本に負けず劣らずのスイーツブーム。次々と新手が繰り出されているようで、ちょっと目が離せない存在となっている。そう、日本で流行るものは韓国でも流行るし、韓国で話題を呼んだものはそのまますぐに日本にも伝わって……。

「コッペパン」――昔懐かしいコッペがトレンド　2017年

2017年から18年にかけて「コッペパン」に注目が集まった。ところでコッペパンとは？　フ

ロールアイス

スムージーボンボン

コッペパン

ランスパンが元になっているようだが、そのフランスパンといわれているものには、実はバゲット、パリジャン、バタールといろいろな種類があって、そのうちのひとつのクープがなまってコッペになったようだ。

ちなみにバゲットとは長さ70センチぐらいの細長形で最もポピュラーなもの。パリジャンは60センチほどでバゲットより太め。バタールは40センチぐらいの短め。そしてクープだが、20センチほどの小さめで、焼く前に表面に一本の切れ目を入れる。この切るということをcoupe（クープ）といい、切るという動詞couperの過去分詞のcoupé（クーペ）がコッペの元になったものと思われる。

さてこれが日本で作られたのはおよそ100年前といわれているが、その頃のものが今でいうフランスパンの生地で作られていたかどうかは分からない。ちなみに筆者の子供時分のコッペパンは、フランスパンの生地ではなく普通のパン生地であった。それにつけても言われるところのコッペパンは、ほかのものに比べて短く、日本人向きの手ごろな長さで、よろず使いやすかったのではないか。そんなところから、これを用いて間に何か好みの具材をはさんだりし、手軽なサンドイッチ用として親しまれていったものと思われる。

そしてこの年2017年あたりに再び光が当たって注目されだした。その背景には、少し前の2015年の食パンブームもあろうが、遡ると、1960年代半ば過ぎのフランスパンブームを皮切りに、1970年代前半のデニッシュ・ペストリーブーム等々があり、その後いろいろなパンを遍歴してきて、さてほかに何かないかと振り返ったら、日本で古くからなじまれているコッペパンがあった。そうか、こんなのがあったじゃないか、なんていうことから改めて捉えられたのではないか。

ところで今回の仕掛け人は？　大阪とも神戸とも仙台とも、いや東京近郊のどこそことも、いろいろと言われているが、正直なところよくわからない。が、そのうちにあちこちにコッペパン専門店ができ始めた。コッペパン自体大きさもちょうどいいし使い勝手もいいので、この先どのように進化していくのか、ちょっと面白くなりそうだ。

「フルーツサンド」――カット面がインスタ映え　2017年

コッペパンに続いてフルーツサンドに光が当たってきた。いろいろなフルーツを、泡立てた生クリームなどとともに薄切りの食パンにサンドしたもので、日本では古くから親しまれてきたものだ。ではそれがいつからかと問われると、はっきりとはお答えができないが、一説には大正時代からともいわれている。またフルーツ自体の日常への広まりは明治の初期にまで遡ると。その頃はまだ高価で、それゆえ人様を訪ねる時の手土産とか病気見舞いに用いる定番となっていたようだ。またそうした需要にこたえるべく駅前等人の集まるところに果物店ができ、そこに商品を使ったお菓子やジュースなどを提供する喫茶室、すなわちフルーツパーラーができた。

そしてかくいうフルーツサンドもそうしたところで作られ、親しまれていったものと思われる。他国において、そうしたものに出会ったためしはないので、これらの経過からも、フルーツサンドは日本発といっていいのではないか。それが突然改めて日の目を見た。さらには「断面萌え」とか「萌え断」などという言葉まで生まれて、その広がりに拍車がかかっていった。萌え断とは、その断面を美しくする、いわゆるインスタ映えさせるということからの表現という。なるほどその切り口はイチゴの赤やキウイの緑等、色鮮やかで食べるのがもったいなくなるほどである。

サンドイッチとは、イギリスのケント州の町、サンドウィッチの四代目の領主ジョン・モンタギュ・サンドウィッチ伯爵（1718～92年）の考案によるもの。彼は無類のカード好きで、何とかゲームを中断することなく食事ができないものかと考え、ナイフもフォークも使わず、手もそれほど汚さずに口に運べるこの調理法を思いつき、召使に作らせて食べていたという。最初は薄切りのローストビーフやハムを挟んでいたが、そのうちにいろいろなものを挟むようになっていった。

ところでかのサンドウィッチ伯爵様、まさか後年、東洋のはずれの日出ずる国において、デザートまで挟むようになるとは、想像できただろうか。

「ミントテイスト」――ガムの穴埋め？　2017～2018年

ミント味のスイーツは、これまでなぜか日本ではもう一つ受けなかった。欧米ではあんなに好まれるのに、なぜ日本では？　そんなことを取り上げて論争したり話題にする番組「マツコの知らないチョコミントの世界」（2017年8月）がオンエアされたら、逆に火がついて、ミント味のものがもてはやされるようになっていったとか。何が幸いするか分からない。どうやら、長い間マイノリティーに甘んじてきた隠れミント党が、否定された声に反発して立ち上がったらしい。そうしたら、中間層やそれまで食わず嫌いであった人たち、言い換えれば、潜在的に好きだったかもしれない人達の目が覚まされ、〝食べてみたら、けっこういけるもんだ〟となったとか。

そしてアイスクリーム類も含めてスイーツ業界全体にも、ミント味旋風が巻き起こり、今までは一定量にとどまっていたものも、一気にその売り上げを伸ばし、また新製品も次々と投入されるに至った。なおその陰には、近年のチューインガムの低迷もあり、そのガム離れでミントとの接点が減っていたこともあったのだという。そういえば、ガムを口にする機会は確かに減ったようにも思うが、その穴埋め効果が後押しをしたということなのか。分析なんていつの場合も後付けでなされるものだが、言われてみれば、そういうこともあるのかと、妙に納得してしまう。

「タピオカミルクティー」――第四次タピオカブーム　2018年

再々というか、正確には四度目になろうか。またまた2018年にタピオカのブームがやってきた。いや、その前の2013年に台湾から、タピオカミルクティー発祥の店の春水堂（チュンスイタン）の日本上陸があり、それが四度目だから、この度は五度目だよ、という説もある。が、いずれにしてもタピオカドリンクの波状攻撃はなかなかのもので、度毎にスイーツファンの心をときめかせてくれる。

振り返るに、今までの中では最もブレイクしたのではなかろうか。都内近郊どころか全国のいたるところにタピオカ屋さんが花開き、どこに行っても行列をなし、みなさん美味しそうに、そして楽しそうにこれを手にしている。私事で恐縮だが、孫たちがやってくると、のっけから「おじいちゃん、タピろうぜ！」などといってくる。〝タピろう？〟それまでテレビでの、回転ずしチェーンの〝スシろうぜ〟などというコマーシャルは聞いていたが、タピろうとは。子供たちにこう言わせるほどまでに、この度のタピオカブームは世を席巻していったのだ。なお、「タピる」のほかに、この時同じく「タピ活」といった言葉も生まれている。

そしてメニューもそれなりに取り揃え、選ぶ楽しさも今までになくバラエティーに富んだものになっており、進化のほどが窺える。またそれを展開するお店も、簡便な造りから、立派な店構えをもってカフェ風にしつらえたものなど、これまで以上に多彩に、そして本格的に取り組んできている。そのせいもあってかそのブームの期間も、これまでは長くて1年ほどであったが、この度は2年以上と結構の長きにわたった。次に来る波はいつなのか。してその時はどのように進化しているのか。

「桃スイーツ・グリークモモ」――韓国発の丸ごとピーチ　2018年

お菓子作りにフルーツは欠かせないもののひとつとなっている。否、昔はフルーツ自体がお菓子であり、それをして「水菓子」とも呼んでいた。またお菓子の世界にも菓粗神と呼ばれる神様がいて、そのそもそもをたどると、その昔大陸から橘の実を持ち帰った人とされている。これについて話すと長くなるので割愛するが、ことほどさようにフルーツはお菓子にとっては大切なパートナーである。さてそんなうちのひとつたる桃が今回の主役となってもてはやされてきた。桃のムース、桃タルト、桃のアイスクリーム等々、枚挙にいとまがないほどに桃のお菓子のオンパレードとなった。

そうした中に、韓国発の桃スイーツ、「グリークモモ」というものが注目を集めた。桃を丸ごとひとつ使ってお菓子仕立てにするもので、豪快というかダイナミックな桃スイーツである。先ず皮をむいた1個の裏側から種をくりぬき、その中にギリシャヨーグルトを詰め込む。そしてグラノーラを敷き詰めたお皿の上に置き、その上面中央に泡立てたクリームをしぼって、ミントの葉かタイム、ローズマリー等の緑色を載せて出来上がり。なおギリシャヨーグルトの代わりに生クリームかマスカルポーネなどに置き換えてもいい。ここでいうグリークとはギリシャのことゆえ、やはりギリシャヨーグルトを詰めるのが本筋なのだろう。こうしたものは、日本のお菓子屋さんでも桃の季節になるとよく作られてきたが、改めてブームになると、やっぱり桃、特に日本のそれは世界で一番おいしいとつく

フルーツサンド

ミントテイスト

タピオカミルクティー

づく思う。

「ブロンドチョコレート」――第四のチョコレート　2018年

このところしばらく動きのなかったチョコレート業界が、久方振りに色めき立った。「ブロンドチョコレート」なるものが、第四のチョコレートとして登場してきたのだ。第四とは、ブラックチョコレート、ミルクチョコレート、ホワイトチョコレートに次ぐもの、ということのようだ。名前のごとくにブロンド色をしたもので、謳い文句に〝偶然から生まれた新しいチョコレート〟とあるが、どんな偶然かは説明されていない。が、確かに色からいっても今までにこうしたものは、ありそうでいてなかった。ホワイトチョコにコーヒーでも混ぜればこのようにもなるが。

さてお味の方は？　不思議なコクや香り、味がするとされている。またまるでキャラメルを思わせるとか、ビスケットのようだ、との評もある。製菓用のこれも出回り、各社それぞれがそれ使用のお菓子を開発して、マーケットに仕掛けていった。ただ結果は、思ったほどでもなかった、というのが本音のところか。それでも、スイーツ業者もスイーツファンも一様に、久しぶりのチョコレート界のニューフェイス登場の話題に、顔をほころばせた。

「ルビーチョコレート」――色も響きも新感覚　2019年

前年の「ブロンドチョコレート」という新種の登場で、チョコレート界に話題が向けられたところに、またまた新しいテイストが提案されてきた。名付けて「ルビーチョコレート」。その名の通りルビー色をしたもので、これは前年のブロンドチョコレートよりインパクトが強く感じられた。確かに

桃スイーツ・グリークモモ

ブロンドチョコレート

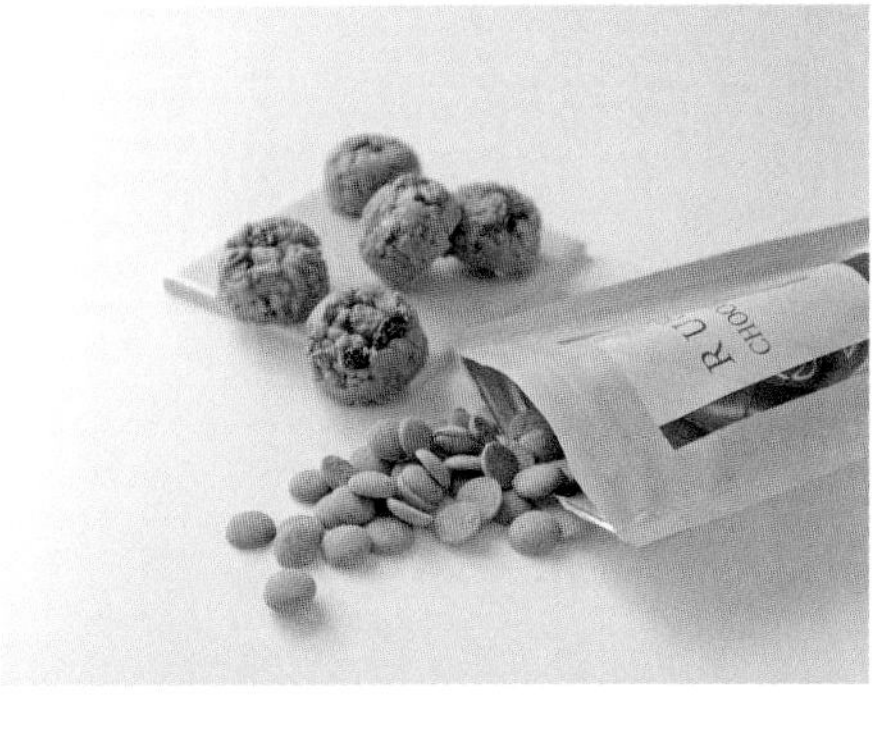

ルビーチョコレート

ブロンド色もおもしろかったが、ルビー色という音の響きも新鮮に受け止められたようだ。

ところでそのルビーチョコレートとはいかなるものか。いろいろあるカカオ豆の中の一種の、ルビーカカオ豆という種類を使って作られるチョコレートである。それ自体着色料を使わずとも天然の〝紫がかった薄紅色〟をしており、それがルビー色っぽいとして付けられた名称の由。お味の方もこれまでのものにはない、やや甘酸っぱさを感じさせるもので、そのさわやかさもいいとして、引く手あまたとなり、たちまちのうちに広まっていった。

何かないかといつも新しい切り口を探し求めている業界にとっては、これ以上ない恰好のニューフェイスの登場であったのだ。ブロンドチョコレートの評価にもう一つ物足りなさを感じていた折であっただけに、その期待もことさら大きく膨らんだ。そしてこの年のバレンタイン商戦は、ルビー一色とはいかないまでも、多くのところが何らかの形でルビーチョコレートを謳ったものを手掛けてきた。おかげで、前年のブロンドチョコレートも含めて、チョコレートの世界がますます豊かなものになっていった。

「台湾メロンパン」――台湾発の新サンド　2019年

またまた台湾発のスイーツが取り沙汰された。「台湾メロンパン」だ。日本のメロンパンと同様に、クッキー生地を載せて焼くものだが、ただ焼くだけで出す日本とはちょっと異なる。台湾式は焼いた出来上がりのものに切り込みを入れ、そこに厚切りにしたバターを挟み、トースターに入れて1分ほど焼く。すると外側がサクサク、中はフワフワのモチモチになり、挟んだバターが半溶け状態となって、まろやか〜になる。言ってみれば、メロンパンのバターサンドなのだが、これがオイシーと大受けした。

ただし中に挟むバターは、よくお菓子作りに使われる無塩バターではなく、通常の食卓に上る加塩バターを使うこと。これらが合わさって作り出す〝甘じょっぱさ〟が命で、それとサク、フワ、モチの織りなす不思議食感が評判を呼び、人気が広まっていったのだ。そしてタピオカブームの折の「タピる」といった言葉と同様、「メロる」という言葉ができるまでになっていった。また、バターの代わりにチーズを挟んだ「台湾チーズメロンパン」も好評の由。メロンパンさえ買ってくればご家庭でもすぐに〝メロれそう〟ゆえ、お試しになられては？

ところでこれは台湾発としたが、実はその元をたどると香港にあるという。そこではパイナップルが挟まれ、菠蘿油《ボーローヨー》と呼ばれ親しまれていた、いわゆるパイナップルパンで、それが台湾に伝わり、バターを挟んだメロンパンとなって日本に上陸したという。いずれにしても、このところのアジアンフードのパワーと影響力の大きさには圧倒される思いがする。

「ピスタチオテイスト」――緑が鮮やか　２０１９年

前年の２０１８年頃から、ピスタチオのテイストがお菓子好きの人々の口の端に上るようになった。そして２０１９年に入ってから、各社各店も本格的に取り入れだし、いろいろなお菓子を横断して用いられるようになってきた。先ずは取り込みやすい生菓子にピスタチオを使用したムース系のものが現れ、続いてマドレーヌやフィナンシエといった半生焼き菓子、あるいはそれ入りのクリームをサンドしたマカロンなどがお目見えし、スイーツファンのご要望に応えていった。

ピスタチオに関しては、日本ではこれまで特に意識して使われてきたこともなかったが、お菓子の本場のヨーロッパでは、いろいろあるナッツ類の中では、グレードの高いものとして扱われている。また他のナッツ類にはない鮮やかな緑の色も、お菓子にとっては恰好のアクセントになる。ただ難を申せば他のナッツ類に比べてお値段が少々割高につくという点だろう。

美味しさを追求するお菓子屋にあっては、すりつぶしてペーストにし、いろいろな生地やクリームに存分に使って旨みを引き出すなど重宝に使われるが、その他では出来上がったお菓子の上に飾りとして載せ、ワンポイントの色を楽しむなどの使われ方がなされている。だが、そうした使い勝手はともかく、混ぜ物なしで練り上げたピスタチオはいい。まさに贅沢の極みと言えるだろう。例えばこれをセンターにして作ったボンボン・オ・ショコラ（一粒チョコレート菓子）などは粋人好みの最高級品ということになる。逆を申せば、そのおいしさ、グレードがわかるのがグルメ（食通）であり、ガストロノーム（美食家）である。

原産地はトルキスタン南部で、古代人も大いに楽しんでいたと見え、オリエント文明の遺跡からも発掘されている。また一説によると西暦に入ってほどなく、ローマ皇帝ヴィテリウスがこれをローマに持ち帰り、自身すこぶる好んで口にしていた旨伝えられている。察するに昔から美食にして贅沢な扱いだったようだ。

なお現在の主産地はスペイン、イタリア、イラン、トルコといった地中海沿岸地域や西アジア地方である。余談だが、アテネからエーゲ海島巡りのクルーズ船が出ていて、いろいろな方面行きがあるが、一番近いエギナ島に素晴らしい美味がある。ピスタチオ入りのシャーベットだが、これは知る人ぞ知る最高のスイーツだ。ペースト入りの淡いグリーンに所々そのナッツがちりばめられている。この土地柄にしては驚くほどに甘みを抑え、ピスタチオの香りを存分に引き出している逸品。機会がお

台湾メロンパン

ピスタチオテイスト

ありでしたら、ぜひともご賞味のほどを。

12　今のお菓子たち

「バスクチーズケーキ」——通称バスチー　2020年

チーズケーキの波も、これまで何度かにわたって押し寄せてきた。そしてその度に新鮮さを感じてきたが、この度のものはフランスのバスク地方で好まれているもので、通称〝バスチー〟の呼び名で広まっていった。バスク地方とは、ピレネー山脈の両麓に位置していて、フランスとスペインの2国にまたがっている。そしてここにはバスク語を話すバスク人が住んでおり、独特の文化をもっている。そんなところのスペシャリテのひとつがかくいうバスクチーズケーキである。

さてこのバスチーことバスクチーズケーキだが、表面を真っ黒になるほどに焼くもので、中はどっしりと、そしてこってりとした食感のベイクドチーズケーキである。初めて見る方はたいていびっくりしてしまう。

ちなみに、筆者のところは何でも早く取り入れてしまうため、このあたりにはたいそう気を遣って取り掛かっていた。あちらの通りに作ってお出ししたら、〝わっ焼き過ぎ！〟とハナから敬遠されてしまうのではと気を遣い、驚かれない程度に焼き色を付けてショーケースに並べていた。それでも何か言われそうで気をもんでいたが、そのうちにバスクチーズケーキの実際が知れ渡ってきて、それと同時に徐々に焼き色を強めていった経緯がある。始めからあちらの通りに作れば、〝あら、焼き過ぎ！〟なんていわれかねず、いつまでも淡く焼いていたら、〝あら、これ本物じゃない！〟なんていわれたりして……。商いはホントに難しい。

「壺芋ブリュレ」——焼き芋の進化バージョン　2020年

岐阜県から発信の流行菓。専用のつぼにさつまいもを詰め、炭火でじっくり焼いて、その中にカスタードクリームを詰め、上から砂糖を振りかけて、キャラメル状に焼いたもの。この焼き方によりさつまいもは驚くほどに柔らかくなり、その上から少し生地を押し込めば、すぐにくぼみができて、クリームは詰めやすくなる。

なるほどよく考えたもので、焼き芋の進化というより、スイートポテトの進化バージョンといった方が適切か。もともと焼き芋の大好きな日本人はおろか、お菓子大国フランスの人たちもがいっぺんに虜になりそうなスイーツといえよう。焼き芋とカスタードクリームのマリアージュ、そしてそのキャラメリゼ。パティシエなら誰もが思いつきそうでいて、誰もが思いつかなかった発想だ。筆者もパティシエの端くれながら、一本取られた感じがする。岐阜から始まって、その美味なる噂は目下全国に拡散中とか。

「カントリーマアムチョコまみれ」——古豪復権、実力発揮　2020年

昭和59（1984）年発売の不二家のクッキー「カントリーマアム」の新しいバージョン「カントリーマアムチョコまみれ」が、2020年に発売され、翌2021年には大ヒットとなる。

カントリーマアムとは、不二家が「ミルキー」、「ルックチョコレート」とともに大きな柱としてい

バスクチーズケーキ

壺芋ブリュレ

カントリーマアム
チョコまみれ

る同社の看板商品のひとつである。商品開発上のコンセプトや商品本体の特徴、名称の由来等の詳細については、昭和59年の同項をご参照頂きたい。

さて、その新しいバージョンである「チョコまみれ」だが、これまでのカントリーマアムミニに比べて、なんと2倍量のチョコレートを使用している。まさしく〝チョコまみれ〟である。また従来のものは主に主婦が購買層だったが、この度は直接若い人たちに手に取ってもらえるように、コンビニでの販売に力を入れた。加えて、先に販売した「ホームパイのみみ」のキャラクター・イパムーホ（ホームパイの逆読み）が好評だったことから、「まみれさん」というキャラクターを生み出した。この〝まみれ〟という直接的なキャッチフレーズも、求める側にとっては分かりやすくてよかったのであろう。

こうした新たな試みがみごとに功を奏したか、生まれ変わった新バージョンの「カントリーマアムチョコまみれ」は２０２１年の『日経トレンディ』の「２０２１年ヒット商品ベスト30」の堂々第11位にランクインを果たした。

「台湾カステラ」――ただものじゃないカステラ　２０２１年

スイーツの分野での台湾パワーは衰えることがないほどに素晴らしい。２０２１年には「台湾カステラ」を登場させてきた。日本のカステラは、南蛮菓子といわれた頃より連綿と作り続けられて今日に至っているが、概ねが長崎カステラといわれるもので、中はしっとり、表面はナイフを入れるもためらうようにまっ平に仕上げる。まさに芸術品とまごう出来栄えの品。

さてこの度の台湾カステラだが、まず食感が面白い。生地はきめ細かくて密度が濃いのにフワフワ感もあり、しっとり感も程よく備え、そして口に含むと、ちょっとぷりっとしたような口当たりと独特の歯切れで、何とも表現のしようがない、ちょっと不思議な食感なのだ。使う材料にはさほどの違いはないにも拘《かか》わらず、作り手とそれを育んできた文化が異なると、出来上がりはこうも違ったものになる。あれは日本製にはない感覚で、やっぱり台湾は面白いと、改めて世界の広さを感じた次第。お菓子作りは奥が深い。

それにしても、この他台湾には、いえ、台湾といわずアジア全域には、どんなスイーツが息づいているのだろう。

「トゥンカロン」——韓国発の太っちょマカロン　2021年

〝タピオカの次に流行るのはこれだ！〟として登場してきたスイーツがこれ、韓国発の「トゥンカロン」。マカロンの進化バージョンで、意味は「太っちょマカロン」。通常のマカロンよりやや大きく作られ、大きくなった分クリームもたっぷりで、食べ応えがある。形も丸だけではなく、まるでマドレーヌのようなホタテ貝の貝殻形をしていたりと自在に作られ、色もよりカラフルな色彩にされ、その上にこれまた自在にデザインが施されている。

中身についてはいろいろな味付けのクリームやガナッシュ（煮上げた生クリームと混ぜたチョコレートクリーム）が使われたり、あるいはフルーツなどがサンドされる。見た目も楽しくインスタ映えがして、味もいろいろあり、しかも既述のごとくにボリュームもあるとして、若い人を中心に人気が出てきた。その専門店も出てきたりと露出度も高まってきたが、大きく育つかはこれから先の展開次第。仮にすぐには流行らなくても、じわじわ来るか、忘れた頃に火がつくかもしれない。流行に敏感な方は、一応視野に入れておいた方がよさそうだ。

「クロッフル」――韓国発のハイブリッド　2021年

既述の「トゥンカロン」同様、タピオカの次をうかがうもののひとつとして浮上してきたのが「クロッフル」。これもトゥンカロンと同じくお隣の韓国発のスイーツで、その名からもお分かり頂けるように、クロワッサンとワッフルを掛け合わせたハイブリッドスイーツのひとつである。

クロワッサンの生地をワッフル焼成器で挟んで焼き、2分の1にカットして棒を差して供される。いわゆるワンハンドスイーツである。食感は生地がクロワッサンだけにもっちりとしていて、それも人気のひとつとなっている。またプレーンのほかに、チョコレート味や、ナッツ類を入れたり、あるいはハムや卵を挟んだりして、食事の代わりにするなど、様々な楽しみ方がなされている。大流行りするかどうかは分からないが、ちょっと面白く、今後の展開に目が離せないスイーツだ。今、この世界は韓国がちょっと熱くなっている。

「マリトッツォ」――プロポーズ大作戦　2021年

2021年の最大のヒットスイーツに挙げられるのがこれ、「マリトッツォ」。発音からもお分かりの通り、イタリアの銘菓である。起源は古代ローマ時代にまで遡るともいわれているが、今日的なものについては、ローマ市のあるラツィオ州を発祥としている由。伝統的なものはレーズンや松の実、砂糖漬け果実等も入れられているが、通常はプレーンのブリオッシュを使い、その生地に切り込みを入れ、その間に加糖し泡立てた生クリームをたっぷり挟むが、地域によって形体を異にしてもいる。

台湾カステラ

トゥンカロン

クロッフル

かつてはこの中に指輪を忍ばせ、男性が見染めた女性にプロポーズをする時にこれを捧げたのだそうだ。いわば逆バレンタインのようなものか。

ちなみにマリトッツォというネーミングも、そこからきているようで、贈られた方は、贈ってくれた人に対して夫を意味するマリート（marito）の俗称であるマリトッツォ（maritozzo）と呼んでいたことからの呼称という。イタリアでは通常その辺のカフェでもレストランでも気軽に求めることができる。なお、これはお隣のフランスにおいての話だが、これに使うブリオッシュの生地については、かつてのギルドの時代、イーストを使って作るからパン屋が独占して扱うものだとパン屋側が言えば、いやバターをたっぷり使っているからお菓子屋が扱うものだと、両職種が争ったというが、今は折り合いをつけて、双方がともに手掛けている。

ところで、このブリオッシュの生地にアイスクリーム（ジェラート）をたっぷり挟んだものを名物としているところがある。ミラノからほど近いポルトフィーノというリゾート地だが、ここは何でもディズニーリゾートのモデルにもなったというところで、そこにその名物のアイスバーガーがある。それだけを求めてこられる方々もいるほどで、それは一見の価値、いえ、一食の価値があるスイーツだ。言ってみれば、このアイスバーガーもマリトッツオの変形のアイスバージョンとして捉えられるものといえよう。読者諸氏諸嬢、本場もんのマリトッツォとそのアイスバージョンを召し上がるべく、ぜひともイタリアに行かれることをお勧めしたい。

「トゥンワッフル」——韓国発の太っちょワッフル　２０２２年

韓国で流行し、日本に上陸したワッフルで、韓国では「トゥンワッフル」と呼んでいる。意味は

マリトッツォ

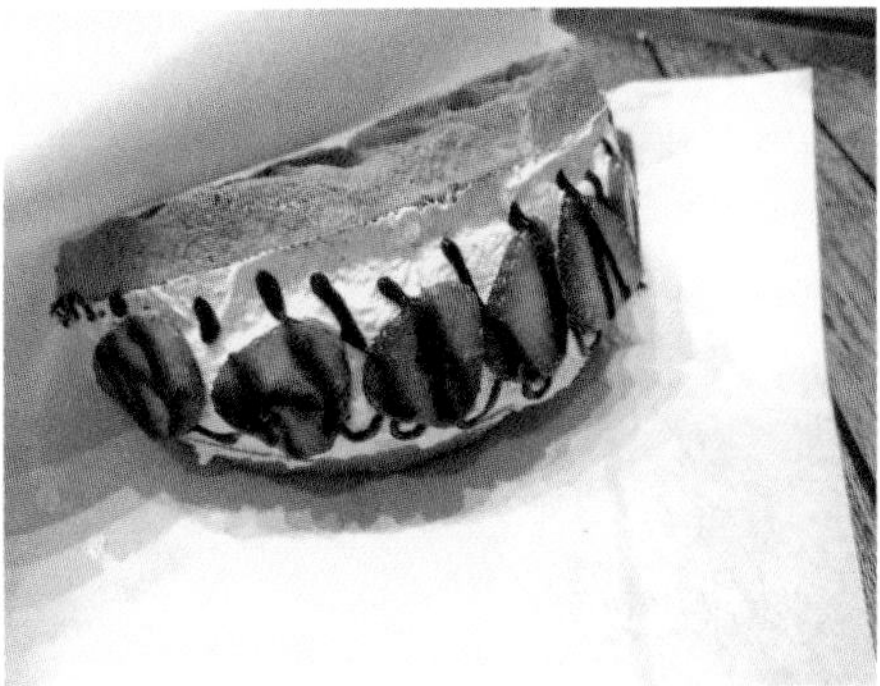

トゥンワッフル

〝太っちょワッフル〟。同様のものに「トゥンカロン」というものがあり、こちらは太っちょマカロンの意味である。なお、韓国で売られている実際のトゥンワッフルは、サクッとした口当たりの生地に泡立てた生クリームやリンゴのジャムを挟むのが普通だが、日本のものは、同じく軽い口当たりの、顔ほどの大きさのワッフル生地に泡立てた生クリームや果実、チョコレートなどを、ボリュームたっぷりに挟んで供されている。インスタ映えするようにアレンジされたものと思われるが、生まれ故郷の韓国のものとは少々異なる、いわば日本バージョンといったところか。

韓国ではこの種のお店はすでに200店近く展開しているが、日本では上陸して間もないため、この先どのように広がっていくのかはまだ判然としない。2022年夏現在は東京・新大久保あたりの韓国カフェで口にすることができる。なお、韓国のワッフル専門店の最大手「ワッフルカーン」が2021年に東京と大阪に上陸を果たしているので、流行り方の程度は測りかねるが、案外早く広がるかもしれない。今後の動きを注視する必要がありそうだ。

2023年〜

「？」――果たして……

さて、2023年以降はどのようなスイーツが流行るのだろう。2022年後半より「カヌレ・ド・ボルドー」がコンビニルートで市場を賑わしてきた。1996年以来の注目度で、この動きが本物ならば、実に26年ぶりに耳目を集める第二次ブームといったところか。加えて、年末近くには2006年、10年に続く第三次ドーナッツブーム到来との声も聞こえてきた。さらに流通菓子の分野では、ロッテの生チョコパイの人気も上昇中とか。なお、それらの後を追うものとしては、マリトッツォに続くイタリア繋がりで、カッサータ（cassata）とかズッコット（zuccotto）などに代表されるセミフレッド（半凍結）タイプのものとか、カンノーロ（cannolo）という、円筒形の生地の中にクリームを詰めた同じイタリア系のスイーツなどの名も挙がっている。また原宿あたりに直結する台湾や韓国も何が出てくるか分からない永久に変わらぬミステリー・スイーツゾーンである。

あるいは過去の例から推察するに、今まで流行ったもののバージョンアップか。はたまた〝ないものの充足〞というセオリーから見るに、ベトナムやカンボジア、ミャンマーといった東南アジア系のお米を使ったもっちりタイプ、さらにはミルクを多用したインド系、アラブ・イスラム圏のマジパンやはちみつ多用のこってりスイーツ、ヴェールに包まれた中南米等々、今まで馴染みのなかったものなどが突如としてスターダムに？　いや、ヨーロッパの国々の地方都市にあっても、まだ未発掘のものが少なくない。そうした一方では、健康志向のさらなる高まりや捉え方の多様性から、ヴィーガンなる切り口のものなども取り沙汰されてきた。

さてと、この先どの方向に……。楽しみはますます膨らんでくる。

〝夢のスイーツ〞探しの旅はまだまだ続く。果てしなくこれからも、ずーっと永久に……。

あとがき

明治の夜明けより今日に至るまでの、わが国のスイーツ史のダイジェスト版たる『日本人の愛したお菓子たち』、いかがでしたでしょう。お菓子は時代を映す鏡なのか、はたまた時代がそれに即応したお菓子を生み出すのか。いずれにしても〝お菓子は世につれ、世は菓子につれ〟である。

なお「はじめに」にも述べさせて頂いたが、明治から大正にかけては、何が好まれどう流行ったかではなく、何が登場したかの時代であったゆえ、それに即して筆を進めさせて頂いた。そして昭和前期の終戦までは、甘いものが消えていく辛い時代であったがゆえに、ニュースソースも少なくなる。対する戦後からこちらは急速に復旧、発展する時代背景のもとに、スイーツの世界もにわかににぎやかに、そして華やかになってくる。そしてその折々を彩るスイーツが次々と登場し、子供大人を問わず、人々の心を満たしていってくれた。

そうした諸々をどのように捉えていくか。当然のこと意見の分かれるところでもあろうが、そのあたりは適宜妥当と思われるところで決めさせて頂いた。ただし地方区でも、全国区のものよりインパクトのあるものも少なくない。どうしたものか。迷うところだが、そうしたものをなべて取り上げていくと、ではこれはどうする、あれはどうなると際限がなくなる。よってこの度は、ご異論の様々あるを承知で概ね全国区を旨とし、地方区のものについては横に置かせて頂いた。

次いで流行った時期、取り沙汰された年次だが、これについても曖昧さはどうあっても拭えない。

これは何年に流行とはっきり謳えるものもあるが、はっきりと決め兼ねるものも少なくない。ものによっては、その流行り方に地域差も出てこよう。したがってここに取り上げさせて頂いた年にあっては、前書きにも述べさせて頂いたごとくに〝まぁ大体この年あたり〟と解釈して頂けたら幸甚である。

また個々の記述やご紹介については、それぞれのメーカーの資料はもとより、インターネット等今日流布されている様々な情報も参考にさせて頂いたことをお断りさせて頂く。またそれらの検証や確認にあたっては、各社様のしかるべき部署の方々にご無理を承知でご依頼申し上げ、そのご厚意に甘えさせて頂いたところも少なくない。それにより伝えられる様々な情報がより精査され、その精度をさらに高めることが叶ったものと確信する。

煩雑なる労をお取りくださった方々には御礼の言葉もない。さりながら、それでも不測の誤記や筆者自身の浅薄なる誤認等があるやもしれず、加えて取り上げ品の漏れや表記の不備等も多々あろうかと思う。それらにあっては読者諸氏諸嬢あるいは各社様のご寛容を願うとともに遍くご批判は甘受し、再版時にはより正確を期すべく、改めて訂正並びに加筆の拙筆を執らせて頂く所存である。なお、本書の記述のいくつかなりが、皆様方の来し方を振り返る些かの手立てにでもなれるとするなら、それこそが書き手の意とするところである。

終わりに当たり、本書の上梓を快くお引き受けくださった講談社・編集長の互盛央様、おまとめの労をお取りくださった同社学芸部・学術図書編集の雪岡里紗様、作品製作や撮影に手を煩わせたブールミッシュ製菓アカデミーの大矢周さん、同・開発部の中西昭生シェフをはじめ、本書にかかわりを持たれたすべての方に衷心より厚く御礼申し上げる。

２０２３年初春

吉田菊次郎

参考文献

仮名垣魯文『西洋料理通』萬笈閣、1872年。

須藤時一郎編『万宝珍書　食料之部』文恭堂、1873年。

岡本半渓『和洋菓子製法独案内』魁真楼、1889年。

村井弦齋『食道楽』報知社出版部、1903年（村井米子編訳、中公文庫、2018年）。

メェリー・M・ウィルソン＋大町禎子『洋食のおけいこ』寶永館、1903年。

古川梅次郎『阿住間錦』あづま錦発行所、1925年。

相馬愛蔵『一商人として――所信と体験』岩波書店、1938年（『相馬愛蔵・黒光著作集』第2巻、郷土出版社、1981年）。

池田文痴菴編著『日本洋菓子史』日本洋菓子協会、1960年。

宮崎甚左衛門『商道五十年――わが体験を語る』実業之日本社、1960年。

ユーハイム編『デモ私立ッテマス――ユーハイム物語』ユーハイム、1966年。

中村達三郎＋小島政二郎『凮月堂本店の由来――小説風清く月白し』神戸凮月堂、1968年。

渡辺一雄『熱血商人』天山文庫、1990年。

川又一英『コスモポリタン物語』コスモポリタン製菓、1990年。

『「ふうげつ」物語――凮月堂二五〇年・上野凮月堂九〇年のあゆみ』上野凮月堂、1995年。

『Ice Cream Data Book 95』アイスクリーム流通新聞社、1995年。

若山三郎『菓商――小説森永太一郎』徳間文庫、1997年。

大山真人『銀座木村屋あんパン物語』平凡社新書、2001年。

中島岳志『中村屋のボース――インド独立運動と近代日本のアジア主義』白水社、2005年（白水Uブックス、2012年）。

吉田菊次郎『西洋菓子　日本のあゆみ』朝文社、2012年。

――『お菓子《スイーツ》を彩る偉人列伝』ビジネス教育出版社、2016年。

――『古今東西スイーツ物語』松柏社、2022年。
＊その他、自著を含む諸文献、各社案内書及びインターネット等諸情報を参考にした。

第Ⅱ部　7

ビックリマンチョコ（提供：株式会社ロッテ）

第Ⅱ部　8

ホブソンズ（出典：ホブソンズ　西麻布店 instagram）

第Ⅲ部　10

焼きたて風バウムクーヘン（クラブハリエ B-studio　名古屋高島屋店）

第Ⅲ部　11

クロナッツ（出典：Wikimedia Commons, CC BY 2.0 LWYang from USA Dominique Ansel Bakery）
フワフワかき氷（出典：ICE MONSTER 日本公式 twitter）
ワッフルパンケーキ（メロウ ブラウン コーヒー　さいたま新都心店）
ティラティス（提供：小樽洋菓子舗ルタオ）
再びフワフワかき氷（出典：Wikimedia Commons）
レインボー綿菓子（トッティキャンディファクトリー）
ロールアイス（マンハッタンロールアイスクリーム　原宿本店）
壺芋ブリュレ（提供：壺芋ブリュレ）

図版出典

第Ⅰ部　1

アイスクリーム（出典：日本アイスクリーム協会『アイスクリームのあゆみ』）

本格的フランス料理及び最新欧風菓子（出典：梅田竹次郎『実験和洋菓子製造法』）

アメリカの夢のスイーツ（出典：『森永製菓 100 年史』）

洋菓子＆喫茶（提供：不二家）

第Ⅰ部　2

チューインガム（出典：官報 1919 年 9 月 6 日）

ショートケーキ（提供：不二家）

近代フランス菓子（出典：『門倉國輝翁　八十八年のあゆみ』）

新高ドロップ（提供：昭和館）

第Ⅰ部　3

コンフィズリー（糖菓）（出典：川又一英『コスモポリタン物語』）

明治クリームキャラメル（提供：昭和館）

第Ⅱ部　4

アイスキャンディー（出典：日本アイスクリーム協会『アイスクリームのあゆみ』）

紅梅キャラメル（提供：昭和館）

カバヤキャラメル（提供：昭和館）

第Ⅱ部　5

クリスマスケーキ（出典：『ガトー誌にみる連合会と洋菓子業界 50 年のあゆみ』）

第Ⅱ部　6

デコレーションケーキの技術向上（出典：「GATEAUX」August Vol.14 No.8）

サーティワン アイスクリーム（提供：サーティワン アイスクリーム）

詳細目次

第Ⅰ部　戦　前

吉田菊次郎（よしだ・きくじろう）

一九四四年、東京生まれ。俳号・南舟子。明治大学商学部卒業後、渡欧し、フランス、スイスで製菓修業。その間、数々の国際賞を受賞し、帰国後「ブールミッシュ」を開業。現在、同社会長のほか、製菓フード業界のさまざまな要職を務める。二〇〇四年、フランスより「農事功労章シュヴァリエ」叙勲、厚生労働省より「卓越した技能者（現代の名工）」を受章。二〇〇七年、「食生活文化賞・金賞」受賞。二〇一四年、フランス料理アカデミー・フランス本部会員に推挙。二〇二二年秋、「黄綬褒章」受章。

主な著書に、『あめ細工』、『チョコレート菓子』、『パティスリー』、『洋菓子の工芸技法』（以上、柴田書店）、『洋菓子事典』（主婦の友社）、『デパートB1物語』（平凡社新書）、『ヨーロッパお菓子漫遊記』、『お菓子な歳時記』（以上、時事通信社）、『西洋菓子彷徨始末』、『東北新スイーツ紀行』（以上、朝文社）、『今までにないスイーツの発想と組み立て』（誠文堂新光社）、『洋菓子百科事典』（白水社）、『お菓子を彩る偉人列伝』（ビジネス教育出版社）、『スイーツ歳時記&お菓子の記念日』、『古今東西スイーツ物語』（以上、松柏社）、『万国お菓子物語』（講談社学術文庫）ほか多数。

JASRAC 出 2300439-301

日《に》本《ほん》人《じん》の愛《あい》したお菓《か》子《し》たち

明《めい》治《じ》から現《げん》代《だい》へ

二〇二三年 三月 三日 第一刷発行

著者 吉《よし》田《だ》菊《きく》次《じ》郎《ろう》

©Kikujiro Yoshida 2023

発行者 鈴木章一

発行所 株式会社 講談社
東京都文京区音羽二丁目一二—二一 〒一一二—八〇〇一
電話（編集）〇三—三九四五—四九六三
（販売）〇三—五三九五—四四一五
（業務）〇三—五三九五—三六一五

装幀者 奥定泰之

本文印刷・カバー・表紙印刷 半七写真印刷工業株式会社

製本所 大口製本印刷株式会社

KODANSHA

定価はカバーに表示してあります。

落丁本・乱丁本は購入書店名を明記のうえ、小社業務あてにお送りください。送料小社負担にてお取り替えいたします。なお、この本についてのお問い合わせは、「選書メチエ」あてにお願いいたします。

本書のコピー、スキャン、デジタル化等の無断複製は著作権法上での例外を除き禁じられています。本書を代行業者等の第三者に依頼してスキャンやデジタル化することはたとえ個人や家庭内の利用でも著作権法違反です。Ⓡ〈日本複製権センター委託出版物〉

ISBN978-4-06-531430-2 Printed in Japan N.D.C.596 441p 19cm

講談社選書メチエの再出発に際して

講談社選書メチエの創刊は冷戦終結後まもない一九九四年のことである。長く続いた東西対立の終わりはついに世界に平和をもたらすかに思われたが、その期待はすぐに裏切られた。超大国による新たな戦争、吹き荒れる民族主義の嵐……世界は向かうべき道を見失った。そのような時代の中で、書物のもたらす知識が一人一人の指針となることを願って、本選書は刊行された。

それから二五年、世界はさらに大きく変わった。特に知識をめぐる環境は世界史的な変化をこうむったとすら言える。インターネットによる情報化革命は、知識の徹底的な民主化を推し進めた。誰もがどこでも自由に知識を入手でき、自由に知識を発信できる。それは、冷戦終結後に抱いた期待を裏切られた私たちのもとに差した一条の光明でもあった。

その光明は今も消え去ってはいない。しかし、私たちは同時に、知識の民主化が知識の失墜をも生み出すという逆説を生きている。堅く揺るぎない知識も消費されるだけの不確かな情報に埋もれることを余儀なくされ、不確かな情報が人々の憎悪をかき立てる時代が今、訪れている。

この不確かな時代、不確かさが憎悪を生み出す時代にあって必要なのは、一人一人が堅く揺るぎない知識を得、生きていくための道標を得ることである。

フランス語の「メチエ」という言葉は、人が生きていくために必要とする職、経験によって身につけられる技術を意味する。選書メチエは、読者が磨き上げられた経験のもとに紡ぎ出される思索に触れ、生きるための技術と知識を手に入れる機会を提供することを目指している。万人にそのような機会が提供されたとき初めて、知識は真に民主化され、憎悪を乗り越える平和への道が拓けると私たちは固く信ずる。

この宣言をもって、講談社選書メチエ再出発の辞とするものである。

二〇一九年二月　　野間省伸

「民都」大阪対「帝都」東京　原　武史
文明史のなかの明治憲法　瀧井一博
喧嘩両成敗の誕生　清水克行
日本軍のインテリジェンス　小谷　賢
近代日本の右翼思想　片山杜秀
アイヌの歴史　瀬川拓郎
宗教で読む戦国時代　神田千里
本居宣長『古事記伝』を読むI～IV　神野志隆光
アイヌの世界　瀬川拓郎
吉田神道の四百年　井上智勝
戦国大名の「外交」　丸島和洋
町村合併から生まれた日本近代　松沢裕作
源実朝　坂井孝一
満蒙　麻田雅文
〈階級〉の日本近代史　坂野潤治
原敬（上・下）　伊藤之雄
大江戸商い白書　山室恭子

戦国大名論　村井良介
〈お受験〉の歴史学　小針　誠
福沢諭吉の朝鮮　月脚達彦
帝国議会　村瀬信一
「怪異」の政治社会学　高谷知佳
大東亜共栄圏　河西晃祐
永田鉄山軍事戦略論集　川田　稔編・解説
享徳の乱　峰岸純夫
大正＝歴史の踊り場とは何か　鷲田清一編
近代日本の中国観　岡本隆司
昭和・平成精神史　磯前順一
叱られ、愛され、大相撲！　胎中千鶴
武士論　五味文彦
鷹将軍と鶴の味噌汁　菅　豊

講談社選書メチエ　社会・人間科学

MÉTIER

日本語に主語はいらない　金谷武洋
テクノリテラシーとは何か　齊藤了文
どのような教育が「よい」教育か　苫野一徳
感情の政治学　吉田　徹
マーケット・デザイン　川越敏司
「社会《コンヴィヴィアリテ》」のない国、日本　菊谷和宏
権力の空間／空間の権力　山本理顕
地図入門　今尾恵介
国際紛争を読み解く五つの視座　篠田英朗
易、風水、暦、養生、処世　水野杏紀
丸山眞男の敗北　伊東祐吏
新・中華街　山下清海
ノーベル経済学賞　根井雅弘編著
日本論　石川九楊
丸山眞男の憂鬱　橋爪大三郎
危機の政治学　牧野雅彦
主権の二千年史　正村俊之

機械カニバリズム　久保明教
暗号通貨の経済学　小島寛之
電鉄は聖地をめざす　鈴木勇一郎
日本語の焦点　日本語「標準形《スタンダード》」の歴史　野村剛史
ワイン法　蛯原健介
MMT　井上智洋
快楽としての動物保護　信岡朝子
手の倫理　伊藤亜紗
現代民主主義　思想と歴史　権左武志
やさしくない国ニッポンの政治経済学　田中世紀
物価とは何か　渡辺　努
SNS天皇論　茂木謙之介
英語の階級　新井潤美
目に見えない戦争　イヴォンヌ・ホフシュテッター　渡辺　玲訳
英語教育論争史　江利川春雄
人口の経済学　野原慎司

最新情報は公式twitter　→@kodansha_g
公式facebook　→https://www.facebook.com/ksmetier/

MÉTIER

「私」とは何か　浜田寿美男
記号創発ロボティクス　谷口忠大
知の教科書　フランクル　諸富祥彦
来たるべき内部観測　松野孝一郎
「こつ」と「スランプ」の研究　諏訪正樹
意思決定の心理学　阿部修士
フラットランド　エドウィン・A・アボット　竹内　薫訳
母親の孤独から回復する　村上靖彦
こころは内臓である　計見一雄
AI原論　西垣　通
魅せる自分のつくりかた　安田雅弘
「生命多元性原理」入門　太田邦史
なぜ私は一続きの私であるのか　兼本浩祐
養生の智慧と気の思想　謝心範
記憶術全史　桑木野幸司
天然知能　郡司ペギオ幸夫
事故の哲学　齊藤了文

アンコール　ジャック・ラカン　藤田博史・片山文保訳
インフラグラム　港　千尋
ヒト、犬に会う　島　泰三
発達障害の内側から見た世界　兼本浩祐
実力発揮メソッド　外山美樹
とうがらしの世界　松島憲一
南極ダイアリー　水口博也
ポジティブ心理学　小林正弥
地図づくりの現在形　宇根　寛
第三の精神医学　濱田秀伯
機械式時計大全　山田五郎
心はこうして創られる　ニック・チェイター　高橋達二・長谷川　珈訳

講談社選書メチエ　文学・芸術

MÉTIER

アメリカ音楽史　大和田俊之
ピアニストのノート　V・アファナシエフ　大野英士訳
見えない世界の物語　大澤千恵子
パンの世界　志賀勝栄
小津安二郎の喜び　前田英樹
ニッポン　エロ・グロ・ナンセンス　毛利眞人
天皇と和歌　鈴木健一
物語論　基礎と応用　橋本陽介
乱歩と正史　内田隆三
凱旋門と活人画の風俗史　京谷啓徳
歌麿『画本虫撰』『百千鳥狂歌合』『潮干のつと』　菊池庸介編
小論文　書き方と考え方　大堀精一
胃弱・癇癪・夏目漱石　山崎光夫
十八世紀京都画壇　辻　惟雄
小林秀雄の悲哀　橋爪大三郎
万年筆バイブル　伊東道風
哲学者マクルーハン　中澤　豊

超高層のバベル　見田宗介
詩としての哲学　冨田恭彦
ストリートの美術　大山エンリコイサム
笑いの哲学　木村　覚
大仏師運慶　塩澤寛樹
『論語』　渡邉義浩
西洋音楽の正体　伊藤友計
日本近現代建築の歴史　日埜直彦
Savoir&Faire　木　エルメス財団 編
〈芸道〉の生成　大橋良介
サン＝テグジュペリの世界　武藤剛史
演奏家が語る音楽の哲学　大嶋義実
現代メディア哲学　山口裕之

最新情報は公式twitter　→@kodansha_g
公式facebook　→https://www.facebook.com/ksmetier/